大学生
心理健康教育
发展研究

刘琦灵◎著

四川大学出版社
SICHUAN UNIVERSITY PRESS

图书在版编目（CIP）数据

大学生心理健康教育发展研究 / 刘琦灵著. — 成都：
四川大学出版社，2024.3
ISBN 978-7-5690-6538-1

Ⅰ．①大… Ⅱ．①刘… Ⅲ．①大学生－心理健康－健
康教育－研究 Ⅳ．① G444

中国国家版本馆 CIP 数据核字（2024）第 008176 号

书　　名：大学生心理健康教育发展研究
　　　　　Daxuesheng Xinli Jiankang Jiaoyu Fazhan Yanjiu
著　　者：刘琦灵

选题策划：梁　平　杨　果
责任编辑：陈克坚
责任校对：杨　果
装帧设计：裴菊红
责任印制：王　炜

出版发行：四川大学出版社有限责任公司
　　　　　地址：成都市一环路南一段 24 号（610065）
　　　　　电话：（028）85408311（发行部）、85400276（总编室）
　　　　　电子邮箱：scupress@vip.163.com
　　　　　网址：https://press.scu.edu.cn
印前制作：四川胜翔数码印务设计有限公司
印刷装订：四川华龙印务有限公司

成品尺寸：170mm×240mm
印　　张：12.75
字　　数：236 千字

版　　次：2024 年 3 月 第 1 版
印　　次：2024 年 3 月 第 1 次印刷
定　　价：68.00 元

本社图书如有印装质量问题，请联系发行部调换

四川大学出版社
微信公众号

前　　言

随着社会的飞速发展，人们的生活节奏日益加快，竞争越来越激烈，这就迫使人们必须不断地调整自己的心态，去适应社会的高速发展。而良好的心理素质也显得越来越重要，因为它是个体成长成才的基本条件。大学生作为社会的未来栋梁，其心理健康非常重要。近年来，有关大学生心理健康教育的研究不断涌现，在一定程度上推动了大学生心理健康教育的开展。这也有助于澄清有关心理问题的咨询和治疗事宜，使人们更加重视通过心理素质的提高来预防心理问题的发生。正如现代健康理念经历了从关注疾病到关注健康的转变一样，大学生心理健康教育的理念也正在经历着从关注心理问题的咨询和治疗向关注心理健康本身的转变。心理健康教育不再只关注少数人心理问题的解决，而是更加关注所有人心理素质的提升、人格的健全与完善以及心理学从教者职业素养的形成。

基于此，本书秉承积极心理学的思想，首先对大学生心理健康教育的基本概念展开论述。然后再分别从大学生心理健康教育中的人际交往、自我意识、情绪管理，以及大学生的就业观等方面进行讨论。最后提出大学生心理健康教育的发展路径，目的是促进大学生的自我成长和教师心理健康教育教学效果的提高。

刘琦灵

2023 年 10 月 9 日

目　　录

第一章　大学生心理健康教育概述和理论依据

要研究大学生心理健康教育，就必然要对心理健康、心理健康教育及大学生心理健康教育予以界定，这既是构建心理健康教育理论的基本范畴，也是探讨大学生心理健康教育及其发展过程的逻辑起点。

第一节　大学生心理健康教育概述

一、心理健康与心理健康教育

（一）心理健康

个体健康主要包括三个部分，分别是身体健康（生理健康）、心理健康（健康的心理状态）和社会适应能力良好（环境适应能力强）。当人们对物质的基本需求感到满足时，就会寻求精神世界的实现，尤其表现在其对心理健康的关心和重视上，积极健康的心理状态有助于个体更好地适应现实社会生活。关于心理健康这一话题，各个学界都有所涉猎，不管是医学领域，还是社会学领域，都对心理健康研究比较重视，但由于各领域学者的研究背景不同，研究目的和研究内容也各不相同，因此关于心理健康的定义也存在一定差异。

心理健康的概念最早由西方学者提出。1946 年，世界卫生组织指出心理健康是指心境达到一个最完美状态，包括潜力的最佳发挥[①]。《简明不列颠百科全书》提出：心理健康虽然不是个体发展过程中最完美的表现，却是最佳状态[②]。国内学者比如林崇德、张厚果等人对心理健康的概念界定则一直处于积

---

①　参见樊富珉：《大学生心理健康与发展》，清华大学出版社，1997 年，第 4 页。
②　参见郑希付：《健康心理学》，华东师范大学出版社，2003 年，第 5 页。

极讨论中，但是尚且没有一个统一的内涵，概括起来，心理健康主要包括以下几方面：个体身体和心理各方面都处于健康状态，能最大限度地发挥自身的潜能，保持健全的人格，能积极主动地适应社会环境，合理处理人际关系，保持积极乐观的心理状态，并表现出相应的稳定性和协调性。

对心理健康概念的界定，不同学者由于思考问题的角度方式不同，得出的结论也会有所不同。但是通过互相对比与分析、仔细研究和观察，仍然能够从中找出其共同点：第一，认为心理健康指的是没有心理疾病和一些特殊的心理问题，这只是对心理健康最狭义的定义。第二，心理健康是个体适应正常或良好的一种状态，适应是个体在与周围环境的互动中，通过不同的调节方式和调节系统做出主观的能动的自觉的反应，以使主客体之间保持一种平衡的状态，这里需要注意的是，平衡并不是绝对的，个体不能时时刻刻保持一种平衡的状态，也不能一直处于一种不平衡的状态，只能在平衡与不平衡无限转化的过程中寻求自身的生存与发展。第三，心理健康是一种持续且积极的状态，这种状态表现为健康完整的人格、客观正确的认识和自我评价、和谐的人际关系、稳定积极的情绪体验，只有做到这几点，个体内生动力才能得到有效的激发。

综合上述概念，本书将心理健康定义为：个体心境的最佳状态，并能在这种状态下对环境做出良好的适应。换言之，个体可以在复杂多变的环境中调整心理状态，保持积极的心态。比如在工作、学习、社交、生活中都可以和他人保持较好的沟通和配合。

心理健康对于现代人类的健康有着非常重要的意义，是构成现代人类健康的一个重要方面。人的身体健康有相应的标准，而心理健康也有其自己的判定标准，但是心理健康标准与人生理健康标准的主体内容有明显的区别。可以这样认为，即使一个人的生理完全满足健康标准，他的心理却并不一定健康，甚至在心理方面可能还存在着某种疾患。对心理健康概念的把握，可以明确自身心理健康存在哪些问题，从而采取有针对性的训练与治疗，使自身达到心理健康水平。

心理健康的测量是评价个体心理健康的重要方法，其测量内容包括个体的心理紧张程度、对生活的满意度等。测量方法主要分为人格测量、智商测量、情感测量和心理健康总体水平测量等。对于心理健康测量的工具可分为三类：第一类是心理障碍与心理诊断的测量工具，如 SCL－90（症状自评量表）、SDS（抑郁自评量表）、SAS（焦虑自评量表）等；第二类是对心理健康适应性进行测量的工具，如 PPCT（问题行为早期发现测量）、CBCL（儿童行为量表）等；第三类是与心理发展相关的测量工具，如 EPQ（人格问卷）、UPI

（大学生人格问卷）等。然而我们应当看到应用这些来自国外的测量工具对网络环境下大学生心理健康测量会产生偏差，甚至产生错误。原因在于这些测量工具大多适用于西方特定文化氛围，对于我国大学生而言存在着质量与适用性的问题；同时这些测量工具大多是在 20 世纪七八十年代提出并完善的，对于网络环境这个新兴的环境并不一定完全适用；最后类似 SCL－90 这种测量工具更多的是被用于临床诊断，主要适用于精神病人或神经症患者，对于大学生而言并不适合。因此对网络环境下大学生心理健康的测量，必须在前述工具基础上进行改良或革新。

（二）心理健康教育

心理健康教育首先是了解受教育者在当前阶段身体发展的特点，如青春期身体的变化；其次是了解受教育者在当前阶段的心理发展特点，如大四学生的就业焦虑，之后运用心理学理论及大学生教育管理的经验，具体问题具体分析，对大学生进行教育和培养，使大学生具有良好的心理素质。

俞国良认为，心理健康教育是一种实践性很强的教育活动，是教育者在了解受教育者身心特点和发展规律的基础上，运用专业的方式方法，使受教育者形成良好的心理状态和心理品质的教育活动[1]。由于青少年还处于生理和心理未完全成熟阶段，所以心理健康教育的对象主要是青少年，而当代大学生作为"00 后"正处于该时期。心理健康教育主要包括加强心理素质和心理机能的培养等内容，通过减少压力、解决困惑、提高心理品质，使受教育者可以保持良好的心理状态，形成良好的个性和思想品德，促进受教育者人格的完善及身心的全面发展。随着社会的发展和社会竞争加剧，人的心理压力加大，现在通常认为，无论在人的生命发展的哪个时期，都需要进行一定形式和内容的心理健康教育，以促进社会个体的心理健康发展。

心理健康的标准是判断个体是否存在心理健康问题的依据。目前，国内通用的心理健康标准包括智力正常、有安全感、情绪稳定、意志健全、自我概念成熟、适应能力强、适当的现实感、人际关系和谐、行为协调且反应适度、心理行为符合年龄特征。除上述标准以外，1946 年，第三届国际心理卫生大会列出的标准还有躯体、情感、智力和谐，生活工作过程可以发挥自己的才能，有幸福感，适应环境。

大学生群体关系着社会的发展与未来，是许多专家学者广泛关注的对象，

---

① 参见俞国良：《现代心理健康教育》，人民教育出版社，2007 年，第 72 页。

其中，大学生的心理健康问题一直是心理学领域高度关注的热点话题。我国专家学者制定了大学生群体心理健康标准。如高顺有将大学生心理标准分为个人心理特点符合年龄成长规律、有完整的人格、有正确的自我观念、有适应环境的能力、有良好的人际关系、情绪反应正常、能有效学习和生活①。

综上所述，专家学者在制定心理健康的标准时，从不同的角度展现了不同的内容，但其判断标准在一定程度上是大同小异的。大学生群体心理健康的标准主要体现为学生对学习生活的热爱、对自我价值的正确认识、情绪的良好掌控、人际关系的和谐、良好的社会适应能力和行为与年龄特点相符合等。大学生群体正处于成长阶段，其心理问题随着年龄的变化是不断变化的，心理健康水平也随之不断改变，因此，大学生心理标准是动态的。大学生心理健康标准是学校、家庭、自我发现心理问题的依据，学生对照标准能够分析和衡量自身心理状态，发现心理问题和不利于心理健康的行为，然后通过及时地调整保持良好的心理状态。

二、大学生心理健康教育

（一）大学生心理健康教育的内涵

大学生心理健康教育内容广泛，需要运用心理学、教育学、社会学乃至精神病学等学科的方法与技术。通过传授心理健康教育知识、开展相关宣传活动、讲座，以及进行心理辅导和咨询活动，能够提高大学生心理健康水平，促进大学生个性的充分发挥。在实践中，要以学生为中心，重视学生的主动参与，不仅强调大学生对心理健康教育知识的掌握，更强调大学生能力的提高以及帮助学生更好地实现自我成长与发展。

大学生心理健康教育的内容也随着时代发展而不断拓展。现今大学生心理健康教育关注大学生的心理特点，以帮助大学生处理好环境适应、自我管理、学习成才、人际交往、交友恋爱、求职择业、人格发展和情绪调节为主要任务。随着网络的快速发展，网络心理健康也逐渐成为高校心理健康教育的关注重点。事物是普遍联系和不断发展的，学生的心理问题和不断产生的心理需要作为一种客观存在，随着时代发展和人们认识的变迁而不断变化；社会对大学生的心理状态和心理能力也会产生更高的要求。因此，大学生心理健康教育的

---

① 参见高顺有：《论考察大学生心理健康及其标准》，《健康心理学》，1995年第4期，第57～58页。

内容和任务不断更新、深化，是时代发展的必然趋势。

《普通高等学校大学生心理健康教育工作实施纲要（试行）》中指出，"大学生心理健康教育工作是一项系统工程"，以课堂教学为主要渠道，以课外教育为基本环节。大学生心理健康教育的主要形式包括：以《大学生心理健康教育》为主干课程和因各高校实际情况而异的选修课程；心理健康相关知识讲座、专题报告；心理知识宣传；心理健康第二课堂活动，如心理健康教育方面的社团；心理辅导和咨询工作。其中，大学生心理健康教育课程是对学生进行心理健康教育的主渠道。

大学生心理健康教育基本定义为，高校教育者依据大学生生理和心理发展的一般规律和特点，有目的、有计划、科学地应用心理学和教育学的相关知识、方法和对策，传授给学生心理知识和心理自我调节的科学方法，对其心理施加影响，开发潜能，从而帮助他们形成良好的心理，培育其优秀的心理品质，挖掘内心潜能，主要目的在于消除和预防大学生心理层面的问题，提高其心理素质，促进其人格健康全面均衡协调发展而进行的系统性教育实践活动。

大学生心理健康需要具有完善的个性特征，能够正确认识自我，能够适应环境的变化和发展，情绪处于积极状态，并且能控制自己。教育者需要重视大学生学业、生活、就业压力等情况，切实有效地对大学生进行心理健康教育。可以面向不同群体采取不同教育模式，如面向全体学生以心理健康维护为主（包括常规心理健康课程、心理社团活动、人际关系指导等），面向少数具有心理和行为问题的学生以心理行为问题矫正为主（包括行为矫正训练、情绪调节等）。

总的来说，大学生心理健康教育是学者、专家根据大学生的阶段性心理特征，采取思想道德教育等多种学科的教学方式对学生进行心理疏导和干预的实践活动，目的是开发大学生的潜能，培养大学生优秀人格，使大学生身心全面和谐健康发展。

（二）大学生心理健康教育的管理机构

大学生心理健康教育管理机构是针对大学生的心理发展特点、规律和现状，为了避免心理不健康引发危机事件的发生，由高校专门建立的组织机构。宗旨是调动学生个体、班级、宿舍、社团和整个学校全体师生的积极性，最大限度地运用学校和社会的人力、物力、财力等有限资源，通过对学生个体或群体进行心理测试、心理健康调查问卷等形式，收集、评估、分析及监测大学生心理健康信息数据，制订促进学生素质提高和身心健康发展的计划，通过组织和协调学校相关部门做到及时干预影响心理健康的危险因素，通过提供科学有效的健康咨询和心理指导等服务使大学生个人或群体能够达到或保持心理活动处于健康水平。心理管理的主体是高校全体教师，客体是全部的大学生，不单纯指具有心理问题的那部分人。

1. 开展心理教育课程，加强素质培养

高校要结合学生心理活动的特点和发展规律，将心理教育课统筹在教育教学计划设置中，发挥课堂教学在管理中的主渠道作用，将心理健康课程设为公共选修课或必修课进行考核，注重知识传授、心理体验和技能调试训练，规定修满给予一定学分。

2. 开展宣传活动，营造良好氛围

高校通过面向学生开展大量的心理教育宣传活动来创设良好文化风气和氛围。为了提高学生心理的保健能力，利用多种渠道如网站、微信公众号、宣传栏等向学生推送心理教育知识，开展知识竞赛、网络微课堂等向学生传播心理健康意识和现代文明理念。通过电视、广播、书刊等倡导健康生活方式，广泛传播自尊自信、理性平和的生活态度，推广心理健康意识。通过举办拓展素质训练、文体艺术活动、主题教育等活动促进学生素养的提高。

3. 开展测评筛查，加强危机干预措施

通常，高校每年都会对新生开展心理测评活动，来筛查有心理障碍或困惑问题的学生，目的是进行及时的干预和关注。通过开展心理教育咨询服务来及时疏导学生的心理问题，并针对咨询撰写心理档案，形成个案后定期进行案例督导。建立预警机制，制定危机预案，与精神卫生专业机构合作建立绿色就诊通道。

4. 开展朋辈互助，促进共同成长

高校在院系设置心理成长辅导室、生活指导室、团体辅导室等心理咨询空间，利用学生社团，开展各种心理健康互助活动，通过对心理存在不适的学生进行辅导和教育，帮助学生进行心理调节，促进他们健康成长。

大学生心理健康教育管理是高校人才培养管理的重要组成部分，是学生管理工作的基础环节，是高校和谐、持续发展和学生素质提高的关键。部分高校由于起点低、资金匮乏、师资薄弱、基础设施配备不齐全等条件的限制，各种管理工作体制和模式尚处于探索磨合的阶段，在学生心理管理中面临着诸多困境：一是不能及时转变工作思路；二是存在基础设施薄弱、资金匮乏的客观现实；三是高校学生个体差异大，心理情况复杂，导致管理的难度增加。综上所述，探索出一条适合大学生心理教育管理的科学路径迫在眉睫。

三、大学生心理健康教育的进程

我国高校心理健康教育工作始于 20 世纪 80 年代中期，按照其主要工作内容进行阶段划分，可以分为逐步发展、全面建设和深化发展三个阶段，在中央、地方、高校及社会各界的高度重视下，心理健康教育不断得到加强，水平不断提高。同时，这三个发展阶段在教育目标上具有一致性、在教育内容上具有相互包含性和共同性，既一脉相承又各具特色，既相互联系又相互区别。

（一）从无到有，逐步发展阶段

1984 年到 2000 年，是我国高校开展大学生心理健康教育的起始阶段。这一阶段，高校心理健康教育以障碍性心理咨询为主，由心理咨询中心的工作人员采用个别心理咨询的方式，以学生产生心理问题的情境性因素为抓手，为存在心理问题的大学生提供心理援助、支持和矫正，一对一地解决来访者的心理问题。上海华东师范大学、上海交通大学分别在 1985 年和 1986 年建立了心理咨询室，标志着我国大学生心理健康教育的开始。1990 年 11 月，中国心理卫生协会大学生心理咨询专业委员会成立。1994 年，《中共中央关于进一步加强和改进学校德育工作的若干意见》提出要通过各种方式对不同年龄层次的学生进行心理健康教育和指导。"心理健康教育"一词正式出现在国家政策中，并被纳入了德育的范畴。大学生心理健康教育由民间行为发展到政府行为，进一步成为普遍的社会行为。1995 年，《中国普通高等学校德育大纲（试行）》将心理健康教育列为学校德育工作的重要部分。1999 年，《中共中央国务院关于深化教育改革全面推进素质教育的决定》提出加强学生的心理健康教育。由此，从教育机构到高等院校，都开始关注心理健康教育工作，相关的课程教学、科学研究、心理咨询逐步开展。

1. 单一的工作内容

高校在障碍性心理咨询阶段主要开展了以下三项配套工作，以便辅助心理咨询工作在高校顺利开展。

一是在教育部的指导下广泛开展大学生心理健康状况普查工作。各高校配合相关领域专家、依托科研项目，主要运用 SCL－90 量表等测量工具对大学生心理健康状况进行测试。这一时期，许多高校通过对在校学生的心理健康状况的摸排调查，认识到大学生心理健康形势的严峻性和开展高校心理健康教育工作的紧迫性。

二是建立高校心理咨询机构，定期接诊有心理咨询需求的学生。这一时期，各高校心理咨询机构的名称不同，规模各异，但大多隶属于学生教育管理部门。设立心理咨询机构的高校根据学校统筹安排及咨询人员数量开放心理咨询，如当时的清华大学心理咨询室于每周一至周六的下午 14：30—17：30 开放。据统计，高校心理咨询中心接待的来访学生中，心理问题主要涉及学业、交友以及情感中的心理冲突与烦恼，以及"各种神经症（如抑郁症、焦虑症、强迫症、恐惧症、神经衰弱、疑病症等）、早期精神病、严重的情绪危机及其他精神疾患"①。心理咨询人员通过系统的心理咨询和治疗方案帮助学生克服心理障碍、缓解由心理障碍引发的各种不良情绪和问题行为，恢复其心理的平衡状态。

三是部分高校探索开展了面向更多学生的心理健康教育讲座、选修课程等群体性心理健康教育活动。一些高校在新生入学、毕业就业等学生发展的特定时间节点，开展新生适应性教育活动、心理健康教育专题讲座以及就业心理测验工作，打造心理健康教育品牌活动。如上海交通大学的益友咨询中心，通过邀请著名的心理学家、教育学家等，开展了"新鲜人助跑计划"和"自我心理健康教育"等活动，还举办"性科学知识""心理卫生"等专题讲座。在开设选修课程方面，1987 年 2 月，浙江大学的马建青联合德育教研室和学校心理咨询中心的教师一起开设了青年心理健康选修课，成为全国最早开设的心理健康选修课程。不过，这一发展阶段中绝大多数高校由于心理咨询中心工作人员有限、资金不足，缺少人力、物力支持，并未面向更多学生开展其他形式的心理健康教育活动。

2. 单薄的工作力量

从我国设立心理咨询中心的高校来看，其工作人员主要由三方面力量构成：一是心理学、教育学的专业教师，二是外聘心理医务工作者，三是由辅导

---

① 马建青：《发展性咨询：学校心理咨询的基本模式》，《当代青年研究》，1998 年第 10 期，第 8～9 页。

员、德育工作者等构成的思想政治教育和学生管理工作者。在实际开展心理咨询工作时，许多高校仅以其中某一方面或两方面力量为主，导致进行高校心理咨询工作的人员不仅数量不足，服务能力也比较有限。另外，高校心理咨询机构中的工作人员多为兼职人员，除学生产生严重的心理障碍或精神疾病需要送医治疗外，主要工作由兼职人员经过培训后代为开展。然而，心理咨询作为一门高度专业化的工作，需要心理健康教育工作者具备扎实的理论基础、掌握娴熟的专业技能，这些兼职工作人员边干边学，专业知识和能力不足，也限制了高校心理咨询中心服务水平的提升。

高校心理健康教育发展初期，队伍建设滞后问题影响了高校心理健康教育工作的深入开展。一些高校聘请临床心理专家或心理咨询领域的学者作为心理咨询中心的外聘专家，同时不断加强对校内工作人员的培训力度，帮助他们逐步成长为专业的心理健康工作者。1987 年以来，北京大学、中国人民大学以及华中师范大学等高校通过举办心理测量技术、心理咨询理论和实训等相关内容的培训班来提高心理咨询工作队伍的理论水平和技能。除此之外，《心理发展与教育》（1985 年）、《高校心理咨询通讯》（1988 年）等心理健康学术杂志的相继创刊，大学生心理咨询专业委员会（1990 年）的成立也为高校心理咨询工作队伍的成长提供了交流平台和专业指导。

3. 单独的工作机构

障碍性心理咨询阶段，许多高校成立了专门的心理咨询机构，面向学生开展心理咨询。1984 年，浙江省湖州师专成立了我国高校中第一个为学生服务的心理咨询机构；1985 年，上海交通大学和华东师范大学相继在校内建立了心理咨询机构，并在社会上产生了广泛的影响。到 1986 年底，全国范围内有 30 多所高校建立了心理咨询中心，这些高校心理咨询中心通过建立学生心理档案，采用一对一的个别咨询方式帮助学生解决心理问题。

在实践中，大部分院校的心理咨询机构只有一对一的个别咨询形式，对于解决学生的一般性心理问题来说不仅耗时还效率低下，也可能因此贻误了最佳干预时间，对学生造成更大的伤害。实际上，部分大学生产生的心理问题是由其所处的发展阶段决定的，具有高度相似性，完全可以通过团体咨询与辅导的形式，省时又高效地解决，但由于当时高校以单一的心理咨询机构为依托，缺乏学校相关部门的重视、支持与配合，再加上工作人员数量有限、能力不足，影响了高校内其他形式的心理咨询及心理健康教育活动的开展。

在障碍性心理咨询阶段发展后期，各地高校心理咨询机构在专业委员会的指导下不断走向组织化和专业化，有效加强了各高校心理咨询服务机构之间的工作交流，提升了咨询服务的质量。1988 年，上海交通大学举办了首届中国高校咨询教育理论与实践研讨会；1990 年，中国高校心理咨询研究会（后改为"全国大学生心理咨询专业委员会"）正式成立。自此，研究会举办的培训、宣传和研讨活动大大推进了高校心理咨询和心理健康教育工作的发展，并培养了一批更加专业的工作人员。

障碍性心理咨询以缓解学生心理障碍和问题为目标，实现了我国高校心理健康教育从无到有的发展，促进了学生的身心健康成长。但这一阶段，高校心理健康教育主要以实践活动为主，理论研究方面比较欠缺，以单一的咨询机构为依托的发展方式，也缺乏必要的人力、物力支持和工作体系保障。另外，其秉持的"障碍性咨询理念"，将开展心理健康教育活动片面地理解为"减少严重的心理障碍、避免恶性事件的发生"[1]，影响了高校心理健康教育工作的育人效果。

（二）规范要求，全面建设阶段

20 世纪 80 年代中期以后，高校心理健康教育虽快速发展，但障碍性心理咨询重治疗、轻预防，重障碍、轻发展的模式远不能满足绝大多数高校学生的心理需求，基于此，我国高校心理健康教育开始调整思路。2001 年，教育部颁发《关于加强普通高等学校大学生心理健康教育工作的意见》，首次以专项文件的形式推动高校心理健康教育工作开展，将心理健康教育纳入高校德育工作领域，确立了发展性心理健康教育理念。发展性心理健康教育遵循学生身心发展规律，依据学生年龄、性格、成长环境等个性特点，通过心理咨询、心理健康教育课程及实践活动等多种形式帮助个体妥善解决发展过程中的心理矛盾，使其正确认识自己、发掘心理潜力，提升学生心理素质，促进其个性发展和人格完善。教育部 2004 年的《普通高等学校大学生心理健康教育实施纲要》对大学生心理健康教育工作做了全面部署。《中共中央　国务院关于进一步加强和改进大学生思想政治教育的意见》中提出要开展深入细致的思想政治工作和心理健康教育。2005 年，教育部、卫生部、共青团中央制定的《关于进一步加强和改进大学生心理健康教育的意见》进一步明确了总体要求、基本原则、具体措施，并要求各校制定具体的实施办法。同时，教育部成立了全国普

---

① 马建青：《高校心理健康教育与思想政治教育结合 30 年的研究》，浙江大学出版社，2017 年，第 12 页。

通高等学校学生心理健康教育专家指导委员会，其主旨是对各高校的心理健康教育进行引导和规范。从中央到教育部等部委再到各级教育机构及高等院校，高度重视心理健康教育工作，专门制定了发展纲要等，对心理健康工作进行全面的建设，使教学、科研、咨询工作都得到了深化，尤其是大量的科学研究成果和教材的出现，使心理健康教育水平得到了提高。

1. 综合性的工作内容

发展性心理健康教育是我国高校心理健康教育的生命力和特色所在，它关注到了心理素质在大学生全面发展中的作用，致力于引导大学生掌握解决心理和情绪问题的一般方法，达到"助人自助"的效果。2004 年，《中共中央　国务院关于进一步加强和改进大学生思想政治教育的意见》把心理健康教育作为思想政治教育工作的一部分来开展。2005 年，教育部、卫生部、共青团中央在《关于进一步加强和改进大学生心理健康教育的意见》中明确规定了高校开展心理健康教育的原则，高校在心理健康教育课程建设、相关校园活动开展及教育方法多样优化等领域取得了突破性进展。

首先，确立了稳定的心理健康教育组织架构。高校心理健康教育的发展一直伴随着与德育、思想政治教育之间关系的讨论。实际上，这不仅是对学科归属与理念的讨论，也是对"究竟由什么部门来组织和领导高校心理健康教育工作"这一问题的深入思考。2001 年，教育部在《关于加强普通高等学校大学生心理健康教育工作的意见》中明确要求"把高等学校心理健康教育工作纳入学校德育工作管理体系，实行主管校领导负责制度"。以 2005 年教育部、卫生部、共青团中央下发的《关于进一步加强和改进大学生心理健康教育的意见》为标志，此后中央和教育部下发的文件都将高校心理健康教育纳入学校思想政治教育领域来开展，在此思想的指导下，高校心理健康教育逐步完善了领导体系和组织架构。以北京大学为例，2004 年北京大学素质教育委员会中增设"心理健康教育分会"，并由主管学生工作的党委副书记担任领导小组的组长，负责心理健康教育与心理危机干预工作；同年 4 月，学工部增设了心理健康教育办公室。到 2005 年 12 月，北京大学在此基础上成立了"学生心理健康教育与咨询中心"，该中心挂靠学生工作部，负责全校学生的心理健康教育与普及工作、心理咨询及危机排查和干预工作。

其次，增设了心理健康教育必修课程。2005 年教育部、卫生部、共青团中央发布的《关于进一步加强和改进大学生心理健康教育的意见》中也提倡高校结合实际，有针对性地开展选修课程，将宣传普及心理健康知识、介绍增进心理健康教育的途径和方法、解析常见心理现象和传授心理调适方法作为心理健康课程的主要内容。2011 年，教育部办公厅颁发了《关于印发〈普通高等学校心理健康教育课程教学基本要求〉的通知》，要求在高校内开设大学生心理健康教育必修课程，并将其定位为"知识传授、心理体验与行为训练为一体的公共课程"。心理健康教育必修课程不仅为全体在校学生提供了了解、学习心理健康教育知识的机会，也成为高校心理健康教育工作的"宣传窗口"，帮助学生树立了正确的心理健康观念。

最后，丰富了心理健康教育方法和途径。高校在心理咨询工作中增加了团体辅导、心理行为训练、电话咨询和网络咨询等心理辅导和咨询形式，更好地满足了高校学生对心理咨询服务的需求，提高了工作效率；同时，加强了对新生、毕业生、家庭困难学生、失恋和违纪学生等人群的心理问题预防和干预工作，有针对性地帮助他们解决心理问题。高校还积极开展了丰富多彩的心理健康教育活动，依托大学生心理健康宣传日、心理情景剧、心理知识竞赛以及线上线下的心理健康讲座等宣传普及心理健康知识，鼓励大学生成立心理健康相关社团，开展朋辈心理健康教育和辅导，营造了良好的心理健康教育校园环境。随着互联网的发展，高校纷纷建立了心理健康教育网站，不仅使学生心理咨询的预约方式更加便捷，也成为展示高校心理健康教育工作风貌的重要窗口。

发展性心理健康教育的内容更具综合性，它不仅关注个别学生的心理障碍，还十分关注某一阶段大学生共同存在的发展性心理问题。从介入时间来看，发展性心理健康教育更多的是预防性教育，通过引导学生关注心理健康，来预防和减少心理问题；从心理健康教育活动形式来看，除咨询服务外，高校在这一阶段还增设了心理健康教育的必修课程，开展了丰富多样的实践活动，帮助大学生正确认识自己、发掘心理潜力，减少和消除心理问题对学生学习与生活的影响。

2. 专业化的工作队伍

高校心理健康教育是一项集专业性、实践性和学术性于一体的工作，要求从业者必须具备深厚的理论功底和丰富的实践经验。随着国家对心理健康教育政策的不断完善，高校按要求不断强化心理健康教育工作队伍建设，提升心理健康教育工作队伍的数量、专业本领和服务能力：一是增加了高校心理健康教育专职工作人员数量。我国规定专职心理健康教育工作者与全日制在校学生的比例不得低于1：3000～1：4000，但在当时能够达到此师生配比标准的高校仍为少数。面对高校心理健康教育专职工作者数量不足的现状，我国加强了对心理健康教育相关专业学科的支持和建设力度，加大人才培养力度，并通过给予专职人员编制保障等多项措施激励高校增加心理健康教育专职工作人员数量。二是强化了对心理健康教育兼职工作者的教学、培训和督导。各高校在教育部的支持下开展了许多针对兼职心理健康教育工作者能力提升的专题培训：教育部社政司在天津师范大学设立了全国普通高等学校大学生心理健康教育骨干教师培训基地，各省也相继设立了高校心理健康教育教师培训中心，开展专题培训以提升兼职心理健康教育工作者的专业理论水平和专业技能。三是进一步健全了心理健康教育工作者的激励考核与评价机制。为激励广大心理健康教育工作者积极投身到服务学生心理健康的工作中去，高校加强了心理健康教育工作队伍的晋升、考核及激励机制的建设。各地各高校多措并举，通过设立心理健康教育研究项目鼓励广大心理健康教育工作者以研促学，不断提升其理论知识水平；还开展了教师间的心理健康教育课程比赛和心理咨询模拟大赛，以考核和提升教师队伍的实践能力；开展校内的心理健康教育先进单位和先进个人的表彰评选活动，激励心理健康教育工作者不断提升自身能力。

3. 成体系的教育网络

发展性心理健康教育阶段，高校形成了"三级"心理健康教育网络。其中，一级网络主要指学生处和心理咨询中心，这是高校开展心理健康教育工作的指挥棒；二级网络一般指学院中负责心理健康工作的相关人员，如党委副书记、学生党总支书记、团委书记、辅导员等工作人员，其在"三级"教育网络体系中起到了关键的桥梁作用；三级网络指包括班级心理委员，楼层长、宿舍心理健康联络员等在内的大学生朋辈心理互助力量，他们在心理问题的早期预警方面发挥了重要作用。在此基础上，部分高校又开创性地进一步细化网络，构建了"学校—中心—学院—班级—宿舍"五级心理健康教育体系，确保形成"全面覆盖、无缝对接、及时有效、动态跟踪"的心理健康教育工作机制，为学生形成理性平和的健康心态保驾护航①。

发展性心理健康教育推动了高校心理健康教育由"重矫正"向"重预防"、"重障碍"向"重发展"模式的转变，服务对象的范围也扩大至全体在校学生。发展性心理健康教育突破了障碍性心理咨询模式，超越了医学领域，使心理健

---

① 参见丁笑生：《关于高校心理健康教育工作队伍建设的思考》，《思想教育研究》，2017 年第 6 期，第 121～122 页。

康教育在更为广阔的天地里为广大学生的心理素质提高和成长成才服务，更顺应了大学生的全面发展需要。

（三）科学引领，深化发展阶段

从 2012 年至今，该阶段主要特征是不断规范化、标准化、科学化。2013年 5 月 1 日起《中华人民共和国精神卫生法》正式施行，心理健康教育有了更明确的法律依据。目前，大学生心理健康教育工作不断得到强化，趋向规范化、制度化、标准化，科学化水平得到提高。

为进一步落实高校"立德树人"根本任务，切实提升思想政治教育工作质量，2017 年 12 月，教育部党组颁发了《高校思想政治工作质量提升工程实施纲要》，提出要构建十大育人体系以提升思想政治教育工作质量。至此，心理育人不仅成为新时代提升思想政治教育工作质量的重要内容，也给高校心理健康教育提出了新要求和新任务。心理育人是指从教育对象的身心成长规律和教育规律出发，依托教育教学、实践活动、咨询指导、预防干预"四位一体"工作格局，有目的、有计划地对教育对象进行积极的心理引导，以缓解学生心理困惑、开发学生心理潜能，提升学生心理品质，促进学生人格健全，实现培育有理想、有本领、有担当的时代新人教育目标。

1. 全面性的工作内容

为提升心理育人质量，2018 年 7 月教育部党组颁发了《高等学校学生心理健康教育指导纲要》，进一步明确了新时代高校心理健康教育工作的指导思想、目标、任务、工作保障及组织实施等内容。相较之前两个发展阶段，高校心理育人更加凸显了培育时代新人的价值取向和对学生价值观的引领，致力于从心理层面推动学生的全面发展。

一是扩大了心理健康教育服务对象的覆盖范围。高校心理育人不仅注重开展针对学生的心理健康教育工作，也开始关注高校教职员工的心理健康状况。在高校中，教职员工既是教育者、服务者、工作者，同时也是心理健康教育的受益者，其心理健康状况会间接影响学生的心理健康，开展对全体师生的心理健康教育活动更有利于高校形成心理育人的良好氛围。

二是进一步拓展了心理健康教育内容。处于青年时期的大学生的诸多心理困扰与其在思想层面价值标准的迷失密切相关，这些心理问题往往能够带给大学生更加深远的影响。高校心理育人不仅关注学生的心理困惑，帮助学生解决心理问题，其教育内容也向学生的思想、道德和价值观领域拓展，通过对学生思想和价值观层面的引导，推动学生深层次的改变和发展，使学生在发展过程中遇到类似心理问题时，能够用正确的价值观调适心理上的矛盾和冲突，从根本上解决心理迷茫和困惑问题。

三是致力于营造良好的心理育人氛围。一方面高校心理育人丰富了心理健康教育的形式，除推进传统的心理健康课程教育外，高校还依托互联网开发建设了大学生心理健康教育在线课程，通过线上线下、体验活动、行为训练、心理情景剧等多种形式，激发大学生的心理健康知识学习兴趣，引导学生在日常生活、学习和体验中开展心理健康教育活动。另一方面，更加注重对校内各机构心理育人要素的开发，努力明确教学管理、资助服务、后勤保障等与学生日常学习生活联系紧密的工作部门在心理育人工作中的职责，形成育人合力。

高校心理育人的教育内容实现了由心理向思想层面的拓展，教育方法和手段也更加丰富，更能在培育师生理性平和、积极向上的健康心态，促进师生心理健康素质与思想道德素质、科学文化素质协调发展上发挥出独特价值，在校园甚至全社会范围内营造出良好的育人氛围。

2. 全员性的工作队伍

高校心理育人提倡全员育人，主张建立起一个自助、互助、专业帮助和社会支持相配合的全员心理育人模式。

个体自助是构建全员心理育人的基础。任何情况下，个体对自身情绪状态和心理状况的觉察都是开展心理健康教育工作的基本条件。《高等学校学生心理健康教育指导纲要》明确了"主导性和主体性相结合的原则"，要求在教育过程中充分尊重学生的主体地位，充分调动学生的积极性和主动性。心理育人强调了对学生自身心理健康观念的教育和引导，帮助他们及时察觉心理问题并主动寻求帮助。

朋辈互助是心理育人工作中重要的推动力。朋辈力量不仅能够弥补心理健康教育师资不足的缺陷，也在开展心理育人工作中具有先天优势。朋辈群体在宣传心理健康教育知识，营造宿舍和班级内良好的心理健康氛围的同时，还能在发现班级同学、舍友的心理异常情况后，及时提供帮助或寻求帮助。

专业帮助是全员育人中的主导力量。在高校心理育人工作队伍中，心理健康专业人员发挥了主导作用，承担预防学生心理问题演化为心理疾病、促进其个性发展和人格完善的主要责任。2016 年，习近平总书记在全国高校思想政治工作会议重要讲话中，对心理健康教育工作者的身份做了明确界定，即他们是高校思想政治工作队伍的组成部分。这也要求心理健康教育工作者把"问心"与"育人"工作统筹起来，在重建学生心理平衡的基础上，适时引导学生形成正确的世界观、人生观和价值观，养成科学的思维习惯及健康的身心状态。

社会支持在全员育人过程中发挥保障作用。社会支持系统指家庭、亲友、团体、组织和社区等。大学生的心理健康状况是学校、家庭以及社区等多重支持系统综合作用的结果，仅靠学校力量无法完全解决学生的心理问题，必须构建多主体、多因素的协同支持体系，这不仅要充分调动校内全体教职员工参与心理健康教育的主动性和积极性，承担起保障学生心理健康的责任，也要引导家庭、社区、组织等社会支持体系关注学生心理健康状况，及早发现问题、解决问题。

全员心理育人模式为高校心理健康教育实现"育人"目标提供了人员保障。其中，自助与互助是这个系统中最直接的支持方式，有效增强了个体的心理弹性，但这必须在专业心理健康工作者的引导下开展。良好的社会支持则为开展互助、自助和专业帮助提供了环境保障，切实增强了育人合力，提升了心理健康工作的实效性。

3. 全方位的工作体系

心理育人阶段，教育部明确提出要构建教育教学、实践活动、咨询服务、预防干预"四位一体"的心理健康教育工作格局，明确了高校心理健康教育的主要途径，要求建立学校、院系、班级、宿舍"四级"预警防控体系，充分利用网络、广播、微信公众号等媒体，营造良好的心理健康教育氛围。

"四位一体"心理健康教育工作格局在"三全"育人理念的指导下更加完善。高校在心理育人方面构建了宏观、中观、微观一体化的工作体系。其中，宏观层面指教育部和各省市教育管理部门，负责组织专家，研究、规划全国、各省市心理健康教育发展蓝图，出台有针对性的政策文件，加强对高校的督查；中观层面，各个高校高度重视"心理育人"工作，将其纳入学校的整体发展规划中，统筹多方资源，投入足够的人力物力财力，完善心理健康教育网络；微观层面，作为心理育人的基础单位，院系负责建立心理辅导站，同时加强对班级心理委员、宿舍长等学生干部的指导。

在"四位一体"工作格局下，心理育人更好地融入了学校教育的各个领域，包括高校教学、管理服务、社会实践等，同时也渗透学生的学习生活、求职就业和校园文化等多项活动中，不仅实现了高校心理健康教育由点到面的铺开，也使得高校心理健康教育真正贯穿学生发展的不同阶段，有针对性地对不同年级、阶段、专业的学生适时开展心理健康教育，以更精准的服务满足学生心理健康需求，为实现心理育人工作目标提供了工作体系保障。

从 20 世纪 80 年代中期至今，我国高校心理健康教育在每一个发展阶段，都将学生的心理健康放在突出位置，尊重大学生心理发展规律，以心理咨询和教育为主要手段服务大学生心理健康成长。这一转变过程展现了高校心理健康教育适应社会转型要求和大学生全面发展需要，不断深化对自身工作规律的认识，调整发展理念，探索构建具有中国特色的高校心理健康教育发展模式的内在轨迹。

四、大学生心理健康教育的意义

（一）大学生心理健康教育的重要性

知识、技能的提高只是大学生全面发展的一个方面，大学生的全面发展还包括人格的不断完善、心理素质的不断完备。心理健康对于大学生的全面发展至关重要，如果大学生的心理出现了问题，会严重影响到大学生的全面发展，不仅会阻碍大学生的成长，也不利于大学生未来的发展和进步，会成为大学生走向社会的牵绊。我们必须重视大学生的心理健康，并将其作为一项重要任务来开展。

随着知识经济的发展，社会和时代的不断变革，当前社会对大学生的发展提出了更高的要求，当代大学生需要全面地提升自己才能适应社会大环境。人才素质的提高不仅会促进经济的发展、实现科技的振兴，还会影响到整个社会的进步。在人才素质系统中，心理素质是基础，在科学文化素质、思想道德素质以及职业技能素质中也渗透着心理素质。为了使优秀的人才得到培养和塑造，必须加强对大学生的心理健康教育。目前不少大学生存在着不健康的心理问题，心理素质也比较低下，并且近些年来，大学生心理问题的发生比率呈现上升趋势。要切实降低大学生各种心理问题的发生概率，不断提高大学生的心理健康水平，培养社会主义事业的合格建设者，加强大学生的心理健康教育至关重要。

大学四年是大学生心理发展的关键时期，大学生的心理与人格逐渐趋向成熟，并逐步过渡到成人状态。但是这个过渡和转变并不是简单的、一帆风顺的，他们在这一过程中会遇到各种困难和挑战，会产生很多困扰和矛盾，出现各种形式的心理问题。在现实中遭遇不公平是不可避免的，但有些人可能因遭受到的这些不公平待遇而从此自暴自弃、心灰意冷，对后续的个体成长造成不利影响；同时，也不可能每个人都能与他人和睦相处，有些人会因为自己出现人际关系问题而选择逃避群体。心理学家通过大量的调查数据发现，当前我国大学生精神疾病发病率较高主要是由心理障碍所导致的。大学生的心理问题如果得不到及时改善，不仅会影响到大学生价值观的确立，还将会严重影响到大学生未来的发展前途。大学就相当于一个小社会，当大学生在这个小社会里发现自己很多方面不如他人时，他们会产生疑问，为什么别人总是比自己优秀，做得比自己好。有些人会感到自卑，并且还会嫉妒他人，由此总是感到不如意、不幸福，而且对自己的期望越高，感到与别人差距越大，这种不幸福感就会越强烈，就更容易走极端。个别大学生在遇到这种情况时，往往不知道该怎样调整自己的想法、调适自己的心态，而是采取一些比较极端的做法，如自虐等，严重的甚至还会攻击他人。所以大学生心理健康教育的开展刻不容缓，心理健康教育的实行既可以有效地避免和改善大学生心理问题，又可以促进大学生健康成长，具有非常重要的现实意义。

随着我国社会主义现代化的不断发展，思想政治教育已成为高校学生工作的重要组成部分，其发展也随着社会的发展面临更多的难题和困惑，现有的很多不足存在于传统的思想政治教育中，如教育内容不丰富，教育方法不够科学等。而大学生对于社会生活中出现的各种新问题感到困惑和迷茫，传统的思想政治教育却无法解决这些新问题，现实中的各种挑战与困难制约着高校思想政治教育工作的开展。将心理健康教育纳入思想政治教育中，使两者实现有机结合，这样的结合既可有效地解决大学生日益增加的心理问题，也可以为思想政治教育寻求新的发展途径，并且对于切实提高思想政治教育的有效性、针对性和实效性具有重要的意义和价值。

（二）大学生心理健康教育的必要性

1. 时代发展的客观要求

随着社会的进步和人们生活水平的提高，健康观念得到不断的丰富和完善。1948 年，世界卫生组织对健康进行定义，提出健康是一种身体、精神与社会的和谐状态。和谐的生理状态是指身体无疾病，各部位状态良好；和谐的心理状态是指积极的心理特质。身心与社会的和谐状态是指个人适应社会发展的能力。这一概念表明了健康是生理因素、心理因素与社会因素共同作用的结果。1990 年，世界卫生组织进一步发展了健康的概念即所谓的健康新理念，在原有概念的基础上，增加了良好的道德修养。良好的道德修养指的是能够分清大是大非，遵守社会道德准则和行为规范，不因自己的个人利益损害他人的利益和社会集体的利益。国家政府高度关注学生群体的心理健康教育问题，并颁布了一系列政策，以期充分发挥教育基本规律推动人与社会的发展。2016年审议通过的《"健康中国2030"规划纲要》、2018年多部门联合印发的《全国社会心理服务体系建设试点工作方案》等一系列文件均表明，心理健康作为健康的重要组成部分，已经成为人民群众的共同追求，并受到各部门的持续关注，各部门将采取相应措施致力于推进心理健康融入各项政策，创造健康支持性环境，将心理健康教育纳入国民教育体系，使其成为各个教育阶段的重要内容。不仅仅是授予学习者文凭，更希望毕业生具有健全人格、积极的心理品质以及拥有与主流社会、用人单位企业文化相一致的劳动观，掌握沟通表达、解决问题、互动合作以及情绪调节等非认知能力，使其有更好的发展前景，激发学生自身学习潜能和积极性，促进他们利用多种社会支持渠道，获得多种信息资源，开展积极主动的学习，改善存在的学习拖延、低效沉闷甚至是不愉快的学习体验。针对高等教育阶段，高校应加强心理健康教育工作，重视满足心理健康需求，培养健康的高质量人才。

健康新理念属于积极的健康观，它要求生理、心理和社会多种因素的和谐统一。其深远意义是，健康的躯体是追求生命质量的物质基础，健康的心理是提高生命质量的必要保证。这样，健康的个体才能在社会中实现个人价值和社会价值的良好统一。

另外，新媒体的双刃剑效应要求提高大学生的心理免疫力。一方面，新媒体为大学生的发展创造了良好的机遇。大学生是接受新生事物、引领时代潮流的重要群体。新媒体以其特有的优势，极大地改变了大学生原有的交往方式、生活方式、思维方式及观念模式，为大学生提供了广阔的学习知识和技能的平台。另一方面，新媒体也给大学生的发展造成了不良影响和冲击。首先，新媒体信息的多样化会对大学生的思想产生多元化的影响。在新媒体环境下，不同的政治立场、价值观、宗教信仰传播和负面网络信息的流传，容易导致大学生的世界观、人生观、价值观趋向功利化和世俗化。其次，新媒体容易导致大学生形成网络依赖心理。一部分学生沉迷于网络游戏和网络交友，逃避现实中的人际交往，从而逐渐与现实世界脱轨，长期下去容易导致自我封闭心理，在现实生活中产生抑郁感、孤独感，甚至会造成身心的扭曲。再次，新媒体的虚拟性和匿名性容易导致大学生道德观念淡薄。在虚拟的新媒体世界中，并没有强制性的道德规范，部分学生将网络里的思想行为延展到现实世界中，不能区分虚拟世界和现实世界的差别，更不能在现实世界中规范自己的言谈举止，从而不能具备高尚的道德观念，长期下去不利于学生心理的健康发展。

由此可见，新媒体是一把双刃剑，在为大学生提供各种便利条件的同时，也对其心理产生了一定的负面影响。在复杂的新媒体环境下，心理健康课堂教育应该全面开展，以便帮助学生识别和抵制各种消极思想和心理，增强学生对心理障碍和心理危机的免疫力。

总之，健康新理念要求普及心理健康知识。对于国家社会而言，应该增强心理健康教育队伍，扩大心理咨询网点。对于高校来说，心理健康教育应该走进大学生必修课课堂。

2. 高等教育人才培养的必然要求

首先，大众化教育取代了精英教育，极大地改变了大学生的社会地位。随着时代的发展，我国高等教育做出了相应的调整。在精英教育阶段，在大学生录取方面，国家实行严进宽出的制度。在大学生培养方面，国家实行计划培养的方针。在大学生工作方面，国家实行按计划分配政策。因此，当时的大学生只要按规定条件毕业便可得到工作，以至于部分大学毕业生缺乏主动性和竞争意识。在当今的大众化教育阶段，随着大学生录取人数增多，国家就业分配制度取消，毕业后的大学生要根据自己的能力大小进行求职，就业压力随之增大。在求职过程中，大学生必须具备较强的主动性、竞争性和较高的心理素质，适应社会对人才的发展需要。同时，也有一批学生加入了自主创业的队伍。同样，创业的整个过程中会遇到各种困难，也需要良好的心理素质作为支撑。

其次，高等教育规模的扩大和办学形式的多样化，加大了大学生的心理压力。一系列的改革对大学生成才提出了更高的要求。大学生在校期间承受着较大的心理压力，如果没有具备良好的心理素质，那么就不能自如地面对学习、生活、交友等遇到的各种挫折。这样直接影响到学生学业的顺利完成以及对社会的良好适应。因此，高校应该在教授各种文化知识的同时，通过心理健康课堂教育，提高学生的心理素质，增强学生的心理调适能力，以应对大学生可能出现的各种压力，以积极的心态迎接未来的挑战。

再次，心理素质成为大学生整体素质的支撑素质，在人才竞争中发挥着越来越重要的作用。竞争是当今时代的主题，而竞争归根到底是人才之间的竞争。人才的竞争力要求大学生具备较高的综合素质，高校应该重视学生的素质教育。其中，心理素质发挥着重要的支撑作用。健康的心理和良好的心态是培养学生其他几种素质的基础。因此，高校在人才培养目标中应该将心理素质的培养放在突出的地位。大学生心理健康教育课堂，有利于提高学生的心理素质，实现学生全面发展的人才培养目标。

3. 大学生自我发展的客观需求

大学阶段是大学生全面发展的重要时期。全面开展大学生心理健康教育，有利于提升大学生的综合素质。首先，积极健康的心理有利于大学生的身体健康，是保证身体机能的重要条件；其次，良好的心理素质是保证思想政治教育实效性的基础；最后，良好的心理素质是提高学习效率的前提。因此，大学生自身综合素质的提高应该以良好的心理素质为基础和前提。

全面开展大学生心理健康课堂教育，有助于开发大学生主体潜能，促进大学生自我实现，而自我实现的完成又由主体潜能的开发所决定。在当代，大学生已具备某些积极人格特质，但并不完备。大学生心理健康教育可以使学生拥有更加全面的人格特质，使还没有具备这些人格特质的学生获得某些人格特质，从而使全体学生更好地开发主体潜能，发挥创造力，实现社会价值和自我价值的统一。

（1）心理健康与德。大学生正处在道德品质形成和道德行为生发的关键时期，虽然对道德观念有初步的认知，但仍会受到社会道德现象的影响。在道德品质形成的不稳定时期，大学生个体道德标准不仅容易受到负面道德现象影响，还可能促使学生产生"道德焦虑"，如产生焦虑、迷茫等不适的心理感受。

道德品质的心理形成机制是"道德认识—道德情感—道德意志—道德信念—道德行为"的内化过程。虽然在这个过程中制约个体形成道德规范的影响因素有很多，包括社会道德状况、家庭教育和学校教育等，但起到内在支配作用的是个体心理状况。良好的心理健康状况有利于大学生在客观认识、分析和评价自我中形成正确的道德认识，在自我激励和自我反思中培养道德情感，在自我控制中锻炼道德意志，在自我监督和自我修养中坚定道德信念，在自我检查和自我调节中完善道德行为。

（2）心理健康与智。我国基础教育比较注重对学生智力方面的培养，从而忽视对学生非智力方面的培养。就学生的智力发展而言，不健康的心理会直接影响学生的情绪调节能力和适应能力，导致大学生的智力活动效率低下。一方面，心理素质与情绪调控能力息息相关。良好的心理健康状况有利于大学生正确调节情绪，在最短的时间内摆脱坏情绪，保持愉悦的心情。具备良好心理素质的大学生，往往能够利用多种调控方法转移、消解不良情绪，更快、更专注、更积极地投入学习和创造活动中，减少不良情绪对智力增强的负面影响。

另一方面，心理素质也会影响大学生的环境适应能力。良好的环境适应能力可以增强大学生个体的心理承受力，提升学习新知识和新技能的效率。事实上，大学生不仅在刚刚入学时面临着环境和学习方式的适应问题，在实习、就业等其他实践活动中，也时刻伴随着环境适应问题，具备良好的心理素质不仅能够减少学生对新环境的害怕和抵触，也能够促使学生主动了解新环境，主动调整身心状态以适应新环境，以饱满的精神状态投入智力活动中。

党的十九大报告提出"培养担当民族复兴大任的时代新人"①，其中明确提出时代新人必须要"有本领"，因为只有具备过硬的专业本领，才能真正承担起社会责任。对于高校学生来说，增强专业本领是智力活动过程，需要良好的心理健康状态做保障。

（3）心理健康与体。人的生理健康和心理健康统一于一体，心理健康会对生理健康产生影响，大学生的身体健康是其从事一切学习和实践活动的基础条件。根据埃里克森的人格发展理论，大学生正处于"自我同一性—角色混乱"与成年早期"亲密—疏离"的双重社会矛盾阶段，经常会由于外在环境的改变而产生焦虑、烦躁、抑郁、恐惧等不良情绪，或者产生其他不正常的心理状态，长此以往便容易导致生理上的异常和疾病。许多中医典籍中都有对"情志致病"的记载，如喜伤心、怒伤肝、悲伤肺、思伤脾、恐伤肾，不良的心理因素会通过中枢神经系统、内分泌系统和机体免疫系统使人生病。

高校心理育人能够在解决学生心理障碍、提高其心理素质的基础上，帮助在校学生养成积极向上的人生态度，从提高学生心理素质着手解答好学生在学习和生活中遇到的生命意义、人生价值和思想道德方面的困惑，使他们以一种乐观豁达、开朗明快的心态保持健康的体魄。

（4）心理健康与美。心理健康教育与美育是相互促进的关系。随着经济社会的快速发展，大学生的审美意识变得更具选择性、多变性和差异性，对"美"的认知日趋多样化。美育工作可以帮助大学生陶冶情操，追求更高的境界和品位，也可以有效疏解学生的负面情绪，保持其活力和创造力；同时，为了保证大学生在接受美育教育时不扭曲"美"，以丑为美，需要他们具备良好的心理健康状况。

第一，心理健康教育可以帮助大学生澄清在审美过程中的心理困惑。随着新媒体技术的蓬勃发展，社会进入"媒介化"阶段，"泛娱乐化"现象随处可

---

① 习近平：《决胜全面建成小康社会　夺取新时代中国特色社会主义伟大胜利——在中国共产党第十九次全国代表大会上的报告》，人民出版社，2017年，第42页。

见，娱乐产业化使大学生生活的方方面面都充斥着娱乐性、媚俗化的因素，对大学生审美也产生了潜移默化的影响。当前网络上当红艺人"官宣"恋爱、婚讯的消息动辄便能引起轩然大波，各种网红美女、网红产品等层出不穷，影响了部分大学生对"美"的认知和判断，一些大学生在不知不觉中成为娱乐的附庸，并在判别究竟什么是"美"的过程中，产生了心理上的迷茫和困惑。

第二，心理健康教育对塑造大学生人格美具有重要意义。大学生保持健康的心理，更有利于在审美中自觉追求更有趣味、更有意义和价值的人生内容，提升人生境界。对于个体而言，内在美是外在美的决定因素，外在美是内在美的体现，人格美便是一种内在美，以个体健康的心理品质为形成基础。

综上所述，大学生要实现全面发展必须以良好的心理健康状况为"基石"，我国高校心理健康教育在马克思主义人学理论的指导下，自觉站在"育人"的高度，不仅回应了大学生对全面发展过程中的心理需求及价值实现等多重问题，也在尊重大学生独特性的前提下，为促进他们的全面发展发挥着基础作用。全面开展大学生心理健康课堂教育，有利于化解特定环境下成长的大学生的负面心理，促进大学生健康成长。当代大学生大多是家中的独生子女，甚至其中有很多是在"四二一"的家庭模式中成长起来的，集家中长辈的宠爱于一身，在家庭中长期处于中心地位，容易衍生出一系列的性格弱点。加之大学生又处于青春躁动期，未受过社会的历练，价值观尚未形成，当他们在学习、恋爱、社交、就业等任何方面出现困惑或偏差时，必然会引起心理上的波动，产生消极情绪。如果这种消极情绪得不到及时有效的化解，易导致学生在上课以及大学生活的其他方面注意力不集中、健忘、精神郁闷等，甚至这种消极情绪如果长期得不到化解，便会引起恐惧、悲观等极端性反应，进而演变为神经衰弱或焦虑症等心理疾病。通过普及心理健康教育，教师一方面可以及时了解学生的心理健康情况，缓解压力，帮助他们排除心理障碍，防治心理疾病；另一方面也可以培育学生的积极心理素养和积极力量，使其自觉抵制消极的思想和行为，从而促进其健康成长。

第二节　大学生心理健康教育的理论依据

一、积极心理学理论

（一）积极心理学的产生与发展

20 世纪 30 年代特尔曼对天才和婚姻幸福感的研究拉开了研究积极心理学的序幕。1954 年，马斯洛发表《动机与人格》一书，他在这本书中支持积极心理学研究。积极心理学受到了提倡积极人性论和人类潜能的人本主义思潮的影响。经济和科技的全球化造成物质财富与精神追求和生活质量的不匹配。物质财富虽然得到了很大的提高，生活质量与精神品质却并没有随之提升，甚至出现了后退的情况，强大的社会进步带来物质财富的同时也给人们带来了精神压力，各种负面心理、情绪层出不穷，忽略社会个体意义的传统心理学研究已不能从根本上解决这一问题。在这种背景下，对积极心理学的研究应运而生。

1998 年 11 月，在美国召开的第一次积极心理学高峰会议使世界性的心理运动成为积极心理学未来的发展方向。《美国心理学家》和《人本主义心理学》等杂志也相继发表关于积极心理学研究的相关文章和取得的理论成果。由此，许多心理学家开始涉足此领域。随着研究人数的增多和研究范围的扩大，积极心理学运动产生。

积极心理学开始作为一个研究领域的形成始于塞利格曼 2000 年 1 月发表的《积极心理学导论》一文。他提出通过科学的方式去研究幸福，倡导充分利用积极心理学的积极取向，研究个体积极的心理品质并以此来促进社会个体的健康幸福和发展。经过几年时间的发展，对积极心理学的研究已经形成了世界范围内的研究趋势，并受到越来越多学者的关注。

从积极心理学的目前发展及已有研究成果来看，积极心理学在心理学领域取得巨大成就的同时，其思想也于多个社会领域、学科相互渗透，并在社会及学界产生积极的影响。可以说，积极心理学的兴起为心理学及心理健康教育的发展带来新的启发与视野。

（二）积极心理学的主要内容

在积极心理学研究中，积极是指每个人所具有的实际的和潜在的能力。它强调人类的一种待开发的可以用来为社会造福的积极潜能。

积极心理学以人本身所具备的积极因素为研究重点，强调人的价值，提倡用积极的心态对人内心的各种现象作出合理的解释，以此来挖掘人的优秀特质，激发人的潜能，并借助这些积极的力量帮助人们过上幸福的生活。积极心理学的三个研究方向为：积极的主观体验、个人层面上积极人格特质、群体层面上人群与社会环境之间的和谐关系。由此，积极心理学的主要内容可以概括为以下三大方面：第一，积极的主观体验方面，具体表现为人的各种美好的感觉，这种感觉可以给人带来幸福和快乐；第二，积极的人格特质方面，具体表现为正确的"三观"、创造精神等；第三，人与社会关系方面，关注人的美德、职业道德、社会责任感和家庭责任等。[①]

（三）积极心理学的拓展——心理资本理论

随着积极心理学的发展，"心理资本"引起了众多心理学家的兴趣和重视。塞利格曼于 2002 年在他的《真正的快乐》一书中将心理资本定义为：那些导致个体积极行为的心理因素。2004 年，路桑斯等人将心理资本概念延伸到了组织管理领域并提出了"积极心理资本"的概念。2005 年，他们将心理资本定义为：个体积极性的核心心理要素，具体表现为符合积极组织行为标准的心理状态，位于人力资本和社会资本之上，并能够通过有针对性的投入和开发而使个体获得竞争优势[②]。到目前为止，该领域大多数学者比较认同这一种概念的界定。

关于心理资本的构成要素，国内外学者的观点主要有二维、三维、四维、多维几种说法。二维说认为，心理资本由控制点和自尊构成；三维说认为，心理资本由韧性、希望、自我效能感构成；四维说认为，心理资本由韧性、希望、自我效能感、乐观构成；多维说认为，心理资本由韧性、希望、自我效能感、乐观、诚信构成。

[①]　参见袁莉：《积极心理学视角下高职学生自我意识培养初探》，《科教导刊》，2015 年第 11 期，第 67～69 页。

[②]　参见 Luthans F，Avolio B J，Walumbwa F O，and Li W. The psychological capital of Chinese workers：exploring the relationship with performance. Managementand Organization Review，2005（1）：247－269.

培育大学生的心理资本以四维说为基础，认为大学生心理资本是指大学生在其成长的特殊阶段所拥有的积极心理能量的总和。它同样包括自信、乐观、希望、韧性四种积极心理要素，具有积极性、可测量性、开发性。对大学生心理资本进行开发，可以使大学生更加幸福快乐，促进其自我发展。

（四）积极心理学的普及和运用

首先，积极心理学的产生使心理健康知识的普及成为必要，为心理健康课成为每一个大学生的必修课提供了前提和基础。积极心理学产生之前，心理学由专业工作者从事，心理学知识由少数人掌握，指向部分有问题甚至患有疾病的学生。积极心理学产生之后，使得有问题的人、普通人和具有一定天赋才能想更好地挖掘自身潜力的人都能从中获得积极力量。这样，积极心理学的产生使心理知识由少数人的学问变为多数人甚至每个人都应具备的能力。

其次，心理健康课堂使心理健康知识的普及成为可能，为积极心理学的传播提供了场所和保障。心理健康课堂是发挥教师主导作用的基本场所，是学生获取心理健康知识的主渠道和基本途径。教师通过课堂教学，可以使学生系统全面了解和掌握基本知识。

最后，面向全体学生的心理健康课堂教育，应该以积极心理学知识的传播为主要内容，培养学生积极的情绪、积极的心态、积极的人格、积极的动机、积极的兴趣、积极的价值观等，使学生具备自信、乐观、希望、韧性四种积极的心理要素，内心容易感受幸福和快乐。在此基础之上，心理健康教育还应该教给学生心理疾病的识别、预防和治疗的基础知识，帮助学生科学对待心理咨询，用好学校心理咨询中心及其他有益心理健康的资源。

（五）健康心理学

健康心理学是心理学的一个分支，它通过运用心理学有关知识和技术探讨保护人类身体健康、预防心理疾病。它的产生使得民众将一定的注意力投入自身的身心健康中。这种趋势的发展使得各国都注意到了开展健康教育活动的重要性，学校也制定了许多对学生产生积极影响的心理健康教育活动，相关的课程更是数不胜数，有力地推动了心理健康教育课程的蓬勃发展。这门学科强调个人在其中发展的重要性，要求对自身健康有责任心，制定合理的生活习惯，坚持自我保健的习惯。

理想的心理状态称为自我的完美实现。"自我实现者"有以下标准：能够融入现实中，自然地对现实中的任何事物予以接纳，具有自理与自立的能力，对个人信念和目标内化于心，良好的人际关系等。积极心理学理论常被用作衡量人们心理健康的标准，其包含的深层次内容值得大家学习。有学者认为，个体会按照内心认同的道德规范和伦理原则行事，心理健康的人所践行的原则规范都是正义的，反之都是不考虑集体利益的。道德感有很重要的心理保健功能，个体是社会的组成部分，人是社会的存在，在与社会中的人和事接触过程中会建立起自己的系统良知，以社会准则、道德准则为标准，个人内心的自尊感与归属感就会得到满足。因此有人认为自我实现者是完美无缺的。

二、教育学习理论

（一）行为主义心理学

在理论依据和实际应用两方面，行为主义均对心理健康教育的发展产生了推动作用。在实际应用中，该理论提出了一系列行为干预的技术，比如强化、模仿、角色扮演、系统脱敏等。由于产生的效果显著，它在学校心理健康教育，甚至在课堂教学过程中也被广泛运用。到目前为止，这些技术依旧是学校心理健康教育的重要干预技术。在理论方面，它强调个体自身之外的环境因素对个体行为的影响，进一步将学生周围的环境也看作教育的对象，扩大了学校心理健康教育的范围，同时也提出新的思考视角。由于之前都是从学生本身发现问题，在明白了周边环境对个体的影响程度后，学者得以从更广泛的范围考虑影响教育课程的因素。

（二）人本主义心理学

众所周知，学校的教育重点是培养学生学习知识的能力，重视文化课成绩，所以其虽然也把心理健康教育当作心理知识的传授方式，但目的还是推动理论知识的学习。这种偏科的教育导致心理健康教育的缺失或是形式主义走过场。人本主义心理学的提出，使得教育界开始重视学生的心理健康问题及其发展，这不仅促使学校加强了对心理健康教育的投入和关注，更重要的是转变了学校对学生教育的观念。从以前重视治疗和预防，到现在侧重于学生的全面发展。马斯洛的需求层次理论将人的需要分为生理需要、安全需要、爱与归属的需要、尊重的需要和自我实现的需要，其中自我实现的需要属于最高层次的需要。他认为，只有低层次的需要得到了满足才会产生高层次的需要。这一理论促进学校心理健康教育关注范围的扩展，从原先的关注学生扩展到关注教师、学生甚至家长。同时，马斯洛关注自我实现这一心理状态，他的健康人格理论中将"自我实现者"定义为能保持人与自我、人与人、人与自然的适意关系，有独立的人生信念、较高的人际关系、道德感强。这也被人们引用来作为衡量心理健康的标准。

（三）认知心理学

认知心理学理论认为人的认知会对心理健康产生影响，改变人的信念是保持心理健康的关键。该理论提出后，学校就以此为依据开设心理健康教育的相关课程。学校心理健康教育课程就是通过培养学生正确认识和评价社会、乐观面对生活等，积极引导学生，最终提高学生的心理素质。

三、人的全面发展理论

马克思关于人的全面发展理论作为马克思主义学说的重要组成部分，包括人的个性、人的能力、人的需要和人的社会关系的全面发展，为提高大学生心理健康水平和增强心理调适能力指明了方向。

（一）人的个性的全面发展

开设大学生心理健康教育课程的目的之一是培养学生积极的心理品质，引导学生个性的充分发展，是人的全面发展的一个方面。个性特点是人在心理过程中表现出来的相对稳定和独有的特征，包括性格、能力、兴趣、价值观等方面。一些积极的个性特点如开朗、乐观、自信等能够增强人的心理韧性，使其更容易适应环境变化和应对挑战。而一些消极的个性特点如抑郁、焦虑、自卑等则容易导致心理问题，使人难以应对生活中的压力和挑战。同时，心理健康也反作用于个性特点。长期的心理问题和情感困扰可能会导致人形成一些消极的个性特点，如内向、孤僻、悲观等。这些消极的个性特点又会对心理健康产生负面影响，形成恶性循环。

马克思认为，人的个性的全面发展包括人的独特性、自主性和创造性的全面发展。个体所处背景的差异引起人的个性的差异，人的实践活动、能力、社会关系的深层次的发展使得人的个性差异愈加明显。个人独特性的丰富意味着个人能力实现得到有效权衡。人的自主性是在克服自然压迫和社会压迫的过程中逐步获得的，从原始社会到资本主义社会和社会主义社会，人的自主性也由人身依附转变为成为独立自主的个人。随着社会化进程的不断发展，共产主义社会将解除人所面临的外界束缚，"人终于成为自己的社会结合的主人，从而也就成为自然界的主人，成为自己本身的主人——自由的人。"① 人的创造性就是人将本身的创造潜力转化为现实，并不断强化的过程。创造性的发展促进自主性和独特性的发挥。因此，"个人的全面发展，只有到了外部世界对个人才能的实际发展所起的推动作用为个人本身所驾驭的时候，才不再是理想、职责等等"②。

（二）人的能力的全面发展

德智体美劳各项能力的全面发展是健康心理的关键要素。其一，道德教育是培养健康心理的重要组成部分。一个有道德的人，不仅会受到社会的尊重和信任，还能够更好地处理人际关系，更好地适应社会生活。通过家庭教育、学校教育和社会教育等多种途径，可以培养学生的道德观念和行为习惯，让他们成为有责任感、有担当的好公民。其二，智力发展是培养健康心理的重要基础。通过科学文化知识的学习和实践经验的积累，可以拓展学生的视野，提高他们的思维能力和解决问题的能力。同时，培养学生的创新精神和实践能力，让他们具备适应未来社会发展的能力。其三，体育也是培养健康心理的重要途径。适当的体育锻炼可以增强身体素质，提高身体免疫力，同时还可以调节心理状态，减轻压力和焦虑。通过参加各种体育活动，可以培养学生的团队合作精神、竞争意识和坚毅品质。其四，美育也是培养健康心理不可缺少的一环。通过对美的感知、欣赏和创造，可以培养学生的审美情趣和艺术鉴赏力，让他们更加注重情感表达和情感交流。音乐、舞蹈、绘画等多种形式的美育教育，可以让孩子们更加自由地表达自己的感受和情感，从而有益于他们的心理健康。其五，劳动是人本身的内在心理需要与应有的自觉行动，而劳动教育则是以培养学生的劳动意识、劳动技能为核心，塑造个体良好的劳动习惯为目的的教育活动。现代社会，科学技术作为第一生产力，以脑力或技术劳动为核心的劳动形态对于社会发展和进步意义重大，劳动不再只是机械的、体力的劳动，而是一种创造性的实践能力。劳动中无疑含有较多的认知成分和心理成分，需要劳动者随时对自身的行为进行监控、调节、评价和优化，是其获得正确的自我意识、自我发现、自我更新与自我完善的重要途径。因此，借劳动教育这一

---

① 中共中央马克思恩格斯列宁斯大林著作编译局：《马克思恩格斯选集（第三卷）》，人民出版社，1995年，第760页。

② 中共中央马克思恩格斯列宁斯大林著作编译局：《马克思恩格斯全集（第三卷）》，人民出版社，1960年，第273页。

途径，加强学生的心理健康教育，这是学生适应生活、适应社会的有力保障。当然，劳动教育需要还原到符合人的自然天性和身心发展过程的形态上去。以体力劳动为主的人，应该主动进行一些脑力劳动来调节身心；以情感劳动为主的人，则要用独处与沉思来加以平衡，发展其更强的自我调节能力，这是对抗人的片面发展和异化的重要方式。劳动教育给人们植入了实现幸福的行动基因，而且还增强了人类获取生存资料和创造美好生活的能力。劳动教育能培养学生吃苦耐劳、坚忍不拔、克服困难的积极心理品质，而且有利于其生存能力、生涯规划能力、创造能力的发展。

人的全面发展是一个综合性的概念，涉及个人各个方面的能力，包括知识、技能、健康、情感、社交等多个能力方面的发展。在实现人的全面发展的过程中，需要注重个人的自我实现和社会责任的平衡，也需要关注个人的身心健康和社会的可持续发展。

"我们把劳动力或劳动能力，理解为人的身体即活的人体中存在的、每当人生产某种使用价值时就运用的体力和智力的总和。"[①] 这也即是说人的能力包括人的体力和智力，是人的本质力量的公开和展示。同时，马克思对人的智力的发展也更为重视，"固定资本的发展表明，一般社会知识，已经在多么大的程度上变成了直接的生产力，从而社会生活过程的条件本身在多么大的程度上受到一般智力的控制并按照这种智力得到改造"[②]。全面发展理论中，人的能力是在长期社会实践活动过程中发展起来的，体现人的综合素质，具有复杂性。除了体力和智力，人的能力还包括理想力、信念力、思想力，包括自然能力和社会能力、物质产品和精神产品的生产和消费能力等。这些能力集中体现着人的身体、心理、思想和科学文化素质，即人的综合素质。因此，人的能力的全面发展同时也意味着人的综合素质的全面发展。

（三）人的需要的全面发展

在现代社会中，人们往往忽视了自己内心的需求，忙于应付各种事务和社会压力。然而，关注内心需求是维持心理健康的关键。内心需求是指人类内心在满足基本生理需要之外对精神和情感上的需要，是人类心理活动中不可或缺的一部分。正确认识和满足内心需求对个人的心理健康有着重要的影响。首

---

① 中共中央马克思恩格斯列宁斯大林著作编译局：《马克思恩格斯全集（第二十三卷）》，人民出版社，1972年，第190页。

② 中共中央马克思恩格斯列宁斯大林著作编译局：《马克思恩格斯全集（第四十六卷下）》，人民出版社，1980年，第219～220页。

先，关注内心需求可以帮助个人了解自己的内在世界。人们常常忽视自己的内心感受和情感，将注意力都放在了外在的物质需求上。然而，只有关注内心需求，了解自己的内心世界，才能更好地认识自己、接纳自己，并获得自我成长和发展。其次，关注内心需求有助于个人的情绪管理和情感调节。当人们不重视内心需求时，常常会出现情绪失控和焦虑等问题。只有关注并满足内心需求，才能够有效地管理自己的情绪，保持积极的心态，提高生活的质量。

你自己的本质即你的需要，人的需要作为人本身的规定性，其区别于动物的需要的特性，能够推动人进行维持生存和发展的物质生产活动，人的本质力量的充实来源于人的需要的丰富，应该鼓励人追求正常需要。

马克思认为，人的需要具有层次性和多样性。人的"第一个历史活动就是生产满足这些需要的资料，即生产物质生活本身"①。"已经得到满足的第一个需要本身、满足需要的活动和已经获得的为满足需要而用的工具又引起新的需要，而这种新的需要的产生是第一个历史活动。"②马克思所提出的人的需要包括自然性需要和社会性需要，也包括人的物质、精神和社会层面的生存、享受和发展的需要。人对需要的满足驱使人们从事物质生产和社会活动，而在物质生产和社会活动过程中，又会产生新的需要，以此促进人的全面发展。

（四）人的社会关系的全面发展

在当今社会，人们的生活和工作压力越来越大，心理健康问题也日益突出。而社会适应能力则是影响人们心理健康的重要因素之一。心理健康的人具备更高的社会交往能力、合作能力和创新能力，能够更好地融入社会，获得更多的支持和帮助。在提升社会生产力和经济效益方面，心理健康的人具备更高的工作能力和创造力，能够提高社会生产力和经济效益，能够专注于工作和创新，为公司和社区创造更多的价值。相反，心理不健康可能导致个体工作效率下降、缺勤率增加，给企业和社区带来经济损失。心理健康问题还可能影响社会的稳定和安全，引发自杀等极端行为，对社会造成潜在的威胁。此外，心理健康问题也可能引发其他社会问题的加剧，如家庭矛盾、人际关系紧张等。

马克思认为，"一个人的发展取决于和他直接或间接进行交往的其他一切

---

① 中共中央马克思恩格斯列宁斯大林著作编译局编译：《马克思恩格斯选集（第一卷）》，人民出版社，1995年，第79页。
② 中共中央马克思恩格斯列宁斯大林著作编译局编译：《马克思恩格斯选集（第一卷）》，人民出版社，1995年，第79页。

人的发展"①，"这些社会关系实际上决定着一个人能够发展到什么程度"②。首先，人的社会关系的全面发展表现为人对社会关系的形成和丰富。马克思认为，人的全面发展建立在人与人之间的交往之上，交往是人的所有社会关系形成的前提，是主体之间通过物质和精神交换，实现个体间的沟通和交流。人与人之间的交往也随着社会的发展而延伸至更广的层面，使个体的社会关系不断丰富，进而摆脱以往交往的地域性、民族性和狭隘性。其次，人的社会关系的全面发展表现为人对社会关系的全面占有和控制。社会形态的变换和物质财富的增加，使人的依赖逐渐向对物的依赖转变，"全面发展的个人——他们的社会关系作为他们自己的共同的关系，也是服从于他们自己的共同的控制的——不是自然的产物，而是历史的产物"③，如此，人才能实现全面发展。

马克思主义关于人的全面发展理论具有十分丰富的内涵。马克思从各个方面详细阐述了人的全面发展，主要包括以下几方面的内涵：第一，人的劳动活动全面发展。马克思认为，人的劳动活动全面发展表现在活动的内容和形式必须充分达到丰富性而非贫乏化，完整性而非片面化，可变动性而非固定化。人们可以根据自己的意愿选择不同的劳动方式进行改造客观世界和主观世界的活动。第二，人的需要和能力的全面发展。需要是人进行各项活动的原动力，是人的本性。人有各种需要，当人们的基本需要得到满足之后就会衍生出更高一级的需要。人的能力则是实现各种需要的手段，人的能力全面发展也就是说人要全面发展自己的智力、体力、潜力等各种能力，并在实践中发挥自身所拥有的全部才能和力量。第三，人的关系全面发展。第四，人的素质和个性的全面发展。马克思根据人的发展把社会发展划分为三个阶段：第一阶段是"人的依赖关系占统治地位的阶段"，第二阶段是"以物的依赖性为基础的人的独立性的阶段"，第三阶段是"人自由和全面发展的阶段——共产主义阶段"。人的发展受社会条件的制约，人的发展也能制约社会的发展，只有人得到自由和全面发展后，才能达到人类社会发展的第三阶段。

---

① 中共中央马克思恩格斯列宁斯大林著作编译局编译：《马克思恩格斯全集（第三卷）》，人民出版社，1960年，第515页。

② 中共中央马克思恩格斯列宁斯大林著作编译局编译：《马克思恩格斯全集（第三卷）》，人民出版社，1960年，第295页。

③ 中共中央马克思恩格斯列宁斯大林著作编译局编译：《马克思恩格斯全集（第四十六卷上）》，人民出版社，1979年，第108页。

第二章　大学生心理健康教育中的人际交往问题

人际交往是我们生活的重要组成部分，随着社会的不断发展，人们越来越需要具备良好的人际交往能力。而心理健康是大学生良好人际关系的重要前提，下面从多个角度来分析大学生心理健康教育中的人际交往问题。

第一节　大学生人际交往概述

一、人际交往

（一）人际交往的内涵

人际交往是指人们使用语言和非语言符号彼此互换信息和情感的社会活动，人际沟通不仅有消息的交换，而且有情感交流，通过彼此间的相互作用建立情感联系，相应改变地理距离。

人际交往是一种广义的人际交往，泛指现实生活中或网络世界里人与外界其他人的关系，既包括个人与个人之间的关系，也包括个人与群体、群体与群体之间的交往关系。

人际交往问题即人际交往中出现的消极部分，在本书中更多的是指一切在交往关系中遇到的无法达到内心交往需求的情况，如无法适应人际交往环境，寻求不到合适的人际交往机会和方式，对人际交往关系中的自我表现不满等。

有了生存其中的个体与个体之间的交流与交际，人类社会才能得以延续并发展至今。而有了交流，生活其中的人们就会组成一个又一个的群体。大学生群体有其独特性，大学校园中学生要面临的人际关系问题主要包括与教师、同学和家人等的人际关系问题。在发展与成长的过程中，个体会受到周围人的影响，而在影响大学生发展与成长的人们中，与其最亲密和接触时间最长的群体对大学生的影响与改变也最为深远。

（二）人际交往的功能

人总是在一定的社会群体中生活，总是在不断交往中从事工作、学习和其他社会活动的。人际交往是适应环境、适应生活、适应社会、形成健全心理的必要途径。具体来说，人际交往主要有以下功能。

1. 获得信息

在人际交往的过程中，人与人之间通过长期、广泛、直观、迅速的交流，使信息、知识得以传播，并且，交往的双方互通有无，使双方的知识面都得到扩展，使信息、知识得以增值，这是个人乃至整个人类文化积累、发展的重要方式。

2. 认识自我

人的自我意识不是自然而然形成的，而是通过交往，在与别人的相互作用中逐步成熟起来的。首先，人需要在与别人比较的过程中认识自我。一个人如果孤独封闭，不与他人交往，那他对自己的认识就缺乏"参照系"，也就失去了衡量自己的"尺子"。其次，人还可以通过他人对自己的评价和态度，以及自己与他人的关系来认识自我。当然，要想了解别人，也必须通过与别人接触，才能洞察其心理、品格等。

3. 表现自我

每个人都希望别人了解、理解、信任、赏识自己，而人际交往为个人的自我表现提供了一个广阔的舞台。在人际交往的舞台上，人们可以充分地展示自己的能力、才干、特长、学识以及品质、性格。人们得到的认可越多、评价越高，那么就有可能获得更多的发展机会。

4. 协调合作

人际交往是人类在改造自然的过程中通力协作的产物，通过协作可以相互促进、取长补短，共同战胜困难、完成任务。因此，要想取得事业的成功，就要学会善于与人合作，要能组织、协调各种力量，调动各方面的智慧。

5. 身心保健

在人际交往中，相互倾诉、相互帮助、相互理解和相互支持可以使人产生一种归属感和安全感，有助于预防或减轻身心压力；另外，感到困惑、恐惧时，与他人交流可以排解忧愁，获得心理慰藉，保证身心健康。

（三）人际关系的发展

一般来说，良好人际关系的建立与发展要经过定向阶段、情感探索阶段、情感交流阶段和稳定交往阶段四个阶段。

1. 定向阶段

在人际交往中，人们对交往的对象具有很高的选择性。进入一个交往场合时，人们往往会选择性地注意某些人，而对另外一些人视而不见，或者只是礼貌性地打个招呼。对于注意到的对象，人们会进行初步的沟通，谈谈无关紧要的话题。这些活动就是定向阶段的任务。在这个阶段，人们只有很表层的自我表露，例如谈谈自己的职业、工作以及对最近发生的新闻事件的看法等。

2. 情感探索阶段

如果在定向阶段双方都有好感，产生了继续交往的兴趣，那么就可能有进一步地自我表露，例如交流生活、学习中的体验和感受等，并开始探索在哪些方面双方可以进行更深入的交往。这时双方就有了一定程度的情感卷入，但还是不会涉及私密性的领域。双方的交往还会受到角色规范、社会礼仪等方面的制约，交往的形式也比较正式。

3. 情感交流阶段

如果在情感探索阶段双方能够谈得来，具有基本的信任感，就可能发展到情感交流阶段，彼此有比较深的情感投入，谈论一些相对私密性的问题，例如相互诉说学习、生活中的烦恼，讨论家庭中的情况，等等。这时，双方的关系已经超越了正式规范的限制，比较放松，比较自由自在，如果有不同意见也能够坦率相告，不拘束内心想法。

4. 稳定交往阶段

情感交流如果能够在一段时间内顺利进行，人们就有可能进入更加密切的阶段，即稳定交往阶段，双方成为亲密朋友，可以分享各自的生活空间、情感、财物等，自我表露更深更广，相互关心也更多。一般来说，能够达到这种境界关系的人相当少。

二、大学生人际关系的类型

在高校校园这一特定的外部环境下，大学生的人际交往范围十分广泛，交往关系及人际圈子比较复杂，而这些关系都将对大学生的成长和心理发展产生不同程度的影响。其中师生关系、同学关系、异性关系等是大学生人际交往中比较重要的几个交往类型。

（一）师生关系

师生关系是高校人际交往类型中的主要类型之一，是一种纯粹的、无私的交往类型。大学阶段的师生交往与中小学阶段不同，大学教师主要包括专业课任教老师以及辅导员等教育工作者。前者更注重对学生的系统学习能力、自主能力和独立思想的培养，彼此的互动大多集中在教室内，课后交流也多与专业学习相关。而后者在生活中与大学生接触较多，注重对大学生思想的引导、生活的帮助、心理的解惑。然而在大学生看来，在人际交往上与教师之间没有更迫切的交往动机。所以与同学交往相比，教师与学生之间的沟通较少。

（二）同学关系

大学生人际交往中最多见的一种类型就是同学交往关系，它是学校人际交往的基础类型，在大学生的人际交往中具有重要意义。同学交往关系包括基于共同兴趣爱好的趣缘交往，也包括感情更加深厚的朋友交往。

校园生活里的大学生通常会急切地盼望跟同学进行交往，以期获得认可、尊重和理解。彼此关心、互诉衷肠，获取信息、传递经验，以此得到精神上的满足和快乐，达到心理的平衡、知识的丰富和生活的充实。

同学之间交往的内容包括学习知识、获得信息、加强友谊、充实生活等。随着生活水平以及通信方式的改变，同学交往的范围越来越广。过去，大学生的社交活动大多局限在同班、同乡的小圈子里。现在，随着第二课堂的开辟、社交工具的增加，如学术研讨会、读书沙龙、舞会联欢、寒暑假的社会调查等，使得文理科间大学生加强了往来，跨系、跨院校的活动增多了。凡是能给予他们学习上的帮助、激发其思想、充实其生活的人，大学生都乐于与之交往。大学生交往的方式变得丰富多样。

（三）异性关系

异性相吸是自然界的必然规律，对于大学生来讲，异性同学之间的交往也是他们十分关心的一种人际交往类型。异性交往不一定非得是指男女之间的恋爱关系，也可以指异性之间的纯友谊交往。

处于青春期后期的大学生，各方面发育都比较成熟，可以说，大学生都希望与异性开展人际交往活动，获得感情思想上的沟通。异性间的交往也有助于大学生的情绪稳定和人格完善，能否正当地与异性进行交往，也是大学生心理健康的重要方面。

三、大学生人际交往的特点

大学生的人际交往心理受到方方面面的影响，根据事物的两面性理论进行分析，主要表现为以下几个方面。

（一）互利性和功利性

霍曼斯的社会交换理论认为人的一切行为都是交换，人与人的交往本质也是一种交换行为。但是人与人之间的交往合作都主张互惠共赢，大学生在人际交往时也不例外，也会遵循互利共赢的原则。互利性并不是单纯地指代经济上的互助，还包含情感上的价值共享。大学生通常因为性格、喜好、观念等的相投而开始人际交往，在思想上、感情上、生活上存在互利性的心理需求。他们相互依赖、互相合作，给予彼此群体归属感和精神寄托感。一旦其中一方感觉不到价值存在，人际交往关系就不能正常发展。

然而信息时代的不断发展，多元文化的潮涌，日渐影响人们生活的方方面面，走在时代前沿的大学生更加容易受到影响。不少大学生在交友时，企图借助他人获得利益，力求利益关系的平衡，显示出了功利主义、拜金主义的倾向。

（二）多样性和虚拟性

多样性是指大学生在交往对象、渠道以及手段上呈现出多样化特征，以此带来的心理角色和感受的多样性。随着经济生活的提高、科学技术的发展、信息时代的进步，各种社交软件层出不穷，社会生活也变得丰富多彩。除面对面的交流外，电话、短信、QQ、微信、微博、电子邮箱等都为大学生的人际交往拓宽了渠道，提供了更加便利的方式。因此，大学生的交往对象也呈现出多样性，不再只是局限于本班同学或者同校同级的学生，而是扩展到了校外，甚至是省外、国外的各类社会人士，其年龄层次也不再只是局限于同龄。他们的交往内容除感情外，还包括各种形式的粉丝群交流、兴趣小组交流等。由此不难看出大学生在人际交往中的情感体验也是多种多样的。

虚拟性有两重含义：第一"环境的虚拟性"。随着网络技术、智能手机的发展，各种社交媒介层出不穷，各种网游模拟环境也变化万千，大学生可以选择的虚拟环境越来越多。第二"角色的虚拟性"。不论哪种媒介或者游戏或者互动空间，在注册之时，都可以自由地选择性别、年龄、工作等基本信息，这也为大学生提供了角色虚拟的机会，他们可以扮演与实际身份截然不同的角色。

综上所述，大学生在人际交往中的刺激情景也是复杂多样的、现实与虚拟相交叠的。

（三）平等性和不平衡性

平等性是指大学生在交往时，都存在希望对方以平等的身份相互尊重、求同存异的心理特点。在实际生活中，谦和有礼、善解人意、乐观开朗的性格确实更容易被大家喜欢或者接受，成为"好人缘"，而那些自我、自私、傲慢的人往往会出现人际交往方面的问题。

大学生来自五湖四海，共同生活在大学中，由于成长环境、家庭背景的不同，他们身上所呈现的文化习惯、认知见识以及贫富状态都有所差异。家庭环境优越的大学生，生活中不存在经济压力，人际交往的机会较多。而家庭环境相对较差的大学生，可能因为经济压力，平时忙于各种勤工俭学，导致部分人的人际交往呈现被动性。这就造成了大学生人际交往中的不平衡性。

（四）高期望性和不稳定性

高期望性是指一直处于校园的大学生思想仍然比较单纯，无论与谁交往，都渴望纯洁真挚的友谊，都渴望不掺杂利益交换或者其他杂念的纯友谊。

然而人无完人，交往对象不可能百分之百符合自身想象和期望，有的大学生一旦发现对方的缺点就会感到被欺骗或者因不愿意妥协而终止关系，给人际交往带来不稳定性。这种情感的跳跃性，除由于学生尚不成熟、好恶显于表面，以为仍有机会同他人建立关系，失去一个朋友结束一段交往关系并不是多么严重的问题外，还由于他们的利益关系没有依赖性，易交易散，因此进一步加剧了其关系的不稳定性。

（五）迫切性和主观性

迫切性是指大学生在人际交往中心理需求呈现十分急切的特点。大学生年龄普遍在 17～22 岁之间，他们的心理与生理日趋成熟，自主意识也日益增强，同时大学学习和生活环境相对自由，加剧了大学生人际交往的渴求心理，他们急切渴望结识新朋友，并从朋友那里得到尊重和信任；他们也渴望尽快适应新环境，了解他人与社会。

主观性是指由于自我意识过于强烈，大学生对事物的看法具有强烈的主观心理，常常以自我为中心处理人际交往关系。在择友和交往中带有主观、极端、简单化的倾向，这阻碍了其健康的人际交往。

（六）社交需求性

大学生在生理上正处于性生理的成熟阶段，加上当下多元文化的影响，各种影视剧的涉及，大学生的性意识已经被唤醒，对异性的交往产生了强烈的兴趣，课余活动的增加也使大学生有更多的机会接触到异性，使异性交往的愿望更加强烈。

四、大学生人际交往的内容

大学生人际交往受到大学校园生活的影响，内容上非常多样，主要包括以下几个方面。

（一）政治思想的交往

政治思想的交往主要指以国家大事和社会风尚为交往内容的人际交往。今天的大学生接收信息的渠道多种多样，早已不再是"两耳不闻窗外事，一心只读圣贤书"的书呆子，他们具有强烈的政治参与意识以及社会责任感。因此，在他们的人际交往活动中，社会热点与政治大事成为重要内容之一。通过举办和参加沙龙、讲座、报告会等人际交往活动获得政治思想信息，来消除自己政治思想中的不确定性，这在大学生交往过程中较为常见。

（二）情感交往

情感是人对客观事物是否满足自己的需要而产生的态度体验。其主要包括道德感和价值感两个方面。

情感交往是人际交往内容中最为重要的一环，大学生的情感交往除同窗情谊和朋友情谊外，更突出的便是以异性为中心的情感交往。通过情感的交往，大学生可以获得社会的支持和认可，有助于自身的发展完善。

（三）学习交往

学习交往主要是指以专业的学习为核心，其他技能兴趣学习为辅的一类交往内容。大学生交往活动主要是围绕学习这一中心活动展开，学习是大学生进行其他交流的基础。所以，学习交往可以被认为是一种大学生的中心人际交往。

学习交往包括讨论、互相答题、专业汇报、实验活动、社会实践等交往。尽管学习交往的内容比较丰富，可大多都是基于互相合作的形式，所以显得比较呆板、规范。而且，基于教学方法和教学环节的原因，大学生在这种交往中会失去主动性，因而，师生交往作为另一种重要形式，便成为学习交往内容的补充，有时也以协会的形式使这一方面的内容变得丰富起来。

（四）娱乐交往

这种交往是指大学生以娱乐为目的的一系列人际交往。随着社会发展和人们生活水平的提高，娱乐交往逐渐变成既是方法又是目的的一种复杂的交往内容。所以，仅仅视娱乐为交往内容是非常片面的。因为，在交往过程中，有的人是为了结识新朋友，有的人则是想得到情感的陶冶。在当今社会，人们把娱乐作为一种可追求的享受，也视其为一种可以利用的手段，这或许就是求乐而又不在于乐。

总之，大学生的交往内容反映出一个共同的时代特点，那就是当代人的交往内容由情感到信息、由求同到求异、由狭窄到宽泛，正逐渐变得越来越丰富、越来越多样化。

第二节　大学生的人际交往困境

大学生深知人际关系的重要性，他们感情充沛，乐于进行人际交往，发展自我。然而因为各种原因，人际交往也可能给大学生的心理带来困扰，甚至产生心理问题，影响大学生的学习和身心健康发展。

一、大学生人际交往心理问题

（一）忽视情感报酬的虚荣心理

虚荣心理问题是指在人际交往中，因自尊心较强，不惜利用各种手段甚至不正当的方式来获取虚假的表面满足，以满足自身需要的心理问题。

大学生中具有功利性的人际交往心理的人就企图在人际交往中获得物质利益，比如金钱或者社会地位的变化。通常这样的人自尊心强、好大喜功，十分在乎个人的表现、他人的评价，追求虚假的表面的东西。这就使这类大学生只选择经济条件、社会背景好的同学进行交往，甚至不惜夸大自身条件来博取这一圈层同学的认可接纳，这就是虚荣心理问题在作祟。为了获得他人的关注或者获得认可，这样的人不惜"死要面子活受罪"，用一个个的谎言弥补自己的假象，给自己带来诸多困扰的同时，也会给他人带来浮夸、不真实的感受，路遥知马力，日久见人心，从长远来看，这种心理反而阻碍了人际交往的发展。

根据霍曼斯的社会交换理论，虚荣心理问题的人只是看到了交往报酬中的物质层面，却忽视了精神层面的报酬。

（二）失败情景刺激的恐惧心理

有些大学生在人际交往中，会感到紧张以至于害怕，甚至想要逃避，久而久之会产生社交恐惧症。这种社交的恐惧来与源于过往交往的失败，这种失败给人造成了心理上的创伤和打击，不良的情绪如果不能得到及时的疏解，就会逐渐成为一种固定的模式，在日后交往过程中，遇到相似的情景时，便会产生不安、惧怕、排斥的恐惧心理。

然而在互联网时代，部分大学生日渐沉溺于网络的虚拟社交，以此排解心中的焦躁，这使他们缺少了与真实社会的接触，也使他们失去了与人交往的真实技巧。他们面对真实的社交时，往往因为经验的缺乏，而产生不安甚至惧怕情绪，以此形成恶性循环。

根据霍曼斯的刺激命题分析，有社交恐惧的大学生正是因为受到了之前失败的交往经验影响，所以才排斥社会交往活动；反过来看，倘若他们能够拥有成功的经验，那么下次则会选择正面面对社会交往，并且重复上次成功的行动方案。

（三）价值判断错误的嫉妒心理

嫉妒是指在人际交往中把在才能、名誉、地位或境遇等方面比自己好的人，视为一种威胁，从而产生的一种怨恨、羡慕等情绪交织的复杂情感。

部分大学生在人际交往中存在心理不平衡的特点，由于贫富差距、社会资源的占有程度不同，大学生在人际交往中也会呈现出资源分配的不平衡性。有的大学生面对这样的情况，采取自我鼓励的方式，刻苦努力以提升自己的综合能力，丰富个人内涵。有的大学生却产生了嫉妒的心理问题。有这类心理问题的学生，通常会借助一定的手段来发泄自己的不满情绪，以此寻求自我内心的平衡，比如诋毁讽刺、造谣中伤等。这类学生因为不能正确看待他人的成功，容易做出消极或者过激的行为，对他人和自身都带来伤害，最终造成人际交往的困境。

根据霍曼斯的价值命题进行分析，可以看出，刻苦努力提升自己，把他人的成功作为激励自己动力的学生，比起中伤他人、丰富自身这一行动方案带来的结果价值更大；而有嫉妒心理的这类学生则错误地做了价值的判断，他们认为诋毁他人、中伤别人带来的结果价值大于静心提升自己的结果价值，由此错误地采取了行动，造成了人际交往的问题。

（四）产生孤独心理

受到人际交往不平衡性的心理特点影响，不少大学生容易产生孤独心理问题，具体分为以下几种情况：第一，一些大学生在进入校园后，远离家乡和亲人，面对新鲜却陌生的环境，与陌生的同学难以很快建立人际关系，感觉自己只身一人，从而产生孤独感；第二，由于与他人兴趣爱好不同，感觉自己不被他人理解，无法与他人分享自己的喜怒哀乐而产生孤芳自赏的孤独感；第三，由于大学生人际关系的不稳定性，他们的关系较难长久维持，多变性也给大学生带来了不安全的感受，使其产生没有社会支持的孤独感。

在实际生活中，有这类心理问题的学生常常独自行动，很少和他人共同活动，长此以往会带来抑郁、悲伤的消极感受，甚至由于失落压抑与同学产生摩擦，引起矛盾纷争。久而久之，内心就会更加封闭，甚至给人孤僻冷漠的感觉。孤独作为大学生人际交往中影响比较严重的心理问题之一，反映了部分大学生在适应能力上的欠缺。

霍曼斯在剥夺一满足命题中将时间作为衡量标准纳入考量，有孤独心理问题的这类大学生实际上是没有把握好人际关系中的"时间"问题。造成其不能尽快建立关系或者因为兴趣不同就无法发展关系的原因，就是他们不能在不同时间的关系上保持一定的敏感性，不能及时地给予交往对象需要的报酬，从而产生关系紧密程度的波动，带来关系发展的不稳定性，造成孤独的心理问题。

（五）不对等付出的自私心理

自私心理指的是部分大学生在与人交往时，带着强烈的主观性心理，总是时刻为自己着想，凡事都希望满足自己的欲望，只关心自己的需求和利益，忽视他人的看法和需求。比如，在人际交往中，不高兴时就乱发脾气，不考虑其他人的感受。

然而，这类学生虽然重视关注自我，实则十分渴望被他人关注，获得他人的关心。但是过度地关注自我、忽视他人，就容易带来恶性循环，引起人际交往的心理问题。

在攻击一赞同命题里，霍曼斯指出了人的情感色彩对人际交往的重要影响。部分以自我为中心、自私自利的大学生恰恰忽视了人的情感色彩这一因素，在交往中，自我的利益争取在交往对象看来则是消极的报酬，由此引起对方的攻击性行为，排斥与其进一步发展人际交往关系。这类自私的大学生实质上没有做到对等的付出。

（六）非理性判断的自卑心理

自卑是指大学生在人际交往时由于过低的自我评价而产生对自己不满的心理问题。有的大学生是因为认为自身客观条件比别人差，比如长相、身高、体型上不如他人；有的大学生则是因为自身社会条件比他人差，比如社会地位、家庭经济状况等；还有的大学生则是因为过低地评估了自己、过高地评估了他人，以自己之短比他人之所长。

在追求异性时，自卑心理往往占据了不少大学生的内心。有的人认为自己是"土肥圆"，配不上自己喜欢的"男神"；也有的认为自己是"矮穷挫"，怎么可能入得自己"女神"的法眼。这类学生常常比较敏感，由于缺少自信心，在与人交往的时候，比较谨慎寡言，害怕出丑被人嘲笑，"喜欢而不可得"的压抑痛苦，长久下来会带来消沉悲观的心理感受，也给自身发展带上枷锁。还有一些学生会表现为攻击者的角色，以高姿态压制他人，以此掩盖自身的恐慌。

由霍曼斯的理性命题来看，自卑的学生实际上并不一定真的是能力欠缺，而是在判断上出现了问题，他们没有理性地进行分析，由于过高的期望性，一味追求完美，又过低地认知自我，由此局限了自己的社交圈子，阻碍了人际交往的发展。

二、大学生人际友善问题

（一）友善意识唤醒程度不够

友善意识唤醒程度不够，本质上是一种友善意识淡薄的集中体现，是指大学生在特定友善情境下，基于友善认知层面对他人所表现出来的一种人际友善意识弱化的心理倾向。人际友善意识的强弱可反映出大学生人际友善意识的唤醒水平，其人际友善意识水平越高，其被唤醒程度将会愈加强烈，越有可能引发主体表现人际友善行为。

第一，对友善情境解释风格的冷漠倾向。一般研究认为，个体唤醒友善意识的强度与所在的特定友善情境解释风格具有直接的关联性。其解释风格主要表现在两个方面：一是大学生对友善情境是否解释为紧急事件或者急需帮助。如果大学生对友善情境经常解释为紧急事件或者情境之中急需帮助的人，那么这对增强大学生人际友善意识、促进人际友善行为倾向具有重要的意义；相反则不利于人际友善意识的唤醒，有碍于人际友善行为加工机制的顺利进行。二是大学生对友善客体现状的归因风格。研究表明，个体对友善情境的友善客体现状进行外归因，即友善客体困境不应由友善客体本人负责观点，或者友好归因的解释态度，有利于个体产生同理心机制，对进一步唤醒主体人际友善意识具有深层次加工作用。相反，主体在特定情境下对友善客体进行内归因，即友善客体需要对自己的困境负起责任，抑或品德归因则会产生负面情绪的心理反应，如生气、愤怒、冷漠等负面情绪，进而中断人际友善意识的唤醒与人际友善行为倾向的生成。基于大学生人际友善现状调查显示，大学生在人际友善情境下，无论是与他人建立交往，还是面对求助者困境之时，对他人心理感受或情感需要考虑较少，以自我为中心即以自我个性、自我利益、自我偏好来推断他人心理需要或心理动态的价值解释取向更为突出。

第二，对友善情境社会关系认知的责任分散心理。大学生对友善情境社会关系认知所引起的社会责任分散效应，是部分大学生人际友善意识淡薄的重要原因所在。社会责任分散效应是指在特定友善情境下，随着旁观者人数的增加，主体对友善客体所表现出来的人际友善意识唤醒程度趋于弱化的从众心理反应。由社会责任分散效应而引起的去个体化现象，使个体淹没于人群之中，最终不能发挥主体价值的作用和功能。联系现实生活，发生在公共空间里的冷漠症举不胜举，主要有两种情况：一种情况是对他人苦难、伤痛的冷漠，另一种情况是对健康陌生人的冷漠。例如，在公交车上，陌生人之间面无表情、凛若冰霜。通过对大学生访谈研究同样发现，基于旁观者数量的变化，主体对助人的意愿和反应也表现出人际友善弱化的趋势。

第三，对友善情境可控性认知的理智化倾向。大学生对友善情境可控性认知更加趋于理智化。在特别的人际友善情境下，主体会根据自己的生理能力、心理能力以及成本收益分析，对友善客体作出理性分析，形成多样化心理假设与目标预期，并作出逃避或助人的行为决定。虽然不少大学生在某种程度上也会表现出人际友善行为，但对友善他人以及助人行为结果带来的自我效能感、道德提升感体验等高级情感品质，以及对主体友善情境可控性预期、胜任力感知所发生的积极作用关注较少。

第四，对友善传统文化认知的道德相对主义。部分大学生对友善传统文化认知的弱化而出现的道德相对主义现象是人际友善意识淡薄的重要原因。道德相对主义是一种立场，认为道德伦理不反映客观普遍的道德真理，而主张社会、文化、情境的相对性，从而不认同评价道德伦理的普遍标准。道德相对主义有可能剥夺人们进行道德谴责的权利，至少会削弱道德谴责的力度或权威性。对传统文化中友善道德思想而言，一旦发生道德信念危机，必将引起道德权威性的下降以及由此导致的道德自律或道德约束力的不断弱化。在市场经济的竞争意识支配下，部分人开始对儒家思想"人性仁爱论""天下兴亡，匹夫有责"等传统道德观念提出质疑，并信奉"枪打出头鸟""多一事不如少一事"，不愿意自觉承担社会责任，为构建和谐社会作贡献。一些人还振振有词：为什么让我做啊？不是还有其他人吗？可见，在市场经济衍生的泛功利化价值观社会背景下，这种道德相对主义已经给大学生的人生观、价值观造成了严重的负面影响。

（二）友善品格境界存在弱化现象

友善品格境界存在弱化，本质上是一种友善品格缺失的心理表现，是指大学生在与他人相处时，行为主体会选择性地给予或不给予他人尊重、理解、宽容、关爱等现象，也包含行为主体友善情感的冷漠、淡薄与麻木。

第一，对他人缺少尊重与接纳。大学生在与人交往时，对他人不尊重、不接纳、有偏见等不良社交现象时常会发生，这也是导致大学生人际矛盾及其冲突危机的重要根源。尊重是人与人和谐共处最基本的交往底色，也是进一步促进人际友善的第一要义。大学生如果在人际交往的过程中缺少了尊重他人这一品质，那么就不可能在此基础上产生更为深入的人际友善特质，如接纳、理解、宽容、关心、帮助等更高意义上的友善品质。我国社会结构转型与城市化进程在一定程度上加速了人口由经济发展落后区域向经济发达地区流动。来自不同民族、不同地区、不同领域的社会成员在同一时空中加强联系，个体之间的差异也因此而不断得以呈现。那么，究竟应该以何种态度来面对这种既缺乏天然的血缘联系，也缺乏共同生活经历的他者？这是一个极为重要的现实问题。人虽然有年龄、性别、民族、职业、外貌等方面的差异，但是都有一个共同的特点，就是渴望得到别人的尊重。而真正意义上的尊重，是以社会的平等、公正为基础的，其基本内涵在于承认人格的平等性和对等性，即承认他人是与自己同样独立的个体，有着与自己同样重要的各种情感和价值诉求。就大学生而言，基于个体成长环境、生活习惯、价值态度的差异而引发的人际冲突，已成为造成高校大学生人际关系紧张对立的重要原因。有研究表明，大学生宿舍人际关系状况主要存在三种类型：友好型、矛盾型、冷漠型。而在这三种大学生宿舍人际关系类型中，大部分是以矛盾型与冷漠型为主。由此可见，大学生和谐共处的首要问题，就是主体对他人缺少应有的尊重以及对他人个性的真诚接纳。许多大学生在宿舍和谐共处方面存在困难，主要集中在对地域文化、经济条件、价值取向、性格特征、生活习惯等差异性问题上存在分歧。

第二，对他人缺少宽容与礼让。部分大学生的宽容能力与其他交往品质相比较而言，确实缺失严重。所谓宽容与礼让是指人与人在相处过程中应该做到对他人生理心理缺陷、性格与能力不足及其行为过失与过错等负性特征给予理解、原谅与宽恕。人非圣贤，孰能无过？犯错是人所难免的，对他人错误与不足的宽容，在实质上也是对人性的理解与尊重。因此，宽容与礼让是人与人之间友善相处的基本要求。若人人都不能对经历不同的个体给予理解、宽容的话，结果就会是所有人都没有愉悦感地生活在僵化的社会关系中。联系现实生活,我国高校的部分大学生因缺少对他人的理解、宽容与礼让,而造成悲剧性事件时有发生。可见,因个别大学生不尊重他人、宽容品质的缺失与缺位而引发的校园暴力事件已经危害到大学生健康成长。大学生在与人交往时,一旦他人曾做过有损于或伤害于自己的事情,当事人可能在很长一段时间内都难以接受这段经历,甚至两人关系会进一步恶化,有发生人际冲突的可能。部分大学生能力品质在宽容倾向上相对缺失严重,也是造成其人际关系紧张,甚至是人际矛盾或冲突升级的重要原因。

第三,对他人关爱与互助不够。就"人际友善"的本意而言,它是爱的相互传递,是基于善良仁爱之心所表现出来的利他言行。关爱与助人是友善品格的最高境界,也是最能够考察人性的道德要求。其基本内涵与理想性诉求,要求人们在与他人相处过程中要能够做到积极主动地去关爱与帮助他人。就现实高校而言,不少大学生在关爱与帮助他人上的表现是远远不够的,甚至个别大学生主要以挖苦嘲笑、冷漠敌对、损人利己等相处模式运作在社会关系之中。具体表现为在言语层面上对他人的不尊重,漠不关心,吝惜自己对他人的赞美与欣赏,经常私下与别人谈论他人的隐私与不足,甚至是拿别人的短处或不足以彰显自我的长处;在行动层面上逃避责任,不愿意为他人、集体付出更多的物质与精神力量。

综上所述,主体关爱与互助精神的缺失,正在对大学生健康成长,尤其是对其友善人格的建立与完善产生负面的影响。

三、大学生人际交往存在问题的原因分析

(一) 地域文化因素

地域文化、生活习俗、民族特性等因素的差异会给大学生的人际交往带来影响。人类社会活动混杂着各种类型的经验,涵盖价值观、习惯、生活模式、审美情趣等元素,使某地域人与其他地域人产生显著差异,不同地域文化及差异由此形成。随着大学的发展,生源地域的不断扩大,来自不同地区的学生聚集到一起,客观存在的地域文化差异,可能造成学生的思想观念、认知能力、行为方式不同。个体的主观性差异较大,为新生建立良好的宿舍人际关系产生了一定的障碍。不同地域文化之间的碰撞可能会减少新生对宿舍生活的期待,甚至把自己保护起来,以此减少矛盾与冲突。不同的地域文化、风俗习惯对个体成长也起着比较重要的作用,地理环境、城市发展、交通运输、方言体系的

差异使个体的人际沟通和行为习惯各具特色。这些差异会导致学生从潜意识里产生避免与他人亲密交往的观念，担心自己是否会获得他人喜爱，是否能被集体接受，有时甚至会盯紧某个有好感的成员，不准他与其他人建立友谊，在人际关系上容易患得患失。

（二）个人原因

自我意识的本质就是人对于自身行为关系的主观反映，当个人的自我感受和他人评价不一致时，就会产生怀疑。认知反应具有防御性及偏差性特点，个体针对认知对象产生不愉悦的感觉之后，便会对其他人进行提防，易归因错误，导致自我评价较差。提防心理会使个体不情愿深入展示自己或者对认知对方进行规避，为亲密关系的发展制造阻碍，使疏离感形成。由于大一新生对自己的个性、特质、需要及心理状态的认识不准确、不清晰，不能进行正确的自我评价和对他人的评价，往往会干扰人际交往。大学新生对宿舍人际关系的需求包括安全感、归属感和关爱。由于个体对宿舍中存在的问题缺乏有效的应对策略，就容易出现人际关系问题。受个人性格特征差异、沟通和解决问题的能力等因素的影响，新生进入大学后面对陌生的环境，性格外向的成员能够迅速地与周围的人熟悉起来，敢于表达自己的态度和立场，能够建立新的人际社交圈，表现得更加自信；而性格内向的人容易产生紧张感和拘束感，把更多的情感指向自己的内心世界，喜欢安静和独处，不太愿意参加集体活动，更不愿意表现自己，容易产生自卑感和孤独情绪。

1. 自卑心理

自卑心理是每个人或多或少都会产生的一种负面情绪，有时候个体对自己的期待很高，或者说周遭环境和亲人对自己的期待很高，但诸多因素使得自己在面对复杂情况的时候表现得不尽如人意，达不到自己的期待，而这种现状往往依靠自己的力量很难发生转变，进而就会产生一种无力感。自卑心理较重的学生通常更在意细节，对他人的感知非常敏锐。如职业院校部分学生常伴随自卑心理，觉得自己没有满足社会上所谓"好学生"的期待，在学习以外的很多方面也变得小心翼翼，不敢展现自我，甚至逃避人群，进而导致更严重的人际交往障碍。

2. 认知偏差

大学时期是青少年成长的特殊阶段，在这期间，部分大学生容易产生自我认知偏差。他们一旦认为自己"低人一等"，会对成长产生不利影响，很难有信心去克服成长过程中遭遇的逆境。而且大学生普遍自尊心较强，在走入新环境、打开新世界大门的时候尤其在意周围人对自己的评价。同时，部分大学生在人际交往过程中常用惯用标准去看待朋友和同学，会不自觉地形成以偏概全的印象。在这种认知偏差下，个体很难跳脱出来，在与别人的进一步沟通中自然会出现问题。

3. 网络环境

随着世界经济的持续快速发展和全球化进程日益加深，人们在思维表达方式、人生观、价值观、言谈举止等方面都发生了改变，逐步呈现出多元化的趋势。越来越便利的网络媒体、电脑、手机等媒介的普及，使得"宅系大学生"宅在宿舍，更加依赖网络世界。尤其是当自身人际交往困难时，部分大学生更倾向于逃避到网络世界中来弥补自己情感上的空缺和需要。他们经常会出现手机里有无数好友，身边没有一个同伴的情况。

（三）家庭原因

家庭因素包括生活习惯、自理能力、家庭经济状况等因素。同一宿舍的大学新生，大部分都是独生子女，在家庭中受关注度高，从小就是家庭的焦点和关注中心，享受家庭的全部资源，就算非独生子女家庭，由于目前社会经济的发展，一般家庭中子女的衣食住行也都能得到较好的保障。物质生活条件的丰裕，使部分学生养成了骄奢的个性。每个人都是独立的个体，生活方式也是千差万别的。有的人喜欢早睡，有的人喜欢晚起；有的人喜欢干净整洁，有的就比较邋遢随意；有的人勤奋自律，有的人自由随性；有的人琴棋书画样样拿手，有的人毫无特长默默无闻。不同的行为方式没有优劣之分，只有适合不适合之别。家庭经济状况差异导致大学生在成长的过程中获得的社会支持不同，好的家庭环境能够提供更多的经济支持、资源支持、人脉支持、思维引导，使得子女的价值观和精神世界更加多元化，更加注重隐私、自我意识强。同时，家庭收入及父母的婚姻状况也会对子女的人际关系带来一定的影响。

1. 教育环境

家庭的方方面面对于每一个孩子成长的影响都是多样的，其中最重要的是父母的教养方式和伴侣之间的关系。

首先，父母的教育方式对于子女性格和情绪的养成，以及首次离家独立生活的大学生的习惯养成有着至关重要的影响。比方说在国家全面开放三孩政策出台后，父母对老大和老二老三的教育方式往往不同，老大从受宠溺的骄纵式培养到随着老二老三的出生发生变化，老二老三更受到关注和呵护，可能导致老大的心理落差，以及老二老三独立生活能力较差，与他人沟通较难产生同理心，这会成为孩子们将来出现人际困境的诱因。

在各种教养方式中，专断型教养下成长的大学生往往表现出较严重的交往困境。这类父母往往控制欲极强，对孩子的一切事物抱有非常高的期望，并认为子女的生活和学习都应该遵循自己的安排。这种环境下成长的孩子到了能够"自由"控制自我的大学阶段，往往容易出现极端心理，在与人交往的过程中也会表现出较强的控制欲或极端的被控制欲，甚至出现仇视心理，很难进行健康的人际交往。忽略型教养则是完全"放养式"的，父母对孩子缺乏关心，很少关注除了基本需求以外的表达，也很少有情感反馈。这种教育环境下长大的大学生感知爱和反馈爱的能力较弱，很难热情地对待他人，也很少主动表达自我。

其次，一个家庭中伴侣双方的关系也对大学生人际交往能力起着重要影响。伴侣关系亲密且和睦会让孩子产生强烈的安全感和认同感，在处理各种人际交往境况的时候也会更积极。反之，在伴侣关系冷漠或经常争吵、发生冲突的家庭中成长的大学生更容易形成负面性格，在与他人互动过程中呈现被动、冷漠、自我封闭。

2. 经济条件

市场经济的本质带有求利性。一方面，社会变革和发展离不开市场经济的腾飞，经济飞速发展刺激着人们的创造灵感和劳动力的付出，伴随着技术革新，各行各业发生了翻天覆地的大换血，管理精细化，资源低耗化；另一方面，市场经济的"双刃剑"也在悄无声息地影响着一代人的价值观，不少人摒弃了一部分情感，取而代之的是"金钱为王"的观念，各种市场交易中常出现以个人的利益最大化为唯一目的。这一代大学生成长在市场经济时代，难免受到金钱至上价值观的影响，导致部分大学生很容易出现拜金主义。渴望与家庭条件好的同学交朋友，看不起经济条件差的同学，又为自己的家庭条件感到自卑，为"应酬"掏空生活费等问题常出现在部分大学生的人际交往中。

（四）社会原因

随着社会发展、科技的进步，各种文化和社会思潮不断冲击和影响着生活中的每一个人。处在新旧观念更迭、生活节奏加快以及社会竞争加剧的时代，大学生所承受的心理压力、产生的心理问题远远大于以前。青年是社会的"晴雨表"，而大学生则是其中最敏感和最活跃的一群，最能反映时代的特点，所以经济领域、政治领域、意识形态领域发生的变化必然要在大学生这个群体中产生较为强烈的影响。

1. 社会期待

所有人都会遵循一定的社会规则去生活，不断让自己的行为满足社会期待，学生时期更是如此。社会期望学生都能够好好读书，不随便交校外的朋友，在升学中有更好的表现。但是职业院校部分学生往往在学习成绩和在校表现上无法满足社会期待，这就意味着这些学生某种程度上不会以"正面形象"出现，因为他们不是"别人家的孩子"。这使得这些学生在人际交往上很不自信，也很难突破心理壁垒去让别人了解自己，进而造成更多的人际交往问题。

2. 学历歧视

在大多数国家，分数是衡量一位学生好坏的重要标准。如职业院校许多学生的学习成绩并不理想，因此，社会大众对职业院校的学生总存在一种刻板印象，认为他们都是差生。这种社会歧视给职业院校学生很大的压力。此外，在就业这一学生必须面对的关键环节中，学历歧视也是职业院校学生无法避免的心头痛。无论是民营公司、国企、事业单位还是公务员，任何一个用人单位都会把学历列为招聘的重要条件之一。职业院校的毕业生往往在硬性条件上就无法满足，即使能拿到面试机会，面对场上其他本科或以上学历的学生也会毫无竞争力。而符合职业院校学生应聘条件的岗位往往是不需要专业技术要求的，如酒店门童、快递员、外卖员或餐厅服务业等。这种根深蒂固的学历歧视对职业院校学生产生了很大的负面影响。

（五）学校原因

目前，部分高校在学生常规管理工作中存在重视管理缺乏服务的现象。辅导员承担着学生的思想教育和心理教育工作，宿舍管理员实行的是单纯的垂直化管理，由于不能及时与学生进行沟通交流，所以在日常管理工作中会遇到一些滞后性问题，学生对这种自上而下带有行政命令的管理方式也会出现抵触情绪。由于辅导员和宿舍管理员对学生的心理状况缺乏及时的掌握了解，同时许多学生又很难理解辅导员、宿舍管理员采取某项措施的初衷，因此在日常管理中管理者与学生之间会产生一些不必要的误会，加大了管理难度。

1. 教育缺失

一直以来，大家都十分重视应试教育，学校注重升学率的提高，教师重视学生专业课的辅导和教育，忽视了对学生人际交往技能的培养，忽视了同学间、师生间的交流，意识不到需要教会学生建立人际关系的重要性。学校教育是学生获得各类知识的第一途径，学校对于人际交往教育的缺失在很大程度上决定了学生缺少从正式途径接受人际交往相关知识的机会，也因此成为学生人际交往出现问题的重要原因。

2. 评价体系不合理

高校有一套对学生的综合评价体系，作为各类奖学金、优秀毕业生、留校工作或保研等评奖评优的根据。这些综合评价体系各有不同，大多数学校会将学业绩点、国家级职业证书、英语四六级考核等纳入评价体系，也会将志愿者时长等社会实践内容纳入，但几乎不会把人际关系等同样能够综合评价学生的社会性因素纳入。关系好与坏是较难客观评判的，但被高校对学生的综合评价体系完全忽视，这是不合理也是不应该的。评价体系对于判断一名学生来说是重要的，也会被部分用人单位视为入职条件，评价体系对于人际交往等重要社会技巧的缺失也会造成学生人际交往问题突出。

第三节　大学生的人际交往调适途径

高校大学生是我国社会主义事业的主力军，良好的人际交往有助于促进大学生的身心健康，也可以为他们顺利完成学业步入社会提供动力和后盾。然而大学生人际交往中的心理问题却会造成人际交往的障碍，阻碍大学生的心理健康发展，因此大学生心理健康教育需要关注大学生的人际交往心理问题，其作为大学生心理健康教育中一项复杂工程，需要引起高校心理健康教育教师的重点关注。大学生心理健康教育工作者的关心帮助，及时的疏导调适，有助于大学生和谐人际交往关系的发展。

一、培养大学生树立正确的人际交往观

人际交往观，指的是人们对于人际交往的基本看法和观点。它是一个人人生观、价值观的重要组成部分，是人们在人际交往中形成的对于人际交往的认识、看法以及各种观念的总和。它既指代在交往过程中的自我认知也指对他人的认知评价，还包括对交往本身的价值评价。

每个人都有自己的人际交往观，受到不同教育环境、成长环境的影响，表现在实际生活中的人际交往观因人而异。

人际交往关系的和谐与否，取决于个体凭借自身的人际交往观对社会认知判断是否正确。培养大学生树立正确的人际交往观，可以帮助大学生正确认知自己、正确看待其他人或集体；使大学生可以更加客观全面地评价自身，清楚地认识到自己所具备的优缺点；同时也能根据实际情况，公平客观地看待他人；同时在面对外界的干扰时，也能对交往关系本身形成全面的客观的看法。然而实际生活中很少有人能够做到不带主观感情色彩、不考虑自我利益来进行评价。在校大学生处于人生认知发展的重要阶段，更加需要思想政治工作者的引导，帮助他们形成正确的人际交往观和科学的认知。

（一）进行人际交往的动机引导

根据霍曼斯关于报酬的基本概念定义，可以得出，人际交往报酬，不仅包括交往给双方带来的物质经济利益，还包括交往双方获得的情感利益，同时还包含人际交往本身所具有的意义。个体在进行交往的时候都会思考这一关系会给自己带来哪些报酬，由此便产生了交往的动机。动机的物质利益化会让大学生的交往心理具有功利性，由此使部分大学生产生人际交往中的虚荣心理问题，即未能正确看待人际交往报酬，而只注重了物质报酬。因此对大学生进行人际交往动机的引导显得尤为重要。

1. 引导大学生学习相关人际交往理论

目前我国高校还没有开设专门的与人际交往相关的必修课程，只在心理健康教育或者思想道德修养的相关课程中有所涉及，因此高校思政工作者应当有意识地引导大学生自主学习人际交往的相关知识，通过选修课程、图书资料的查阅、网络多媒体的共享等，使大学生对人际交往的相关理论有所了解、有所掌握，逐步使其形成有意识的自主学习；以理论指导实践，从而帮助大学生们

更好地进行实践层面的探索，将知识真正为己所用。

2. 帮助大学生形成对交往报酬的客观分析

在社会经济不断变化发展的快节奏现代生活中，大学生面临的学习、就业、生活等的压力越来越大，出现了以谋取某种利益、获得某种资源为目的的人际交往，只有帮助大学生在人际交往时对交往报酬做出客观分析，正确对待物质利益报酬和情感层面的报酬，大学生才能形成对人际交往的客观公正的评判，在人际交往中信守和坚持良好的准则，避免功利性带来的虚荣的交往心理问题。

3. 引导大学生形成正确的人际交往动机

理论学习可以帮助大学生形成对人际交往的基本认识和看法，然而交往动机却仍然需要引导和强化。高校思政工作者应当帮助大学生树立正确的人际交往动机。大学生也只有在人际交往中，正确地认识人际交往报酬，端正自身的交往动机，以科学的人际交往观指导自己的交往行为，才能规避虚荣和追求浮夸的物质利益，从而建立更多的以宽容、理解为目的交往关系。

(二) 开展人际交往的意识教育

大学生人际交往意识是指大学生能够有主动与他人进行人际交往的愿望，愿意为此采取行动并积极投入的状态。霍曼斯成功命题强调人们行动时，会重复之前成功的经验；同时命题中如果出现类似情景，会刺激人们重复之前的行为，尤其是获得成功的行为。

开展大学生人际交往意识教育最主要的就是让大学生通过剖析人际交往的成功案例，学习到其中的经验，并就其中一种情景进行模拟体验，在自己遇到类似交往情况时，可以做出恰当反应。同时通过教育使大学生看到人际交往的意义和价值，并看清人际交往对人的发展的重要作用，认识到不健康的交往关系带来的反作用。开展大学生人际交往意识教育应当从以下几个方面入手。

1. 新生入学教育

大一时期是开展大学生心理健康教育的关键时期，此时应当有意识地对大学生的人际交往意识进行引导教育，通过一系列的专题教育，剖析特色案例，正面教育与反面教育相结合，让大学生看到正常的人际交往对于促进人的全面发展的重要性，同时也让大学生看到不正当的利益交往会带来哪些伤害和破坏性影响，进而促使大学生建立起主动的人际交往意识和价值观，使他们在入校之初就能主动开展在道德和法律允许范围内的人际交往。

2. 活动感染教育

有的大学生认为大学期间作为学生的主要任务是学习，因此这部分大学生对参与人际交往活动并不热衷，他们也没有意识到人际交往对个体发展的重要性。与此同时，这些大学生中不乏性格内向的人，长期从寝室到教室再到食堂三点一线的生活轨迹，使他们的人际交往意识变得更加淡薄。所以高校思想政治工作者应当开展一些关于人际交往的活动，通过活动或者模拟场景的方式，以群体感染的方法带动这样的同学参与其中，走出自己封闭的世界，克服交往的恐惧心理，认识到人际交往的重要性和迫切性，勇于主动和其他人进行沟通和交流。

3. 重点针对教育

有的大学生因为过往的失败经历以及沉溺网络，缺乏交往经验，由此产生恐惧心理，交往意识淡薄。针对大学生的不同情况，高校思想政治教育工作者应当具体问题具体分析，有针对性地对大学生开展交往意识的教育。通过与之沟通交流、谈心谈话甚至心理辅导的方式，了解大学生对人际交往畏惧所在，分享经验，与之建立良好的师生关系，以此为其他人际关系的开展树立榜样，提升他们人际交往的积极性，使大学生充分认识到个人的成长离不开人际交往，单枪匹马打不赢胜仗。

（三）强化人际交往的价值教育

价值命题中霍曼斯认为价值判断会影响人的行为选择。而正是由于人际交往价值的判断失误，使大学生产生了嫉妒的心理问题，由此可见在大学生心理健康教育中应当积极开展大学生人际交往价值教育。

大学生的人际交往价值教育是指以大学生为本、关注大学生个体人际交往层面的自由与全面发展的教育，旨在提高大学生人际交往的价值与意义，带领大学生感悟其中的真谛。在高校心理健康教育中，可以通过价值教育的方式来进行人际交往价值的传递与引导，促进大学生人际交往心理的协调发展。

1. 进行人际交往价值的认知教育

大学生只有清晰地认知交往价值，才能对自己交往中所处的社会环境以及所要扮演的社会角色进行更加准确的定位，才能在人际交往的时候选择合适的行为方式，及时对自身进行纠正；也只有在正确认知的基础之上，才能对他人形成客观公正的评价。因此大学生心理健康教育工作者需要强化对大学生的交往价值教育，强调在交往之初，不应该以主观色彩夸大第一印象，而应该全方位、多层次、宽角度地看待和观察与他人的关系，克服刻板印象、晕轮印象等的影响。

2. 进行人际交往价值的情感教育

大学生心理健康教育要强调情感作为价值的重要性，引导大学生在人际交往时不要将关注点只放在物质层面，而更应该加强对情感回应的关注，关注关系自身的情感纽带是否强烈。

3. 进行人际交往价值的行为教育

引导大学生在人际交往时，不应当只关注对方付出了什么，而应该审视自己得到了什么，将重点放在交往对自身的提高之上，而不是两者的差距之中。只有这样，才能战胜嫉妒的心理，使大学生强化对于诚信、友善、公平等原则的掌握，并能在自身的人际交往中体现出来，帮助大学生形成一种乐观积极的人际交往心理状态，在人际交往中正确认清交往的本质和价值。

（四）开展人际交往的挫折教育

高校的大学生来自五湖四海，他们的民族特点、文化习俗、性格和兴趣爱好迥异，这无疑增加了他们在日常的生活学习上发生摩擦的可能性和挫败感。伴随时间的增长和经验的积累，大多数大学生可以在新的群体内转变心态，交到朋友。但仍然有部分大学生无法正视失败，一直认为是自己存在不足。人际交往的受挫可能导致部分大学生产生不同程度上的心理问题，如孤独、抑郁等。

所以，各高校应当针对大学生交往受挫可能带来的心理问题开展挫折教育，引导他们正视人际交往的成败，帮助他们从消极的挫败情绪中走出来，克服心理问题，进行正确的自我定位，向大家呈现自己特有的个性。交往过程中出现挫折是不可避免的，但更重要的是要正确看待失败，增强自身承受挫折的心理能力。

除此之外，态度消极、孤独是交往受挫后常见的心理问题，高校应有针对性地进行心理疏导，让大学生学会正视挫折、勇于面对，他们才能更自信更从容地迎接以后的生活。

（五）进行人际交往的道德教育

在大学生的学习以及生活中进行人际交往时，大家都应时刻遵守基本道德规范，所以要保证大学生人际交往观教育，还应开展和增强大学生人际交往道德教育。道德教育有助于提高大学生对自己的认知，提升他们的基本素质，而交往教育可以使大学生形成良好的交往道德观。

当前大学生应以社会主义核心价值观作为自己交往的基本道德规范。针对大学生交往中存在的道德失衡问题，大学生心理健康教育工作者应当从道德角度加强对大学生的交往观教育，使他们明白交往自私化、虚假化等都会阻碍自身的人际交往的发展以及个人的前途发展。

1. 诚实守信是交往道德的先决前提

唯有怀着一颗坦诚之心与他人进行人际交往，方可取信于人，营造良好的人际交往关系；真诚，是实现良好人际交往的一种途径，表现为与朋友同甘共苦。当自己得意的时候，不能忘记朋友；在朋友有难的时候，不抛弃朋友。但是，有的人在自己得意之时，把原来的贫贱之交置于不顾，甚至欺压过去的朋友。更为严重的是有些人在朋友得势、顺畅之时，前来享受朋友的欢乐和荣誉，一旦朋友落难便逃之夭夭，置其生死于不顾。朋友必须荣辱相依，患难与共，真正的友爱在于当朋友遇到困难的时候去帮助他，而不是在他得意的时候去奉承他。真诚的另一方面是彼此坦率。要真实地暴露自己，不向朋友隐瞒自己的短处和缺陷，更不能居心叵测，用心险恶，欺骗朋友。对朋友要说真话，对朋友的优点，要借鉴和赞美。对朋友的缺点，要作善意的批评，不能包庇，也不能无原则地妥协。

2. 宽以待人是交往道德的重要内容

不同的思维与价值观是交往过程中矛盾爆发的主要原因，因此，应当引导大学生换位思考，尽量去谅解体悟他人。理解，是实现良好人际交往的另一途径，要成为朋友就必须真正地互相理解。唯有互相理解，才可以做到心意相通，才会产生怜惜和关怀。

所以，大学生心理健康教育工作者应当教育大学生行事遵循道德原则，凡事谨记道德原则，坚持以和为贵，放下以自我为中心的自私自利，才能保证人际交往关系的和谐融洽展开。

高校在开展人际交往道德教育时，除了理论学习和道德熏陶外，还可以通过大学生心理健康教育工作者的言传身教来为大学生的交往道德规范树立榜样。高校可以邀请成功人士开办讲座，通过讲述个人在工作、生活、学习中如何坚持道德标准以及原则，指导自身正确对待人际交往最终取得成功的经历，使广大学子认识到遵守交往道德的重要性。另外，也可使用譬如违反交往道德而使自己被社会和朋友摒弃的反面事例，供大学生学习探讨。各种活动应按照班级为单位等集体形式开展，使交往道德在大学生的学习和生活中潜移默化地形成，逐渐树立大学生个人良好的交往道德规范，以此指导他们在人际交往的时候，能够做到谦和有礼、包容谅解，走出以自我为中心的自私自利，真正达到和谐的人际交往。

（六）开展人际交往的艺术指导

语言作为人类最重要的人际交往工具，可以表达我们的思维，展示我们的魅力。通常我们所讲的语言包括口头语言、肢体语言以及书面语言三种。良好的人际交往艺术离不开优秀的人际交往的语言技巧，因此高校应当有针对性地开展人际交往艺术的教育和指导，帮助大学生提升在人际交往中的魅力和自信，以此摆脱自卑的心理情绪，大胆地面对人际交往。

1. 口头语言的技巧教育

中国有形形色色的方言，因此高校首先应该营造出人人都说普通话的氛围，规范大学生的普通话发音，避免造成交往中的误解；其次应当保持说话的简练性，同时也要保证语言的幽默性，避免让他人心生厌倦之感。高校应当教育和引导大学生提高自己口头语言的流畅性，在谈话中使要表达的对象或者事件形象化。

比如我们在使用赞美语言时，首先需要出自真诚。那种不真诚的赞扬会给人一种虚假的感觉，或者被认为是有某种不良的目的，不仅不会得到感谢，反而会让人感到讨厌。夸大其词的赞美可能使被赞美者感到难堪，甚至可能使赞美者失望。另外，赞美要与被赞美者的内心好恶相吻合。如果你夸奖一个他所不喜欢的人，他会感受到内心厌恶，这会使其无法接受。应该寻找他最希望被赞美的地方。每个人都有其自身的优势，在其自认为杰出的方面，当然期望赢得他人客观的评价，但是在没有信心的方面，会更期望受到他人的肯定。也可以利用间接赞美的方式，引用他人的评价，对朋友过去的事迹，即既成的事实，加以赞美。

2. 肢体语言的技巧教育

人的手势、体型姿态以及面部表情等都可以帮助我们弥补口头表达的不足，帮助他人理解我们的意思。这就要求高校在对大学生进行交往艺术教育的时候或者进行交际礼仪教育的时候，一定要指导大学生的体态语言，举止要自然、得体，举手、投足要大方、开朗，不可扭捏或放荡不羁。现代女性要有风度翩翩的走姿、亭亭玉立的站姿、温文尔雅的坐姿。现代男性则应当有男子的风度和气度，身姿挺拔。

3. 书面语言的技巧教育

大学生越来越多地使用网络交流和电脑操作，因此经常出现提笔忘字的情况，为此高校应当对大学生进行相关的书法以及公文类文书的写作指导，使大学生在使用的时候能够字体清楚、文案整洁干净、行文自然达意、用语恰当准确、格式符合要求。

二、提高大学生人际交往的主体素质

（一）把握人际交往的适度空间

交往空间是指人与人之间交往过程中所要保持的时间和空间上的界限、幅度和范围等。交往空间包括以下几种：亲密空间、个人安全空间、社会交往空间、公共安全空间。亲密空间主要是指和父母爱人等近亲之间的空间距离，一般是在1米以内；个人安全空间主要是指同朋友、亲戚之间人际交往时的距离空间范围，一般是在1.2米以内；社会交往空间是指同学、同事之间交往时的空间距离，多维持在1.2～3.5米；公共安全空间就是陌生人之间，人际交往时让人有安全感的交往距离，一般在3.5米以外。

有的学生认为关系更亲密的人，就应时时刻刻待在一起，不存在小秘密，而刚刚认识的同学，便应拒之门外。事实上，这是不对的。每个个体都有自己的安全距离设限，大学生自身在人际交往时应坚持适度原则。交友的范围不能太广，但也不能太狭窄。在不同的场合，与不同的朋友更应该掌握度，即便是特别要好的朋友，也不能有过分的行为和言语。

只有把握好交往的空间，适时地给予交往对象以回应和投入，才能让交往双方都处于安全的感觉当中，同时根据霍曼斯的剥夺—满足命题，适度的、恰当的投入与回应，还能为交往提供更多的满足感，增加交往的新鲜感和稳定性。

(二) 掌握心理调节的科学方法

在日常生活中，人们所遇到的事情并不是一帆风顺的，难免经受失意和挫折，这些不良情绪的困惑和干扰，不仅会影响自身的身心健康，还会影响人与人之间的正常交往，有的甚至损害了已有的良好的人际关系。因此对于大学生来说，通过自我的心理调适，加强沟通，改善交往问题，克服不良的情绪影响，完善人格尤其重要。

1. 要加强自我引导

当在人际交往中发生不顺心的事情时，大学生应该学会自我寻找合适的方式来调整，可以通过向好朋友倾诉、写日记等方式发泄自己内心的郁闷，或者运动排解情绪；还可以用回避的方法，使自己的神经系统得到保护；或者通过参加文娱活动、外出行走旅游调整状态；或者暗示自己"人无完人"，一个人难免会有遗憾和不足，相信勤能补拙、扬长避短；积极地转移挫折，理智地跳出挫折，化烦恼、痛苦、愤怒为积极的动力。

2. 寻求自我安慰

每个人难免会做错事，人际交往中失误会带来自责、烦恼和悔恨情绪，会对自我进行谴责、埋怨。这样不仅会使人的身心遭受很大的伤害，而且会使人失去对生活的信心。因此大学生除寻求他人帮助以外，还可以鼓励自己消除不良情绪的影响，尽快地从不良情绪的阴影中走出来。

3. 自我放松缓解情绪

自我放松可以使人们的精神和躯体都从紧张的情绪中解脱出来，使人们不再焦虑、紧张，缓解压力、恢复理性思维。

4. 调节认知

情绪的产生与人们对事物的认知有关，比如，当我们期待实现某一目标时，由于内心急迫会感觉兴奋，当心理或生理上感到威胁或重要的目标可能丧失时，就会产生焦虑情绪；而焦虑情绪的产生则是因为目标受挫或自尊心遭遇挫折。不同的认知结果会导致情绪反应迥异，人们可以通过改变这些认知来调整他们的情绪反应。社会心理学家认为，虽然人的交往目的五花八门，但是人与人之间的交往就是为了满足心理上的需要。大学生应自发地调节自己的心理，视彼此接受为交往的根本目的，提高心理容忍度。

健全的人格有助于在人际交往时进行顺畅的交流，有助于营造和谐的人际关系。因此，对大学生建立良好的人际交往关系来说，自觉地掌握心理调节的科学方法，及时疏导自己学习、生活以及人际交往时的不良情绪，积极乐观、豁达开朗地面对才可以提升自身的魅力，才能时刻在人际交往中保持良好的一面，才能更好地开展人际交往。

（三）加强人际交往知识的学习

大学生学习人际交往方面的知识应该包括两方面的内容：一是人际交往心理学知识。人际认知是人际交往的起点和基础，不论哪个部分的认知都非常重要。认知的偏差会导致交往的不顺。大学生应该掌握正确认识自我和他人，愉快地接受自我和他人，正确判断交往目的和意义的方法等。人际情绪控制是指在人际交往中保持积极的情绪状态，克服消极的情绪，顺利地进行交往。大学生应该掌握正确判断自我和他人情绪状态、恰当表达自我情绪、有效控制自我情绪以及有效影响他人情绪的方法等。人际沟通是指加强交往双方对彼此的了解，有效地化解冲突。大学生人际沟通应遵循的原则主要有平等、尊重、信任、宽容、真诚、共识、赞赏等。二是人际交往礼仪知识。礼仪是人类文明的产物，是人们进行社会交往的行为规范与准则。大学生学习的礼仪知识应包括：礼仪的基本理论，主要有礼仪的概念特征、原则、种类、作用等；礼仪的具体规范，主要有饮食起居、服饰打扮、言谈举止等个人礼仪规范，往来问候、通信联络、长幼称谓等家庭礼仪规范，师生同学、课堂课余、入学离校、文体活动等学校礼仪规范，以及购物、进餐、住宿、娱乐、出行等公共场所礼仪规范。

三、营造大学生人际交往的和谐环境

和谐的人际交往环境通常离不开校园文化的建设，一般来说，校园文化主要包括隐性的校园文化和显性的校园文化，其中隐性的校园文化主要指教师和学生之间通过知识的传授和学习的互动而产生的思想道德氛围、学术研究的水平等；而显性的校园文化主要是指高校校园之中的所有环境，包括校园设施、建筑园艺等现实环境以及人际交往的氛围、学习风气、学子精神等的精神环境。由于校园文化本身具有潜移默化性、情境暗示性等的特点，慢慢地就会对大学生学习和生活产生润物细无声的影响。和谐的校园文化环境不仅可以影响大学生形成正确科学的人际交往观，正常地开展人际交往，促使人际交往关系的和谐健康发展，还可以促使学生身心的健康成长以及综合素质的提升。高校可以从以下几个方面积极营造大学生人际交往的和谐校园文化环境。

（一）营造良好的校园交往氛围

1. 营造和谐的寝室交往环境

大学生人际交往是否顺利可以反映在寝室关系中。寝室是最私密的地方，自学生寝室施行公寓化制度以后，学生待在寝室里的时间明显增加，而且寝室是主要的人际交往场所之一，在寝室里也最能凸显一个人的性格特点。寝室里面难免发生摩擦，但大多因平日的琐事而起，应是最易控制的。因此要营造好寝室里的氛围，要与大学生人群的特点相结合。

从一个角度来说，运用好寝室文化能够实现教育的多样性。今天大学生的集体意识开始褪色，个人意识开始彰显，想要扭转这种现状离不开寝室文化的塑造。因为寝室的特殊性能够让学生产生归属感，让大家在一些问题上产生一致的想法；从另一个角度来说，当寝室文化的教育对学生产生影响以后，大家会随之进行自我提升，从而提升人际吸引力，使人际关系得到改善，变得和谐融洽易相处。

2. 营造和谐的班级、院系交往环境

在大学时期，班级、院系与寝室相比是更加正式的组织，是一个集体。可以通过培养大家的集体荣誉感，来塑造一个和谐的、融洽的、积极的集体。从而产生一种归属感，将大家凝聚在一起，使这个大家庭中的每名成员和其他人和谐共处，避免摩擦。

每个学生都可以通过一起生活、学习等类似的集体活动得到锻炼。在频繁热烈的互动交往中，学生培养了品质，提升了素质，建立起正确的人生观、价值观。所以，应该坚持在大学生中进行系统的人格教育、道德教育和爱国主义教育，用好人格的力量和道德对社会生活的约束作用，激励大学生积极参与到加强班级建设的活动中去。

（二）组织丰富的校园文化活动

学校是学生主要的生活场所，是大学生的人际关系重要的集中地。因此，对他们来说，和谐的人际关系的建立同校园文化密不可分。校园文化是学校所独有的文化环境和精神文明，是在教育过程中产生的各种文化的总和。人际关系其实也是一种高级的校园文化，能帮助学生修身养性、降低心理问题出现的可能性。一个良好的文化氛围能给大学生带来和谐的交往环境，对大学生人际交往的发展起着重要的作用。

学校是教书育人的地方，教师不但为学生教授知识，并且要培育学生各方面能力的全面发展。而应试教育，从老师到学生都把成绩看得十分重要，忽视了学生的素质教育，造成一些大学生的人际交往存在问题。首先，学校应该将以前的应试教育改为素质教育，把学生从繁重的学习中解脱出来，让他们有时间去做自己想做的事，满足他们被压抑的交往愿望。进入大学后，大学生热切希望与他人交往，这就要求学校加强对大学生人际交往的引导和教育，使他们能正确处理好同学、师生之间的关系。同时，要组织一些相应的活动让他们有更多的契机来锻炼。因此，学校应该在抓好教学的基础上，多举办学生喜欢的校园活动，如艺术节、辩论会、书画展等，不仅可以使大学生拥有展示自我的机会，还可以锻炼其能力，为不同的大学生提供更多交往和交流的机会。这将大大提高大学生参与集体活动的积极性，帮助他们在人际交往的实践过程当中，将学习到的知识理论内化，成为个人独有的与人交往的风格和特点。除此之外，丰富多彩的校园文化活动的举办，也有助于营造师生之间相互关爱、体谅包容、团结一致的文化氛围，最终达到帮助大学生科学地进行人际交往，实现人际交往的和谐建立与发展的目的。

校园文化活动能使师生实现平等交流、民主讨论并互相学习。因此，教师应积极与学生开展交流互动，以自己为榜样来开展教育影响学生的交往能力。教师应该在教学中采用各种生动的教育形式，建立平等融洽的教育环境，鼓励大学生勇于发表见解，讲述自身的经历，以形成一个良好的交往氛围。

（三）提供多样的社会实践体验

如今的大学生在人际交往中凸显出的一个重点问题是交往能力的不足。良好关系的建立，不仅需要良好的品质，互相吸引的个性，而且还需要一些经验技巧。缺乏交往经验，可能会导致一些误解或者受到打击而畏惧交往。

学生的重要任务是学习，但通常忽略了实践环节，往往在走上实际岗位后发挥得并不理想。然而实践是人类存在和发展的根本方式，是人类实现自我教育的基本途径之一。中共中央、国务院在《关于进一步加强和改进大学生思想政治教育的意见》中指出，加强大学生思想政治教育，要认真组织大学生参加军政训练、社会调查、生产劳动、志愿服务、公益活动、科技发明和勤工助学等实践活动，使大学生在社会实践活动中受教育、长才干、做贡献，增强社会责任感。通过实践，大学生可以在实践中检验自己所学习的知识水平，使原来印象不深的相关理论知识得到巩固，使原来欠缺的知识在实践中得到补偿，对基本理论的理解更加深刻。大学生在实践中发现自己身上的不足之处，如人际交往能力欠缺、处世应变能力不强以及对外面世界的了解不多，可以有针对性地弥补自身的缺陷，培养多方面的能力，全面提升个人的基本素质。

社会实践活动能引导大学生形成正确的认知。认知能力是对人际关系的认识能力，如通过别人的行为和外表认知别人内心世界的能力，认识自己与他人的关系以及他人与他人关系的能力。

社会实践能提高大学生的人际交往能力。大学生在生活中会遭遇诸多人际交往问题，如不知怎样同他人交往或者不知怎样与同事或上级进行沟通，与人产生误会如何处理，做错了事怎样向对方道歉，等等。这些问题如果处理得好，能得到及时解决，对帮助大学生树立与他人交往的自信是很有益处的。有的同学性格比较内向，不擅长和别人交流。通过社会实践，他们的社交表达能力有显著提高。

社会实践增强了大学生团队合作的能力，有利于他们营造和谐的人际关系。大学生社会实践一般是以团队合作进行的，他们拥有同一个目标。在个人成长的过程中，最基本的是要协调好个人与集体之间的关系，个人的发展离不开集体。在实践活动中，只有每个人都充分发挥自身的作用，集体的目标才能实现，集体目标实现了，个人目标才能实现。每个人必须在实现集体价值后才能去实现个人价值。个体是集体的有机组成部分，必须正确地安排局部和全局的关系。通过团队合作，不仅能培养大学生的团结精神、提升人际关系处理能力和社会实践能力，而且可以提高交际能力和组织能力，使他们提前适应社会，提高就业的竞争力。

社会实践有助于大学生形成乐观、积极的心态，合理地处理人际关系。如今的大学生处于竞争激烈的社会中，不良的社交心态，容易使其产生不良的心理情绪，甚至是社交障碍。社会实践有利于大学生建立积极健康的心态，他们可以通过交往发现他人比自己优秀的地方，重新认识自己，克服嫉妒、自卑心理，形成良好、健康的社交心态。

（四）创设校园网络交往平台

随着信息时代的进一步发展，计算机的普及，网络科技的进步以及手机智能的发展，极大地改变了人们的生活和交流的方式方法，大学生始终走在时代的前沿，受到的影响更为广泛，他们对网络以及手机有着很强的依赖性。社交软件的随时性、便捷感以及内容的大量丰富性，为大学生接受知识和掌握信息、游戏和娱乐消遣、认识朋友和交流感情都提供了更为便利的平台和渠道，然而网络的虚拟性和非真实性也给部分缺乏自控力的学生带来消极影响，严重破坏了他们的正常生活，给他们的学习和人际交往的正常开展带来了阻碍。因此，高等学校更要重视校园网络平台的建设和管理，引导学生正确运用网络，文明上网。主要可以通过以下几个步骤来发挥校园文化网络平台的育人功能，调适大学生在人际交往中的心理问题。

1. 建设校园网络，加强管理

高校要进行校园网的建设和管理，首先应当实行网络实名制监管，另外对校园网络中的信息进行过滤，通过再加工，使网络信息、网络资源成为校园文化环境建设的一部分，为学生的学习提供数据资源，为学生的交流提供平台，为学生的精神生活提供多样的方式。另外还应当有针对性地发布相关的信息资源，从实际出发，创造出贴近大学生实际需要、符合大学生兴趣爱好的网络文化产品，推动校园文化环境的营造。

2. 建立师生互动平台

通过这样的互动平台，高校的教师和思想政治教育工作者有了展示自己的窗口，学生对教师的工作有了一定的了解，增加了师生交往的机会。同时学生可以通过这一互动窗口，向教师提出问题寻求答疑解惑，也为学生参与学校的建设发展提供了机会和平台。教师也可以通过这个平台及时关注学生的思想动态，对于学生的人际交往进行引导，及时发现不良问题并予以解决。

3. 利用网络平台积极开展思想政治教育的引领工作

传播社会主义核心价值体系，潜移默化地影响学生文明上网，使校园网络成为第二课堂，成为弘扬时代主旋律、社会主义主流意识的网络阵地。比如对国内外重大事件进行发布和点评，并通过不同的方式展开讨论，及时地了解学生的思想动态，有针对性地开展思想政治教育工作。

4. 开展网络心理预约

高校应当建立自己的网络心理服务平台，让大学生不愿意当面说出的问题有可以宣泄的空间，让大学生有机会以各种方式进行咨询和预约治疗，及时寻找出口进行心理疏导。除此之外，高校还可以在网上发布心理相关的知识和调节方法，引导大学生自学掌握，通过相关理论或者课程的分享，让大学生足不出户也能感受到学校的关爱。

5. 同其他优质网站进行链接

高校不仅要做好自己的校园网以及互动平台，还应当同其他网站进行互联，建立资源共享的数据库，帮助大学生更好地学习。

大学生人际交往的心理问题离不开高校的教育引导，也离不开自身的努力和自我的调节，更离不开校园文化环境的熏陶，因此高校思想政治教育工作者应当积极开展各方面的工作，切实调适大学生人际交往的心理问题，帮助大学生走出困惑，在人际交往中从容应对。

第三章 大学生心理健康教育中的自我意识问题

在当今快节奏的社会中，许多人面临着各种各样的压力和挑战，如大学生面临学习、毕业就业、家庭和社交关系方面的压力等。这些压力和挑战可能会对大学生的心理健康产生负面影响。因此，建立健康的自我意识对大学生的心理健康至关重要。因此，下面将对自我意识的概念、困境等方面进行讨论。

第一节 大学生自我意识概述

意识是人脑对客观世界的反映，是人们对外界和自身的觉察与关注程度。自我意识是对自我身心活动的觉察，即自己对自己的认识。与自我意识相对应，人们将对自身以外的世界的认识称为对象意识。

一、自我意识

（一）自我意识的内涵

关于自我意识的含义，学术界进行过热烈的讨论，但没有达成统一的定义。在西方学术界，自我意识、自我认同、自我概念、自我等术语被混用。弗洛伊德认为自我意识是个体意识发展中的核心部分，是对生理、心理以及个体社会功能状态的知觉与评价。关于自我意识的内涵，埃里克森做了相关研究并取得了一定的成果。他主要探讨了自我意识的形成，并描述了自我意识的发展过程。罗杰斯也做了相关研究，但是他仅仅研究了人类作为个体的独特的思想价值观以及对事物的态度。在我国关于自我意识含义的论述有很多。张增杰教授在其著作《论大学生心理》中认为，自我意识是人对自己及人我关系的认识①。黄希庭、徐凤姝指出："自我意识是一种多纬度、多层次的心理系统，是一个人对自己的意识。"② 姚本先对自我意识总结为："自我意识是指个体对自己的身心状况、自己与周围世界关系的认知、情感以及由此而产生的意向。"③ 梅传强认为："自我意识又称自我观念，是自己对自己的认识，是指一个人对自己各种身心状况以及自己和周围关系的一种认识，也是认识自己和对待自己的统一。"④

结合各位学者的研究我们发现，自我意识的含义大体相同，指的是人通过对周围事物的认识来对自己进行判断，是人自己对自己本身的认识。意识产生于人脑之中，自我意识是人类特有的一种心理现象，在人自身的成长过程中，通过与客观环境的接触和相互作用逐步形成和发展起来。人的自我意识通过对自己本身的生理、心理状态，个体的特点以及与周围环境关系的认识表现出来。

（二）自我意识的构成

一般认为，自我意识由自我认知、自我情感、自我调节三个基本因素构成。其中，自我认识是自己对自己的认识，包括自我觉察、自我概念、自我分析、自我评价。自我情感是指自己对自身状态的情感体验，主要是对自己的能力、品格、身份、地位的内在感受，例如自尊与自卑、自爱与自弃等。自我调节是指自己对自身状态与言行表现的调节，是自我意识从不平衡到达平衡的动力机制，一种是自我身心认识的内在平衡，另一种是自我与他人关系意识的外在平衡。

哲学家威廉·詹姆斯（William James）创造性地提出 Self＝I＋me 的公式。主我"I"是自我认识的主体，客我"me"是自我认识的客体，主我与客我之和构成整体的自我（self）。心理学家乔治·赫伯特·米德（George Herbert Mead）第一次从传播学的视角论述了自我意识中主我与客我的关系，创立了符号互动理论。与詹姆斯不同的是，他的"主我"指的是有机体对他人的态度所做出的反应，"客我"则是个体在社会互动中，根据他人的评价和社会期待所形成的自我形象。换句话说，主我是现实生活中的自我，客我则是他人评价对象的自我。主我与客我构成社会自我，并在符号互动中不断改变自我

---

① 参见张增杰：《论大学生心理》，西南师范大学出版社，1986年，第4页。
② 黄希庭、徐凤姝：《大学生心理学》，上海人民出版社，1988年，第6页。
③ 姚本先：《心理学》，高等教育出版社，2005年，第3页。
④ 梅传强：《大学生心理健康教育》，中国法制出版社，2001年，第8页。

意识。

　　关于自我意识的构成，许多哲学家和心理学家提出了各自的主张。人本主义心理学家卡尔·兰桑·罗杰斯（Carl Ranson Rogers）重视人的自我概念与其人格形成和心理健康的关系，提出"理想自我"（我希望成为什么样的人）与"现实自我"（我认为我是什么样的人）的区分，认为当这两者出现严重偏差时，就易于激发心理障碍。精神分析心理学家卡伦·丹尼尔森·霍妮（Karen Danielsen Horney）把自我意识分为真实自我（个人的全部潜能）、理想自我（个人凭空在头脑里设想的形象）和现时自我（个体此时此地身心存在的总和）三个部分。哈里·斯塔克·沙利文（Harry Stack Sullivan）则根据个体自我体验，将自我意识分为与愉快体验相联系的"好我"、与痛苦和威胁体验相联系的"坏我"、与难以容忍的焦虑相联系的"非我"。此外，还有库利（Cooley）的镜中自我、马卡斯（Markus）的图示自我、谢夫尔逊（Shavelson）的多层次自我等观点。

　　由于东方哲学和西方哲学各自具有不同的传统与特色，因而它们关于自我意识问题的研究也是各有千秋，各以其不同的方式和着眼点探究"自我之谜"的不同侧面，取得了不同的研究成果。西方哲学的探索目光有一个由外到内的清晰转变过程，先是认识自然事物的本原，后来逐渐转向认识人自身，进而转为对内心的注意和分析，最先发现了自我的存在，并一步步地深化对于自我意识问题的研究，且主要是理性研究。东方哲学的研究则没有这种明显由外到内的转变过程。印度哲学在开始阶段就提出了"梵我同一"的命题，很早就进入了对"我"的彻悟境界，也理解得相当深入。但中国哲学除少数几位大哲学家对"我"稍有一些直觉体悟之外，始终没有对自我问题予以太多的关注。"自我"不是中国哲学的主题，而且东方哲学对自我的研究是以直觉灵感为主的，人类自我意识的发展规律在这里体现得并不明显。

　　从其表现形式来说，自我意识的组成主要包括三个方面，即自我体验、自我控制以及自我认知。在这当中，所谓的自我认知简单地说就是作为主体的我对客体的我的认识，也就是通过分析、判断、比较等思维模式来做出自我评价、自我评估和自我感知。自我感知是由多种因素组成的，其中包括自我评价、自我分析、自我体验以及自我发现等。自我感知通过我们的感觉和知觉得以体现，涉及我们每个人对自身的心理活动、外部特征及外显行为的了解与认识。自我体验是自我意识中的情绪成分，以自我认知为前提，自我体验实质上是我们每个个体对自己所处的现实状态下的一种情感体验，包括人类对于自身的性格、能力、个性、身份等各种与自身相关的因素的内心真实体验和感受。

这种情感体验包括积极和消极两个方面，例如积极正面的体验是个体认为"现实中的我"比"理想中的我"好，包括自尊自爱、自我肯定、自我接纳、适度自我优越感等情绪体验；消极负面的体验是个体认为"现实中的我"不及"理想中的我"好，包括自卑自弃、自我否定、自我排斥等情绪体验。自我控制是个体自我意识发展中的意志成分，是指个体对自己的心理活动和外显行为的调节和管理，是个体对认知、情绪、行为等有一定的调节控制能力，最终使人类个体的自我意识达到一种相对平衡的最优状态。

从自我意识形成和发展上来看，自我意识又包括三个重要的维度：第一维度是指生理自我，第二维度是指心理自我，第三维度是指社会自我。生理自我是从自身的生理认知方面进行研究的，生理自我是自我意识最初的发展形态，如身高体重、健康状态、动作技能等。而第二维度的心理自我，是从个体自身的心理层面进行研究的，心理自我层面发展是一个漫长的过程，经历个体青春期直到成年阶段才能成熟，是指个体开始注重自我价值和理想，对自己的人格特征、心理状态以及行为表现等方面表现出的意识。社会自我作为重要的一个层面，是个体社会化的体现，个体逐渐意识到自己是社会的一部分，是社会中的个体，兼具个体和社会两种角色，具有一定的社会地位和社会权利。能根据社会的期待调整自己的行为。生理自我、心理自我和社会自我三个维度，贯穿于个体自我意识发展的整个过程中，是个体自我意识发展从萌芽到成熟的表现。

从自我观念的表现程度上来看，自我意识相对来说比较抽象，它可以分为：现实自我，即真实自我；投射自我，即他人对自己的评价；理想自我，即自我追求。具体来讲，现实自我是个体当前发展所达到的实际的自我状态和真实情况，以现实的角度认识真实的自我，是对个体的生理、心理、社会等现实状况的真实表现。投射自我存在于个体的想象之中，是别人眼中的自我，它与个体现实的我可能存在着一定差距，但却对现实自我的形成和发展起着非常重要的作用，因为在现实生活中，对他人对自己的看法和评价人们看得十分重，从他人的评价中形成对现实自我的认知。理想自我是指个体期待自己是什么样的，是在自己意念中为满足自身的需求或实现理想而建立起来的理想化的形象。通俗来讲，就是个体希望或期待自己是什么样的人，应该是或者必须是什么样的状态。人们在现实生活中，理想自我是个体追求的最高目标，个体希望制定自己的目标来塑造完美的自己，是现实自我的最终奋斗目标和前进方向。在现实自我追求理想自我的过程中，二者发展相对一致的时候，个体的自我意识发展也就更趋向健康与完善。

总之，自我意识发展是一个复杂的过程，其涉及的学科种类很多，可以从不同的角度和结构来分析。这些不同的组成成分和结构因素都是个体健全自我意识发展中不可缺少的一部分，它们相互联系、相互补充，从而使自我意识的体系更完整。本书中涉及的大学生的自我意识内容主要从其表现形式上展开论述和研究。

（三）自我意识的层次

层次问题也是结构问题，但层次论更侧重于自我意识的发展水平及其在自我意识中所处的地位。许多人根据人类认识的感性认识和理性认识两种形态，认为自我意识也具有两种形态（亦即两个层次）：一种是感性形态的自我意识，一种是理性形态的自我意识。感性形态的自我意识也即生活中的自我意识，是人们在日常的生产与生活中逐步获得的关于自身情况的认识，是自我意识的低级层次；理性形态的自我意识是人们对自己进行自觉地省察和系统地分析后所得的较全面的理解，是一种理论形态的系统的认识，是自我意识的高级层次。

也有人参照社会哲学将社会意识分为社会心理和社会意识形式两个层次的方法，认为人的个体自我意识也可有两个层次：一是心理学层面的自我意识，是关于人自身的知识的经验反思，包括体认自身的各种特征与性质，如兴趣、爱好、气质、性格、专长和缺点等内容；一是哲学层面的自我意识，是关于自我存在本身的觉悟，即对于"自我"的直觉和领悟。前者是人的浅层自我意识，后者是人的深层自我意识，体悟精神生命的深层奥秘，进而认知自我与世界的本体关系。在现代社会，无论心理学家还是哲学家，都能从两个层面探秘和解读自我意识，并将二者视为统一的整体。

关于自我意识的层次的论述，迄今最为经典的当属弗洛伊德的自我意识层次理论。精神分析学派创始人西格蒙德·弗洛伊德（Sigmund Freud）将人格中的自我意识分为本我、自我、超我（"id、ego、superego"）三个层次。他认为，人的无意识本能（主要指性本能）是有意识心理（思想与行为）的基本原因和动力。本我（"id"）就是这种与生俱来的无意识本能冲动，它按"快乐原则"活动，构成心理活动的动力源泉。自我（"ego"）是人的有意识心理，它按"现实原则"调节来自"id"的盲目冲动，使之有条件地得到实现。"ego"感知世界，控制行为，进行思想意识活动，调整自身与现实世界的关系。超我（"superego"）是从"ego"中分化出来的道德意识或者"良心"，它按"全善原则"抑制本能冲动的表现，约束人的不轨行为。因此，"本我""自我""超我"不仅构成自我意识的三个层次，也是人格发展的三个阶段。

（四）自我意识的功能

情绪可以被定义为一种独特的、间歇性的、相对短期的精神状态，当一个人评估一个事件与重要的个人目标相关，并促使他们做好行动的准备时，情绪就会出现。当人察觉到该事件标志着个人目标的进展时，就会出现积极的情绪，如果他察觉到该事件阻碍了个人目标的实现，那么就会出现消极的情绪。虽然有些人认为情绪没有目的，只是扰乱了行为，通常缺乏逻辑和理性，但大多数科学家都同意这样的观点，即情绪起着组织和优先处理正在进行的行为的重要功能，以便优化对物理和社会环境要求的调整。

情绪的功能性体现在诸如愤怒、恐惧、悲伤和快乐这样的基本情绪上最为明显。这些情绪有生物学上的根源，可以通过离散的面部表情很好地辨别出来，并且有着具体的作用。更准确地说，当人们被冒犯或受挫并引发报复倾向时，就会激起愤怒。恐惧是由感知到的威胁引起的，并动员人们逃离危险的环境。悲伤通常是由失去的经历引起的，会激励个人找回失去的东西，但也可以被视为试图从他人那里获得支持。幸福产生于对成就和愉快活动的回应，鼓励人们尝试并重复引起幸福的行为。尽管基本情绪具有明显的功能，但对于某些人来说，频繁地体验到强烈的基本情绪尤其是负面情绪导致了情绪的功能失调。心理学研究中，基本情绪一直是人们关注的焦点，这些研究以相当直接的方式将基本情绪与精神病理现象联系起来，即过度恐惧表现在恐惧症和其他焦虑症中，极度悲伤（伴随着缺乏幸福感）是抑郁症的显著特征，而不成比例的愤怒是攻击性的典型特征。同样，内疚、羞耻和自豪的自我意识情绪也有作用，它们通过促使人们在社交和亲密关系中以道德的、社交适当的行为方式来调节人际行为和社交生活。就像基本情绪一样，这些情绪的失调与各种类型的精神病理症状有关。

二、大学生自我意识的类型

自我意识不是生而就有的，而是伴随生理成长和社会化进程不断展现的过程。大学时期正是自我意识发展成熟的最关键时期，其中主要体现在大学生的自我认知、自我体验、自我控制能力等方面。

（一）自我认知

1. 从关注自我外部特征转向对自我内在品质的关注

大学生对自我的认识已经从对自身外部特点，如身体、容貌、仪表等的关注和探究，转向对自身内心品质，如气质、性格、能力、品德等的关注和探究。大学生对诸如善良、真诚、热情、诚实、乐观、自尊、有理想、有上进心、勤奋学习、刻苦耐劳、尊敬老师、团结同学、心胸开阔、有同情心、能助人为乐等心理品质有很高的认同度。这说明大学生的自我意识在内涵和表现形式上都进入了一个新的境界。

大学生希望通过自己的努力来培养自己的能力，提高自己的修养，他们不仅关注自己的生理健康，更重视自己心理品质的塑造。在高等学府浓郁的文化氛围中，他们会潜移默化地受到熏陶和影响，这些影响会让他们更加关注自己的言谈举止和内在品性，促进大学生自我认知向纵深方向发展。大部分的大学生希望做一个有理想、有追求的人，并且为此做出了很多规划性的尝试。在此过程中，他们希望能够得到朋友和老师的帮助和指导。因此，辅导员和学生工作者乃至大学老师，应该密切关注大学生的自我诉求，及时给予有效的帮助。这也是大学生心理健康教育工作和思想政治工作获得实效性的契机。

2. 更加认同和注重自我的社会属性

大学生对自我社会属性，如社会归属、社会角色、社会价值、社会义务等的关注和探究，随着年级的升高而日益成为重要的内容。无论是从社会的视角来审视大学生的行为，还是从大学校园来观察大学生的活动，大学生在奉献意识、回馈意识和爱心行动方面确实为社会做出了比较大的贡献。有的大学成立了专门的青年志愿者组织、开展金钥匙行动等，这些都充分说明了当代大学生不是"两耳不闻窗外事，一心只读圣贤书"的书呆子，而是关注社会发展、体察社会民情、勇于服务社会的未来栋梁。一批"有理想、有道德、有文化、有纪律"的"四有新人"正在大学校园不断涌现。随着年龄的增大，越来越多的学生意识到自己对家庭、对社会、对国家的义务，不少学生因未能报答父母的辛苦劳动而感到内疚。这说明，随着大学生社会化水平的提高，大学生自我意识中的社会属性日益突出。

3. 自我评价趋向肯定全面

在教学和与学生的接触中，笔者明显感受到尽管有部分同学自卑心理较重，总是过低地评价自己，但是更多的大学生对自己的认识比较全面，自我评价积极肯定，既能看到自己的优点长处，又能看到自己的缺点不足。自我意识能够在动态的平衡中不断完善并得以成熟。

从整个大学过程来看，一年级大学生自我高估的现象比较明显，由于他们是"千军万马"中的佼佼者、幸运儿，刚上大学的时候，对未来充满了美好的憧憬，因此，他们认为自己是"天之骄子""时代的宠儿""国家的栋梁"。但是，经过大学四年的学习、观察和体验，自我评价正在逐步走向平衡。当然也会有一些自我评价走向过低的趋向。如果能够走向平衡，可以客观公正地评价自己，说明其自我意识的发展是良好的。如果走向反面，则说明自我意识的发展受到了阻碍，还需要加强自我意识的锻炼和塑造。

总之，经过大学四年的学习，大学生的自我认识已经逐步深入、全面、统一和稳定，走向成熟。他们对自己已形成了一个明确的自我观念或自我概念，并影响着自我体验与自我发展。

（二）自我体验

大学生对自我的情感体验是随着自我认识、自我评价的发展而发展的。这个时期最主要的自我体验有以下几个方面。

1. 自尊感

自尊感是由于意识到对自我的肯定评价而产生的自我体验。自尊是一个人存在的最高理由，因此，自尊最不可被侵犯。大学生拥有强烈的自尊感，这表明他们对自我价值的高度认同，这是高校教育和高校特有的文化氛围共同作用结出的硕果。大学生的自尊感主要基于两种肯定的评价：一是由于意识到自己正成长为社会的主体而产生的肯定的评价，二是由于意识到自己心理品质的成熟而产生的肯定评价。总之，大学生的自尊感是意识到自己作为一个有理想、有文化、有纪律、有道德的公民，对家庭、对社会、对国家所具有的价值而产生的积极的自我体验。

自尊感对大学生的心理发展和成长具有积极的意义。自尊感强的学生，自我价值感强，这样的大学生一般目标明确，富有理想，具有高度的责任心和进取心，因此，一般在学习、生活等方面都表现良好；合理而适度的自尊是一个人进步的最佳动力，是一个人良好精神面貌的必备元素。

但是，如果人们对自尊情绪把控不当，就会产生消极的作用：一个就是过高的自尊，即自负；另一个就是自尊心太弱，即易产生自卑情绪。一旦学生陷入自负和自卑的不良境地，对他们的学习、生活会产生较大的消极影响。因为过高的自尊使他不能正确地对待因自尊心受损而产生的挫折，会因为给自己树立过高目标又不能实现而自怨自艾，会因过分要求别人尊重又无人回应而郁郁寡欢；特别是当自尊心受到伤害时，会作出极端的难以预测的反应。自尊心过强，会使人陷入"自我中心"或"自我膨胀"的误区。

2. 优越感

优越感是由于对自我社会地位与个人知识、能力等评估过高而产生的一种自我体验。这在大学一年级学生中表现得较为明显，但是随着大学生年级的升高，优越感开始回落。

经过高考，众多学生在激烈的竞争中脱颖而出，一种优越感便油然而生，尤其相对于那些落榜的同学和无缘大学的同龄人，这种优越感体验更加强烈。

在优越感面前，如何面对和处理这样的情绪成了促进抑或阻碍学生进步的重要问题。如果不能很好地处理，这种体验不但不能成为其前进的动力，相反会造成学习上的松懈情绪，影响到他们对待其他人的态度。但是，如果这样的优越感让自己更加自信，这样的自信使得学生更加焕发活力，那么不仅可以推动他们前进的脚步，还可以展现出大学生青春鲜活的精神风貌。

3. 责任感

责任感是由于意识到个人对家庭、社会、国家的义务而产生的一种自我体验。这是大学生中普遍存在且认同度非常高的自我体验。

随着大学生社会阅历的增加和认知水平的提高，他们的心理素质和道德水平也在相应地提高。他们充分地意识到家庭、父母对自己成长的支持，祖国对自己的培养和期望，这些使他们满怀对父母、家庭、社会、国家的感激，从而责任感倍增。大学生大多都能把这种责任感化成学习、成长的动力，为了感恩父母而学习，为了报效祖国而学习。正是责任感的推动，大学生获得了巨大的自我成长的主动性和积极性，责任感是大学生自我教育的重要动力之源。

4. 爱美感

爱美感是大学生意识到自己本身的美与丑而产生的自我体验。

关注自身的外貌美，是大学生具有普遍性的特征。美国有学者曾调查 240 名中产家庭的白人大学生，发现他们对自己身体外貌烦恼的问题竟成了比学业成绩与就业问题还严重的问题。而根据我国对大学生的调查来看，90％以上的大学生都承认自己对身材、容貌、仪表和风度十分关注。个别学生自认为长得美丽而感到高兴或者得意，而有些学生认为自己长得不美丽而烦恼和沮丧。

许多大学生对自身美的关注，除重视身材与容貌美以外，更重视自己的仪表和风度，他们认为仪表与风度更能体现出自身的文化修养与心理素质。男生希望自己成为潇洒大方具有阳刚气概的男子汉，女生则希望成为端庄秀丽又有内涵的女孩子。特别是一些身材容貌一般的学生，更希望具有人格的魅力和吸引人的风度，以弥补身材、容貌之不足。

5. 孤独感

孤独感是由于得不到他人思想上的理解与情感上的共鸣而产生的一种自我体验。大学生中因为人际关系不良或者因为缺少心灵上的朋友、情感上的伴侣、学术上的知己而倍感孤独的人不在少数。

孤独感并非源于没有可以交往的朋友，而是源于缺乏知心的、相互理解的朋友。由于年龄的增长和"代沟"的形成，大学生同长辈之间的交流日益减少，而由于思想的深化、个性的分化，他们已不满足于同一般朋友交往，而要求在更深层次上同知心的朋友互诉心声，情感共鸣，这时就往往会产生缺乏知音的孤独感。

大学生孤独感的产生，从某种程度上来说，是大学生心理成长的阵痛，说明大学生在人际交往方面的自我意识开始转向内心世界的交流这一高层次的境界，这是好现象，只要维持在一定范围和一定阶段内，不仅不会对大学生心理成长产生负面作用，反而还会有积极的推动作用。

6. 抑郁感

抑郁感是由于个人的思想、愿望受到压抑，未能得到充分表达或实现而产生的一种消极的自我体验。

大学生产生抑郁感的原因很多。理想与现实的矛盾；人际关系冲突，不接纳现实，盲目攀比；缺少知心朋友；怀才不遇，没有展现自己的机会等，都可以使大学生产生抑郁感。因此，当前大学校园流行语中，"郁闷"一词备受追捧，许多大学生都在不如意的时候把"郁闷"二字挂在嘴边。

对于这样的抑郁情绪，高校心理健康教育工作者和思想政治教育工作者都要给予高度重视,对于那些长期处于抑郁状态的大学生更要给予特别关照。通过与其谈心交流,寻找抑郁根源;给予其发展舞台,锻炼其才干;鼓励其了解自我,开阔其思维境界;提高其自我评价,增强其自信心,使他们意识到自己有能力摆脱心理困境,帮助大学生及时走出抑郁心境。

自我体验以自我认知为基础,当自我体验产生以后,种种喜怒哀乐的体验反过来又会影响自我认知,影响对待自我的行为意向。因此,大学生想要维持良好的自我体验,让自己一直处在快乐的心境中,最好的方法就是让自己拥有一个积极乐观的认知方式,凡事从好处着眼,对未来充满美好期待,这样的认知必然会带来美好的情感体验和持久的行为动力。

（三）自我控制

在自我认识、自我体验的基础上,产生了个人对待自我的意向:是接纳自我,还是拒绝自我;是对自我严格要求,还是放任,任其发展;是不断完善,还是自暴自弃等。

1. 独立自主的意向

绝大多数大学生已经超过 18 岁,他们自认为已经达到法定的公民年龄,身体发育已经成熟,具有一定的科学知识与生活经验,已确立了一定的生活目标,掌握了一定的道德规范,并具有一定的独立分析问题和解决问题的能力。因此,大多数学生认为自己已是一个成年人,他们强烈要求像个成年人那样独立自主地行事,不愿受父母的约束和教师的训诫,希望按照自己所设计和选择的目标"走自己的路",希望自己做自己的主人,对那些干涉他实现独立自主需求的人往往会采取比较激烈的方式加以反抗和拒绝。但是这种独立自主只是心理上的自我独立愿望,事实上许多大学生是不可能做到真正的独立自主的。因为其在诸如经济条件、生活待遇、学习能力等方面都离不开家长和教师的支持和帮助。当然,这也正好说明大学生正在进行自我意识的分化与统合,是帮助大学生培养和锻炼健全人格的重要契机。

2. 自我完善的意向

大学生的思维多有理想化、完美性的倾向,因此,他们对自己的要求比较严格。尤其在现代社会,可谓人才济济,在任何一个领域都有出类拔萃的人,大学生往往以这些人作为自己的"理想自我",并且很直接地就用这样的"理想自我"来衡量"现实自我",一旦"现实自我"与"理想自我"的差距过大,就会产生强烈的情绪反应。他们对自我的完美追求使他们产生了比较强烈的自我完善意向，他们希望自己既有优美的仪表与风度，又有美好的心灵；既有远大的理想和抱负，又有坚韧不拔的实干精神；既有渊博的知识与才干，又有开拓创新的进取精神；既有声誉，又有权威，并且为此付出了艰辛的努力。

这种自我完善、追求完美的愿望成为激励大学生蓬勃向上的动力，但过分追求完美的意向，也可能带来不利的影响，必须善于适时适度地加以调整。

3. 自我规划的意向

大学生在刚进入大学的一段时间内，会有一个或短或长的适应期。如果素有志向，上大学深造只不过是为实现理想提供基础和条件而已，这样的学生在进入大学后，会很快适应大学生活，转入大学状态。而对于那些只以考上大学为目标的同学，一旦考上大学，昔日的目标已实现，来日目标还未确立，这个时候进入大学就会经过一个痛苦的挣扎期，要么自甘沉沦，过毫无目标的浪荡生活；要么苦苦寻找，重新自我定位，合理确立新的目标。一旦目标确立，无论是短期还是长期目标，大学生都会根据自身实际情况去规划自己实现目标的路径、方式和时效，这种自我规划的意向会让他们把目标作为向导，不断锁定目标，自我反思，根据目标实现的阶段情况，相应调整自身状态，直至目标最终实现。在大学生自我意识的培养过程中，针对那些有自我规划意向的学生要多加鼓励和支持，引导和督促他们按照自我的规划去实现自己的目标。

4. 自我实现的意向

根据马斯洛的需要层次理论，人的最高需要是自我实现的需要，这是一个人的价值根本所在。大学生无论在生理功能上，还是在心理机能上，都是较为完善和成熟的群体，由于其自身认识水平的提高，自我规划能力的增强，其自我实现的觉悟意识会更加鲜明。接受着正规的高等教育，熏陶着浓郁的大学氛围，大学生群体在心理上寻求自我价值的动机自然要比一般人群要强烈得多。事实也证明，那些在社会上获得财富、地位、权力的人大部分都是自我价值动机强，自我实现意向非常明确的人。因此，在大学生自我意识培养过程中，要利用这些有积极的人生追求和进取的人生姿态，感染和熏陶那些目标缺乏、动力不足的学生，发挥他们该有的榜样作用。

三、大学生自我意识的发展规律

大学阶段是大学生自我意识稳步发展的阶段，自我认识、自我体验、自我控制逐渐协调一致，大学生自我意识发展的基本规律表现为分化—矛盾—统一。

（一）大学生自我意识的分化

大学生自我意识的发展是从明显的自我分化开始的，主要表现为以往那种笼统的、完整的"我"被打破，出现了两个"我"："主观中的我"和"客观中的我"（"理想中的我"和"现实中的我"）。其中"主观中的我"处于观察者的角度，而"客观中的我"则处于被观察者的角度。

自我意识的分化是自我意识走向成熟的标志。随着自我明显的分化，大学生开始主动、迅速地关注自己的内心世界和行为，对生理自我、心理自我、社会自我每一细微变化产生新的认识和体验，自我反省能力增强，自我形象的再认识更加丰富、完整和深刻，由此而来的种种激动、焦虑、喜悦增加，自我体验更加丰富多彩，自我思考增多，自己应该怎样做、能怎么做、不应该怎么做、不能怎么做等成为经常思考的问题，开始要求有属于自己的一片天空和世界，渴望得到理解和关注。

（二）大学生自我意识的矛盾

自我意识的分化使大学生不仅意识到自己不曾注意的"我"的许多方面的细节，同时由于"主观中的我"（"理想中的我"）与"客观中的我"（"现实中的我"）的矛盾冲突，自我不能统一、自我形象不能确立、自我概念不能形成，他们表现出明显的内心痛苦和不安，他们对自我的评价往往是矛盾的，对自我的态度常常是不稳定的，对自我的控制常常是不果断的。归纳起来，当代大学生自我意识的矛盾主要表现为如下几个方面：

第一，"主观中的我"（"理想中的我"）与"客观中的我"（"现实中的我"）的矛盾。由于大学生生活范围比较狭窄，社会交往比较简单，因此他们对自我认识的参照点较少，局限性较大。加之社会对大学生一向期望甚高，使大学生的自我认识也沾染上了光彩，而现实生活中的自己和想象中的自己仍有较大差距，这是大学生自我意识矛盾最集中、最突出的表现。学生追求理想、抱负和成就，但尚不能更多地接触社会实践，因此自身条件与理想的差距，即

"理想中的我"与"现实中的我"的冲突给他们带来了很大的痛苦与烦恼。这种矛盾如不能及时加以调适,将会导致自我意识的分裂,从而产生一系列的心理问题。

第二,独立与依附的心理矛盾。进入大学后,大学生独立意识迅速发展,他们希望能在经济、生活、学习、思想等各个方面独立,希望摆脱家人的管束,自主地处理遇到的一些问题。但他们在心理上、经济上又依赖家人,无法真正做到人格上的独立。这种独立和依附的矛盾也一直困扰着大学生。

第三,交往与封闭的心理矛盾。大学生迫切需要友谊,渴望获得关注,寻求归属和爱。他们有强烈的交往需要,希望和朋友探讨人生和理想,分享生活和学习中的苦与乐。然而,仍有部分大学生不能正确认识人际交往对自己的意义,忽视自己内心的交往需要,而专注于学业,使自己封闭在一个狭小的圈子里不能自拔;一些大学生因为缺乏人际交往的技巧,而没有勇气主动与人交往……这类大学生同时又存在着自我封闭的趋向,他们把自己的心灵深藏起来,与人交往常存戒备心理,总是有意无意地保持一定距离。正是这种矛盾冲突使不少学生常处于孤独的煎熬中。

第四,追求上进和自我消沉的矛盾。许多大学生都有较强的上进心,他们希望通过自己的努力来实现自身价值,但在追求上进的同时,由于困难、挫折在所难免,因而不少大学生常常情绪波动,在困难面前望而生畏、消极退缩。一些学生希望自己成为成功人士,但在行动上却又缺乏毅力,随波逐流,不能主动调整自己的进取状态,陷入追求上进和自我消沉的矛盾心理中困惑不已。同时伴随情绪的波动,大学生的情绪容易出现两极分化,或高或低,波动性大,易冲动,不易控制。在遇到客观问题时,既想满足自己情绪与情感的要求,又想服从于社会及他人的需求。如当遇到失恋等人生打击时,尽管理智上能够理解,却在感情上难以接受。

第五,主观自我与客观自我的矛盾。作为同龄人中能够接受高等教育的人,大学生对自我有较高的积极评价,但由于他们远离社会,缺乏社会经验,在校园浓郁的学术与文化氛围中成长,对社会的了解缺乏客观的眼光与切肤的体验。另外,随着高等教育大众化进程的推进,适龄青年接受高等教育机会的增加,社会对大学生的评价更趋客观。大学生回归本位,身上光环的消失使部分人产生失落感。

自我意识的分化是自我意识开始走向成熟的标志,使大学生主动迅速地关注自己的内心世界和行为,产生新的认识和体验。由此而来的种种激动不安、焦虑、喜悦和自我沉思也增多了,大学生渴望拥有属于自己的一片空间和世界，渴望能够得到别人的理解和关注，以满足其要求。

2. 大学生自我意识的统一

自我统一有各种各样的统一，既有正确方向上的、积极的、高水平的、有利于心理健康发展的统一，也有错误方向上的、低水平的、消极的、不利于心理健康发展的统一。因此不同选择的结果，就转化出不同特点不同模式的自我。大学生自我统一转化的选择，既取决于他们成长过程中的社会环境条件及受教育的状况，也取决于学生的心理发展水平。在这些条件的作用下，所形成的不同学生对自我的认识与态度的不同，都会集中反映在学生"主观中的我"（"理想中的我"）与"客观中的我"（"现实中的我"）的统一过程中。这是因为：第一，反映在对"客观中的我"（"现实中的我"）的认识上，有的正确，有的错误；有的清晰，有的模糊；有的客观，有的主观；有的全面，有的片面；有的深刻，有的肤浅等。第二，反映在对"主观中的我"（理想中的我）的确定上，有的积极，有的消极；有的正确，有的错误；有的现实，有的虚幻；有的丰富，有的贫乏；有的独具特色，有的平庸一般等。第三，反映在两个"我"统一过程中的态度与调节方式上，有的能按社会要求，按不断变化的主客观条件，自觉、果断、不间断地积极修正两个"我"，不失正确目标地进行自我控制；有的则坚持以自我为中心，不顾客观与主观条件的变化，盲目、消极地对待两个"我"；有的对待两个"我"的统一的态度和行为方式是富有独立性的；有的则是被动的模仿和顺从。第四，反映在对自主功能的意识上，有的能充分意识到这种自我驾驭的功能，即意识到自己的积极能动性，并能发挥自己的意志努力和信心，顽强地驾驭自我、影响自我，排除干扰与困难，坚持正确目标；有的则不能充分意识到自己的积极主动性，因而不能发挥意志的力量，缺乏必要的自信心，在驾驭自我中处处陷于被动状态。这样就导致了大学生在自我统一与转化的速度、水平、方向、特点上的不同，即自我模式的不同。

自我意识的矛盾、分化所带来的痛苦不断促使大学生寻求自我意识的统一。这种自我统一性主要指"主观中的我"与"客观中的我"的统一，自我与客观环境的统一，也表现为自我认识、自我体验、自我控制的和谐统一。由于个人的社会背景、生活经验、智力水平、追求目标等方面的差异，因此大学生自我意识分化和统一的途径不同，其结果和类型也不同，具体分析如下：

第一，自我肯定型——积极的统一。自我肯定，即对"客观中的我"（"现实中的我"）的认识比较清晰、客观、全面、深刻。"主观中的我"（"理想中的我"）的确立比较现实，符合社会需求，经过自我努力又可实现，从而达到积极的统一。统一后的自我完整而强有力，既适应社会发展的需要又有助于自身成长。这是大学生追求的最佳结果，也是高校教育工作者最成功的教育效果。自我肯定型在大学生中占绝大多数。自我肯定型的学生大多在生活、学习乃至未来工作中能始终对现实保持客观的态度，乐观面对生活，能坚持自己的理想并持之以恒地付诸积极的行动，这类人是最容易获得事业的成功和人生的幸福的。

第二，自我否定和自我膨胀型——消极的统一。自我意识的消极统一有两种情形，即自我否定型和自我膨胀型。其共同特点是对自我评估不正确，理想自我不健全，缺乏实现理想自我的手段，形成后的自我虚弱而不完整，是一种不健康的统一。

自我否定是指对现实自我评价过低，缺乏自我驾驭能力，缺乏自信，不但不接纳自己，反而拒绝自己，甚至摧残自己，即个人不肯定自己的价值，处处与自己为敌。他们不是通过积极地改变现实自我去实现"主观中的我"（"理想中的我"），而是在一定程度上放弃"主观中的我"（"理想中的我"），趋同"客观中的我"（"现实中的我"），以求得自我意识的统一，其结果则更为自卑，从而失去进取的动力。

部分自我膨胀的大学生对"客观中的我"（"现实中的我"）的认识和评价过高，虚假的"主观中的我"（"理想中的我"）占优势，认为"主观中的我"（"理想中的我"）的实现轻而易举，于是"主观中的我"（"理想中的我"）和"客观中的我"（"现实中的我"）达到虚假统一。这类学生常以"幻想中的我""理想中的我"代替"真实中的我"，带有白日梦的特点。在自不量力的情况下，个人所追求的学业、事业、友谊和爱情都因自己的主观条件远逊于客观条件，故而失败的概率较大。而他们盲目自尊、爱慕虚荣、心理防卫意识强，容易产生心理变态和行为障碍，个别学生还可能用违反社会道德规范或违法犯罪的手段来谋求自我意识的统一。

第三，自我萎缩型——难以统一。由于"主观中的我"（"理想中的我"）和"客观中的我"（"现实中的我"）无法协调，因而自我意识难以达到统一，主要有两种情形：自我矛盾型和自我萎缩型。

自我矛盾型的大学生，内心的矛盾冲突激烈，持续时间长，自我认识、自我体验、自我控制不稳定，三者的发展不平衡，因而新的自我难以确立，自我意识无法统一。

自我萎缩型的大学生极度丧失或缺乏"主观中的我"（"理想中的我"），

对"客观中的我"（"现实中的我"）又深感不满，可又觉得无法改变。他们消极放任、得过且过，或几近麻木，自卑感极强，从对自己不满开始到自轻、自怨、自暴、自弃、孤独沮丧，甚至产生心理变态，最终把自己龟缩在极小的圈子里，自生自灭。这种类型的人在大学生中占少数。

　　大学生通过这样在矛盾中分化和在矛盾中统一的过程，形成了自我认知、体验、调控自己思想和行为的动力系统，使得自我意识逐渐成熟和完善，主体人格也逐渐得到优化和提升。

　　总之，大学生的自我意识由分化至统一这个过程并不是绝对的。而且自我意识的发展是终生的，并不是说自我意识仅在青年这个阶段有矛盾。分化、统一并不意味着它不再发展，只不过是不再像青年期那么突出，显得比较稳定和平缓罢了，所以人的自我意识永远遵循分化—统一—再分化—再统一的规律。因此人的一生都有机会去实现自我意识的完美统一，不能以为自己的性格一旦形成就永不可更改和完善了。用一生去寻求人生的完美，我们将获得一生持续不断的幸福。

第二节　大学生的自我意识困境

一、大学生自我意识发展的协调与矛盾

（一）大学生自我意识发展的协调性

　　大学生作为一个接受高等教育的群体，他们对自己的内心世界的变化和发展极为关注。无论是生理自我、心理自我，还是社会自我，每一个方面发生变化即使是非常细微的变化，大学生也会主动、迅速地去感受和认识这种变化带来的新的体验。这使得大学生对自我的认识不断地提高，自我体验更加丰富多彩，自我调控也越来越完善。当代大学生的自我意识总体上表现出协调发展的积极趋势，主要表现在以下几个方面。

1. 当代大学生的自我评价较为客观和全面

　　大部分的大学生能够树立一个较为客观的标准，从多方面对自我进行评价，并且，大学生的自我评价具有很强的适当性，既能看到自己的不足，也能

看到自己的优势，既能看到自己积极的一面，也能看到自己消极的一面。对自我有过低评价或者过高评价的极端现象比较少。当前高校的大学生对自己的评价大部分都较为客观。另外，大学生对自己的现状与未来也有明确的认识，既不好高骛远，也不妄自菲薄。

同时，当代大学生在自我认识方面还表现出一定的广泛性和全面性。当代大学生除了关心自己的外貌、身高等外在因素外，还特别关心自己的外在表现和能力，比如气质、意志、性格、人际关系，以及自己在集体中的形象和地位等。

2. 当代大学生能够积极地自我接纳

自我接纳就是一个人无论是对生理自我，还是对心理自我、社会自我，都能愉悦地接受和认可。当代大学生能够对自己进行合理的评价，肯定自己的优点，认识并勇敢面对自己的不足，并在此基础之上对自己从整体上有完整的认识。接纳自我的大学生通常表现为自我肯定感较强，自信心较强。当代大学生大部分都能积极地接纳自我，有一定的自我肯定感和较强的自信心。只有很少的一部分大学生比较极端，表现为自负、自尊心太强，或者缺乏自信心，比较自卑。

3. 当代大学生自我控制发展水平较高

当代大学生自我控制的能力已经发展到了较高的水平，表现为在自我控制方面有很大的主动性，不再依赖外部力量，而是自觉地对自我进行调控。比如有的大学生想要进一步深造而准备考研，他们为了实现自己的这一目标，会主动地放弃自己的业余时间和娱乐活动，全身心地投入考研的复习中去；有的大学生为了身体健康主动地加强自己的体育锻炼等。另外，大学生在大学期间一直在接受着各个方面的教育，因此他们在不断学习的同时，对自己未来的规划越来越清晰，包括职业生涯的规划、生活目标的树立等，基本上杜绝了由家长、老师和长辈帮助规划的情况，而主要根据自己的想法来思考和确立目标。

（二）大学生自我意识发展的矛盾性

大学生所处的阶段正是心理迅速成长、趋于成熟又尚未完全成熟的时期，大学生的自我意识虽然已经发展到趋于成熟的阶段，但是由于受到各种各样的外在和内在因素的影响，仍然会产生各种各样的矛盾和冲突，导致自我意识的发展出现偏差。

1. "主观中的我"（"理想中的我"）与"客观中的我"（"现实中的我"）的矛盾、自我中心和从众心理的矛盾

第一，"主观中的我"（"理想中的我"）与"客观中的我"（"现实中的我"）的矛盾。大学生是一个较为特殊的群体，是在大学校园里接受高等教育的人。他们生活在有着浓郁的文化和学术氛围的校园，离社会生活较远，缺乏一定的社会经验，导致他们对自己的需求、动机、价值观、人生观等方面的认知产生偏差，理想与现实不能很好地结合，从而使心目中的"理想中的我"与现实中的"现实中的我"产生一道鸿沟，出现一定的差距。比如，大学生作为同龄人中可以接受高等教育的人，和那些没有上大学的人相比，主观上通常会对自己有较高的评价，再加上社会上一直对大学生这个称谓有较高的期望，使得大学生在心理上往往存在一定的优越感。然而，随着高等教育越来越普及，社会上对大学生这一群体的评价和期望已经不像以前那样高。当大学生在接触社会的过程中经历类似的挫折的时候，就容易导致大学生在心理上产生一定的失落感，出现"主观中的我"（"理想中的我"）与"客观中的我"（"现实中的我"）之间的冲突和矛盾。日本学者的研究也发现，在高中生、大学生和成年人的自我意识中，大学生主体我与客体我之间的差距最大。

第二，自我中心和从众心理的矛盾。当代大学生标榜独特的个性，追求与众不同，有些大学生在考虑问题的时候往往以自我为中心，做事的时候也常常以考虑自己为出发点。尤其是当前的大学生大多为独生子女，他们在家中早已习惯了家长众星捧月般的待遇，因此，很容易出现以自我为中心的倾向，凡事都从自我的角度去思考、去衡量，缺少对客观环境和人际关系的冷静思考和分析，往往不顾及他人的感受。以自我为中心的大学生常常得不到别人的信任，难以赢得别人的好感，在和同学相处的过程中容易出现人际交往不和谐的现象，遇到困难和问题的时候得不到他人的帮助，往往要比其他人遭遇更多的挫折。

从众心理是当代大学生自我意识消极表现的另一方面，与大学生以自我为中心的心理刚好相反。从众心理是一种普遍的心理现象，是指在一定的情境下放弃自己的想法而采取与大多数人一致的自我保护行为。然而过强的从众心理，就是一种依赖性的反应。有过强从众心理的大学生，当他们遇到问题或压力的时候，会有退缩和逃避的反应。在现实生活中往往缺乏主见和独立意向，不主动思考问题，遇到问题时束手无策或求助于他人，常常人云亦云，甚至迷失自我。

2. 自负与自卑的矛盾

自负，是一种自以为是、自命不凡的情感体验和情绪表现，是自信的极度表现。自信是自我意识的一个非常重要的组成部分，是个体在对自己予以肯定的基础上形成的对自己的一种综合性的认可，是一种积极的自我体验。它不但直接影响大学生的自我认知、自我评价，还对大学生的自我调控起着十分重要的作用。但是，过于自信就是自负了，自负会对大学生自我意识的发展产生不利影响。当代大学生普遍具有较好的自信心，但仍有少数大学生存在自负的心理。有自负倾向的大学生，往往过于虚荣、骄傲自大，对自己有过高的评价，缺乏自我批评和自我反省；对于别人提出的意见和批评也不接受，唯我独尊；把自己的意志强加于人，在人际交往过程中很难与人和睦相处。由于缺乏自知之明，自负的大学生对"客观中的我"（"现实中的我"）的认识和评价过高使"主观中的我"（"理想中的我"）在生活中占主导地位，这就导致大学生在这种自不量力的情况下追求过高的目标，往往导致失败，产生较多的不良情绪体验，影响大学生自我意识的发展和完善。

与自负心理相反的，是自卑心理。自卑心理的大学生对自己各个方面的能力都评价较低，往往不能客观地、恰如其分地分析和认识自己，不够自信，常常产生失望、悲观等情绪；他们在遇事时总想着自己的不足之处和缺点，心虚胆怯，想要逃避和退缩，不能勇敢面对；自卑的大学生总是怀疑自己的能力，不敢表现自己，怯于与人交往，特别是不敢和异性交往，慢慢地变得自我封闭。

3. 自我控制的消极表现

第一，独立意识与依附心理的矛盾。独立意识是大学生心理发展的自然表现，也是心理发展的内在需求。大学生生理与心理的成熟使他们渴望独立，希望自己能作为独立的个体去面对生活、学习与工作中遇到的问题，成人感比较强烈。其表现为他们常常向周围人尤其是年长者表明自己的独立主张，不愿意让人们看到他们幼稚的一面；喜欢独立地观察事物、认识事物、思考问题和独立行动，讨厌教师、家长的指点和管教；组织、参加活动时希望能够自治，不喜欢别人过多地干预和控制等。

大学生在主张独立人格的同时，又存在一定的依附心理。大学生的身心发展是不断地趋于成熟的，但是，由于大学生大部分时间都是生活在校园里，远离社会，社会经验比较匮乏，缺乏独立解决问题的能力，因此，大学生在遇到一些较为重要的事或者突发事件的时候，又希望能得到家人、教师和同学的帮助和支持。大学生迫切追求独立，希望能够摆脱各种束缚，与现实中不可能完全独立的状况形成较大的反差。加上大学生在经济上基本很难实现独立，不得不依附家庭，导致大学生的心理独立与经济不独立也产生矛盾。

第二，追求上进和自我消沉的矛盾。许多大学生都有较强的上进心，他们希望通过自己的努力来实现自身价值。但在追求上进的同时，往往会遇到各种各样的困难，产生如挫折等不良情绪，加上大学生的情绪容易产生波动，导致他们慢慢地在困难面前产生畏惧、退缩的心理。逐渐失去目标，消极放任，自怨自艾，自我消沉。比如有的学生希望自己将来能成为成功人士，但是，真正落到实处要去努力的时候，却又缺乏毅力，缺乏执行力，随波逐流，不能调整好自己的状态，从而陷入追求上进和自我消沉的矛盾。

二、大学生自我意识存在的问题

当代大学生的自我意识从整体上来看处于一个较高的水平，是相对稳定的一个阶段。但是，大学生所处的阶段是心理快速发展、趋于成熟而又未完全成熟的阶段，加上社会竞争越来越激烈、就业压力日益增大、理想信念受到多方冲击，所以当代大学生的自我意识也存在矛盾和不协调的方面。

（一）自我意识体现出矛盾性

大学生在自我认识和自我评价时趋于主观。大学生往往通过自我反省来认识自己，但反省能力有限。大学生的自我认识存在一定程度的主观性，大学生对自我的认识和评价与别人对自己的认识和评价存在矛盾和差距，甚至，大学生在看待自己的表现和与别人的关系的时候，也存在不同的意见。

理想与现实也存在矛盾。理想中，大学生对自我能力有较高水平的认识，但现实解决问题中，又发觉自我能力不足。许多大学生在探讨、评价和思考问题时，容易带有理想的色彩，一定程度上夸大自己的能力和优势，当遇到挫折时，又不能正确归因，容易产生自我否认和回避的心理。

这种对自身角色的认同感不统一，必然影响大学生的自我同一性发展，影响大学生的目标设定和自我调控。

（二）自我责任意识淡薄

人的责任，从本质上来说体现的是关系的范畴，是人与人、人与社会的关系，表达了人的一种社会必然性，责任与自己与社会都是息息相关的，是任何人都不可推卸的。在个体的意识中占主要地位的是"自我性"，个体注意的中心也主要集中于自身，而忽略自我与社会的联系，忽视"我与他"的内在价值关联。大学生更容易强化社会对自己的责任，而淡化个人对社会对家庭的责任，许多大学生的社会责任意识偏弱。

青年大学生是社会主义事业的建设者和接班人，时代要求他们具备强烈的社会责任意识、角色职责，这样，才能将大学生个人发展与国家发展需要结合起来，才能体现自己更大的价值、承担更多的责任。

（三）自我控制不足

自我控制对于大学生的成长成才起到至关重要的作用。个体每个心理活动或行为活动都涉及自我控制，个体对目标的选择、投入、坚持都依靠自我控制，个体的自我教育和自我管理也与自我控制密不可分，具有良好自我控制的大学生才能够更好地适应大学生活，成就自己的社会价值。进入大学，大学生的自我控制的社会性开始增加，开始设定行动计划并能够不随外界变化而改变计划，生活开始有价值定向，社会责任感和成就意识开始体现。但总体来说，大学生的目标计划性不强，自我控制能力不足。部分大学生从众心理较重，规划意识不强，对自我不能准确定位、合理规划。

三、大学生自我意识问题成因分析

（一）不恰当的家庭教育

家庭是塑造人最好的地方。父母的教育理念、教育方式对一个人的影响深远而又重大。良好的家庭教育会使自我意识伴随着生理的发展而不断得到完善。家庭的经济状况、父母的文化水平、父母的生活方式和处事方式、家庭的整体氛围等都会对一个人自我意识成长产生巨大的影响。当代大学生大多是在"四二一"的家庭结构下成长起来的，绝大多数大学生是家庭的中心。众星捧月的结果是家长什么都替孩子考虑周到了、清除障碍了，但这使得孩子成长的过程中自我意识并没有提升发展，依然保留在"自我中心"的时期。并且，"家庭的中心"导致孩子有了一种无法替代的优越感，往往容易较高地估计自己，导致"理想中的我"和"现实中的我"的差距较大，容易遇到挫折，产生不恰当的自我认知。同时，"中心"也使得有些大学生需要承载更多人的期望，内心体验到的压力非常之大，一旦孩子达不到家长的要求，就容易形成过低的自我评价，出现自卑的情绪，因此，大学生自我意识中又有自卑与自负的冲突。现有的家庭结构和教育体制下，家长更容易关注孩子的学业成绩，容易忽略孩子的快乐情绪、人际交往等，对孩子的心理发展和个性品质教育重视不够，导致部分大学生的人格发展不够完善，人际交往能力较差，加上许多大学生无兄弟姐妹，大学生自我意识中又会产生交往和孤独的冲突。

社会的文化倾向和自身性别的特点，使得男大学生更容易被家长骄纵，承担的家庭劳动和家庭义务更少，而女大学生在家庭中被保护更多，与家庭的关系更为亲密，因此女大学生的家庭自我方面要高于男大学生。

调查显示，农村家庭出身的大学生生理自我、心理自我、社会自我略低于城镇家庭出身的大学生，农村家庭出身的大学生的家庭自我明显低于城镇家庭出身的大学生，农村家庭出身的大学生的人生发展方面自我的得分显著高于城镇家庭出身的大学生。由此可推论，造成这一现象的原因之一便是家庭的教育观念和教育方式不同。来自城镇家庭的大学生的父母更主张与子女民主互动，因此，来自城镇家庭的大学生对自我与家庭的关系以及对自我的认识都要更高一些。来自农村家庭的大学生的父母认为自己的教育能力更低，倾向于孩子的自我规划和发展，对孩子有更高的成就期望，因此，农村家庭出身的大学生的人生规划发展的意识要高于城镇家庭出身的大学生。

由此可见，不当的家庭教育必然导致孩子形成不良的自我认知、自我体验，而"不自知"必然"不自控"，由此导致这部分大学生自我调控能力较弱，从而影响其自我意识的健康发展。

（二）自我意识发展的偏差

1. 过高或过低的自我期望

大学生自我期望的水平的高低，不仅直接影响大学生自我塑造的结果，而且还会影响大学生自我塑造的信心和决心。如果大学生的自我期望过高就会导致他们离自己的目标越来越远，不容易达到原有的心理预期，自信心容易受到挫折，产生失望、悲观等消极情绪，甚至产生绝望的心理。这时，大学生的自我评价即"理想中的我"往往要低于"现实中的我"。相反，如果大学生的自我期望的水平过低，就会导致大学生的自我评价出现高于"现实中的我"的情况，这会使大学生自信心过强，过于肯定自我，出现自负、骄傲等情绪，在现实生活中往往更容易遭受挫折。因此，大学生的自我期望过高或者过低，都会导致"理想中的我"和"现实中的我"之间发生矛盾和冲突，影响大学生自我意识的良好发展。

2. 较低的自我评价能力

大学生对自己是否能有一个既科学又合理的自我评价，关系到大学生的身心能否健康地发展。一个正确合理的自我评价，会给自己带来积极的影响，促进自我意识和心理品质的健康发展；而一个片面的、不合理的自我评价，则会导致大学生出现消极的自我体验，从而导致大学生出现一些极端的心理，如自负、自卑等。在现实生活中，很少有大学生有意识地进行自我评价，他们还没有学会如何正确地进行自我评价，自我评价能力普遍较低。因此，大学生原有的自我评价能力在限制了他们正确地进行自我评价的同时，也影响了大学生自我意识的发展和完善。

3. 不正确的归因方式

归因，即归结行为的原因，是指个体根据自己的主观感受和体验以及其他有关信息和线索对自己或者他人的行为的原因进行推测与判断的过程。不同的归因方式会对大学生产生不同的心理影响。有些大学生经常把失败的原因归结于自身，比如智力水平有限、能力一般等，而不去考虑那些客观存在的外在因素，这就导致了大学生容易产生较低的自我评价，出现丧失信心、缺乏勇气、焦虑、逃避等消极情绪和体验，导致大学生出现自卑心理、难以接受自己等不良现象。

4. 不恰当的相互比较

一些大学生经常会与自己的同学或者朋友进行比较，总会发现自己有很多地方不如别人，比如长相不如别人漂亮，人际关系没有别人处理得好，家庭条件比别人差等，于是，对自己越来越没有信心，自卑心理随即产生。大学生所处的阶段正是自我认知发展的关键时期，对上述问题的反应极其敏感，加之当代大学生都很要强，不甘落于人后，因此很容易出现不恰当的相互比较。然而，个体之间毕竟存在差异，如果盲目地拿自己的短处去和他人的长处进行比较，而不正视自己的优势，就会放大自己的劣势，从而导致自我认知出现偏差，影响自我意识的健康发展。

（三）网络虚拟性使自我意识逐渐迷失

随着科学技术的发展，网络已经得到普及，成为人们日常生活、工作和学习的重要工具。网络的出现和应用为大学生提供了许多便利和实惠，为大学生提供了更为便捷的获取信息、了解社会，与他人沟通交流的平台。不容忽视的是，网络在带来诸多便捷的同时，也给大学生带来了许多负面影响。

首先，由于网络具有自由性、平等性，用户可以随时在网上发布消息。加上网络作为新兴事物，政府在网络方面的监管力度仍然不够，金钱、色情、功利主义、享乐主义等各种各样的消极信息充斥网络空间。对于人生观、价值观尚未完全确立的大学生来说，这些良莠不齐的信息很容易造成他们在价值观念方面的迷失和困惑，影响大学生的价值取向，使之出现自我意识的偏差。

其次，由于网络具有虚拟性，部分大学生过度沉迷于网络，不能自拔。调查显示，有许多大学生更愿意通过网络来与他人交流，因为在网络上，自己的缺点和不足不会被人看到，会减少他们的许多消极的情绪体验如自卑等；有的大学生在现实生活中遇到挫折和不满，又没有适当的途径可以发泄，于是，就在网上通过发帖等形式使用过激的语言等来表达自己的不满和无奈；有的大学生在现实生活中的交往关系不是很好，当他们遇到问题的时候找不到人倾诉，就会选择到网上寻求心灵慰藉；有的大学生在现实生活中可能处处不如别人，但是在玩网络游戏的时候，会取得很好的成绩，这让他们的自尊心和自信心得到极大的满足，于是陷入游戏之中无法自拔。这些在现实生活中难以实现的愿望，在网络中都可以实现，导致部分大学生越来越依赖网络，排斥现实中的规范、交往等，久而久之，渐渐与周围的人变得疏远，甚至产生隔阂，造成冷漠、抑郁等不健康的心理，影响大学生形成良好的自我意识。

另外，网络具有一定的隐蔽性，弱化了现实社会中法律和社会规范的约束作用，使部分大学生的社会道德感和责任意识出现弱化的趋势，同时也弱化了大学生自身内在的自我约束机制。

（四）时代和文化背景的影响

人存在于社会当中，个体的心理一定程度上也是其生活环境的投射。因此，个体及其自我意识受到大背景、大环境的影响。

随着改革开放以来社会的快速发展，社会转型和变迁的加剧，整个社会呈现多元化发展的态势。国与国之间的经济文化交流越来越多，为大学生了解世界、开阔视野提供了良好的条件，大学生思想上的独立性、差异性明显增强。

然而，随着改革开放的程度越来越深，各种不同的思潮不断地涌向社会。拜金主义、享乐主义、功利主义，以及西方发达国家宣扬的一些政治观点和价值观念，都对中国传统的思想道德规范和价值取向造成较大的冲击。另外，随着科技的发展，大众传媒手段越来越丰富，越来越便捷，一些不健康的、偏离社会规范的不良现象和流行观点很容易传入校园。当代大学生有着较强的求知欲和参与意识，这些不良影响折射到高校，对阅历尚浅、思想不够成熟、识别和抵御能力较弱的大学生产生了较大的影响，导致大学生对事物的认识和判断、对自我的认识和体验受到较大的冲击，使部分大学生陷入不知所措的矛盾境地。

虽然自由和开放给了大学生选择的主动性，但也带来了更大的不安全感和不稳定性；竞争和参与给了大学生机会和动力，但也使自我面临更多的威胁和压力；对比和差异给了大学生不断努力和进取的刺激，但也会导致自我的失落和心理失衡；变化和发展为自我发展提供了更大的空间，但同时也带来了挑战和适应困难。大学生个人自我定位的矛盾、社会角色的模糊、自我评价的冲突都明显表现出时代的特色，大学生自我接纳与自我排斥的冲突、自尊情感的得与失、自我同一性的分离与确定都有时代潜移默化的影响。

在社会时代背景之外，文化是自我形成的生活背景，同样，也是自我整合的关键。文化对于大学生自我意识的影响更为复杂。当前，传统文化与现代文化的裂变与继承，西方文化与东方文化的交融与排斥，也使得大学生的思想观念、生活方式、价值观被卷入斗争中，导致部分大学生个性张扬的同时却对人生目标和人生意义充满迷茫，社会责任感出现缺失，迷失自我，进而影响大学生自我意识尤其是自我同一性的确立。

总之，大学生自我意识的影响因素有内因也有外因，是多层次、多角度、多变化的。由于自身的不足和环境的复杂多变，再加上转型期的中国社会出现了林林总总的社会问题，心理应激源不断增多，大学生在自我意识的发展中出现了更多的问题。

（五）大学生自我意识评析

1. 大学生自我意识的心理学评价

第一，自我同一性开始构建，但发展水平有限。自我同一性的发展是青年期最主要的任务。自我同一性表达的是"我是谁""我的价值""我的理想"的一种稳定的意识。在心理学家看来，自我意识从开始到形成需要多年的时间，一般认为，稳定、成熟的自我意识大概要到青年中后期才可能形成。大学生的自我同一性开始构建并处在一个快速发展的阶段，但是不可能一蹴而就。尤其是现阶段社会的转型、经济的发展、多元文化的碰撞又会造成多种价值观的冲突，因此，大学生虽然已经有了相对明确的个人价值观、个人生活的意义、发展方向和目标，获得了内在的成长动力，但从调查中可以看出，大学生的自我发展水平有限，尤其是社会自我、人生发展、社会责任等方面需进一步加强。自我意识的矛盾性，造成大学生对自我的认知否定或肯定，自我同一性开始建构但没有发展到整合统一的阶段。

第二，自我意识渐趋分化，心理矛盾更加复杂。大学生已经逐渐开始能够根据自己的不同社会角色分化出不同的自我概念，逐渐懂得不同的场合可以以不同的自我出现。但大学生自我意识的发展并没有达到完全的一致性，存在很多矛盾的地方。大学生的自我意识矛盾有这样几个方面：其一，孤独感与强烈交往需要的矛盾。一方面大学生与父母、师长的交往产生距离，急于在同龄人当中寻求可以倾诉的知心人；另一方面，大学生自尊心强，个人的秘密和思想情感不愿意透露给他人，因此产生孤独感。其二，独立性与依赖性的矛盾。大学生生理和心理的成熟致使他们渴望独立，渴望独立地面对生活、学习、工作中遇到的问题。但实际情况是，大学生生活在校园中，社会资源匮乏，社会经验尚浅，导致遇到问题的时候依然想着靠父母、师长来帮助解决问题和替自己分忧。特别是独生子女，他们的独立性与依赖性的矛盾十分明显。其三，求知欲强和识别力低的矛盾。大学生有较强的求知欲，但是辨别能力较低，并且不少大学生总是按自己的想法去理解，不愿去询问他人，就导致他们在吸取知识时可能会瑕瑜不分。其四，理智与情感的矛盾。大学生的情绪情感波动大，易冲动，情绪值或高或低。尽管随着认知水平的提高，大学生渐渐成熟。但相对而言，大学生不太善于处理理智与情感之间的关系。其五，幻想与现实的矛盾，也可称为"理想中的我"与"现实中的我"的矛盾。大学生"理想中的我"和"现实中的我"存在差距，差距越大，引发心理问题的可能性越大。

第三，自我认知比较深刻，自我调控能力较弱。自我认知是自我意识的首要成分，也就是通常所说知、情、意三方面中的"知"。它包括对自我的感觉、观察、分析和评价，以及在此基础上形成的自我概念。理论研究和我们的实证调查都显示，大学生在自我认知方面是比较全面、相对客观的。但大学生的自我调控能力相对较弱。自我调控是自我意识知、情、意三方面中的"意"，表现为调控自我的行为、活动和态度。进入大学后，随着年龄和社会阅历的增加，大学生自我控制的社会性增加，开始更多地用社会性标准来要求自己。大学生的自控能力在自觉性方面发展较快，但自制力和坚持性方面，发展缓慢一些，更薄弱一些。因此，大学生在抵制诱惑和坚持性方面仍然有待提高。

2. 大学生自我意识的伦理学分析

第一，自尊自爱倾向显著，自强自立意识不足。大学生自我意识调查显示，大学生对于自己的生理自我、道德品质等都有比较好的认识和评价，在社会交往的过程中也倾向于尊重自我的人格，相信自我的力量。但总体来说，大学生的自强、自立意识不足。这不仅表现在依附性与依赖性的行为上，更多的是表现在对未来人生规划发展上。不少大学生对于未来的规划不清楚、不确定，即便有规划，大学生的计划性和坚持性也相对较弱。

第二，他律意识不断强化，自律意识尚不稳健。个人的成长都是不断地从他律到自律的过程。进入大学，学校的各项规章制度、社会对于大学生角色的要求、思想道德和行为准则都制约着大学生的行为。并且，到了大学这个阶段，大学生有了定向的专业，有了确定的人生目标，自我认知和自我控制能力加强，多数大学生已经形成自律意识。但大学阶段毕竟是大学生自我意识及价值观趋向成熟的阶段，大学生在不断将他律内化为自我观念的同时，因自控性差，有时也会出现这样或那样的违规行为或无计划行为，自我意识尚不稳健。

第三，社会角色意识模糊，社会责任意识偏低。大学生社会角色意识包括对社会角色的权利和义务的认识、规范和责任的意识以及社会对每个角色的社会期望等，大学生往往在社会角色的扮演中因对角色认知不明确，而出现角色失调，包括社会角色不清，如不清楚作为大学生这一社会角色的权利、义务和规范，不明白自己扮演的是什么角色，因而出现违反校规校纪等社会角色失调现象；以及社会角色冲突、社会角色紧张、社会角色中断和社会角色失败等社会角色失调现象。

大学是只有部分人经历的人生发展的特殊阶段。在其他同龄人开始实习工作的时候，大学生却仍在学校中继续学习和深造。大学生介乎成人和孩子之间，处于"准成人"阶段。因为大学生没有明确地进入社会角色，社会责任感常常只能是外在的东西，因此在大学生社会角色意识模糊的同时，社会责任意识也偏低。当然，多数大学生有掌握知识和学习专业技能的强烈愿望，并且愿为之付出努力，多数大学生也有为实现民族复兴而努力的理想。但我们同时也应该清醒地认识到，有部分大学生身上存在着责任感淡化倾向，表现出"无兴趣、无所谓、无意义"的"三无"现象。

3. 大学生自我意识的哲学思考

第一，主我、客我意识已经建立，但二者关系尚待协调。主我是主动的自我、进行中的意识流；客我是作为思维对象的自我，它包括一个人所持有的关于他自己的所有事物、知识与信念。当二者关系协调时，个体会获得积极的自我认同感和较高的自我同一性。而当二者不能统合时，便会出现认同感的缺乏和自我的分离。

大学生在"主我"和"客我"的关系认知上存在矛盾性。具体体现为：不能正确平衡自我与集体、社会的力量对比时的自我价值，不能正确处理自我完善和社会规范的关系，也不能正视自我实现和社会要求的矛盾，不能协调人际关系和自我个性展现的矛盾。

因此可见，当代大学生已经能够明晰主我客我的存在，但主客我的关系尚需进一步协调。

第二，物质自我、精神自我与社会自我的发展不均衡。物质自我、精神自我和社会自我是经验自我的三种成分。自我意识也据此分为生理自我、社会自我和心理自我。

当代大学生三者的发展并不平衡，表现最为突出的是大一和大四的学生。调查显示，大一学生的生理自我、心理自我、社会自我均高于大四学生。并且，大学生生理自我的发展高于社会自我的发展，社会自我的发展高于心理自我的发展。多数大一学生的自我意识是从高中阶段中等水平的自尊和自信提升至大学阶段高水平的自尊和自信，因此无论是生理自我，还是心理、社会自我都在较高的一个水平阶段。但大四学生要经历从大学到社会的环境转变，学校的标准与社会用人的标准存在一定的不同，在就业压力普遍增大的情况下，大四学生的心理自我和社会自我出现了很大的落差，主客我之间也出现了一定的冲突。因此大学阶段的自我意识表现为不平衡性。

第三，人生观已经基本形成，但自我价值观尚不成熟。人生观的形成从少年期开始，经过高中阶段的迅速发展，到了大学，人生观已经基本形成，走向稳定和成熟。调查也显示，大学生对人生持积极态度。大学期间是个体价值观形成的关键时期，也是最易受到影响的不稳定期。大学阶段，大学生比以往接触了更多的社会现象和理论问题，也有了更多的社会生活实践经历，这迫使大学生不断地探索和反思人生，对人生的意义和价值也开始有了系统性和概括性的认识，进一步了解人生的意义。但同时，这也使得大学生面对各种挑战、选择和诱惑的时候易产生困惑、冲突和空虚。大学生的社会历练毕竟较少，对人生的理解也不够深刻，所以大学阶段，自我价值观还不成熟，有待磨砺。特别是要正确认识集体主义和个人主义，摆正金钱在人生追求中的位置，明晰自我实现是最大的人生价值。

第三节 大学生的自我意识完善途径

一、家庭教育是基础

家庭是个体最直接接受教育的地方，家庭教育对个体的身心发展起着决定性的作用。家庭的经济状况、教育条件，父母的教育思想、教养、教育方式，家庭成员之间心理气氛等，都会影响个体心理各方面的发展包括自我意识的发展。大学生虽然远离父母，和家长面对面接触的机会较少，但家庭教育仍对大学生自我意识的发展起着非常重要的作用。具体而言，可以从以下几个方面来发挥家庭教育的基础作用。

（一）建立多样化的沟通渠道

随着社会的发展和科学技术的不断进步，人与人之间的沟通已经变得便捷而多样化。手机、网络的普及，大大缩短了沟通的距离。不同的沟通方式，起着不同的沟通效果。电话比较直接，可以清晰明了地解决问题；手机短信或者电子邮件方便把一些不便于在电话中交流的内心想法，充分地、有条理地表达出来。

大学生虽然已经不常在父母身边，但许多大学生在心理上还是对父母有很大的依赖性。当大学生在生活中遭遇一些挫折、悲观失望、缺少自信的时候，他们会很渴望得到父母的理解、安慰和支持。愿意主动和家长联系的大学生，会在心理需要的时候及时地得到父母的帮助，问题也会很好地得到解决。但是，有的大学生并不愿意什么事情都和家长说，他们往往诉诸其他渠道，比如告诉朋友、教师等。有的时候效果不一定很好，因为最了解学生的人还是家长。因此家长要建立有效的、畅通的沟通渠道，和大学生保持适宜的联系，通过不同的沟通方式，有针对性地及时疏导大学生心理上遇到的种种问题，帮助他们不断地完善自我意识。另外，大学生每年的寒暑假，也是家长可以把握的难得机会。假期大部分大学生都会回家，通过与子女面对面地接触和交流，家长可以更全面地观察和了解子女在校的情况和发生的变化。大学生在大学期间接受的教育和熏陶，经历过的各种各样的事情带来的影响，往往会在他们的言语表现、一举一动中有所流露，家长在和孩子相处的过程中通过交流、观察等方式，可以发现他们身上的各种变化，即使这是很细微的变化。如果发现他们的人生观、价值观等存在不妥的地方，家长可以采用平等的方式，循序渐进地帮助他们纠正错误的看法和思想意识。

高校也可以通过一定的方式和大学生家庭建立沟通机制，及时地向家长反映大学生在学校的各种状况，尤其是在发生了对大学生心理产生较为严重影响的事件的时候，学校应协助家长及时帮助大学生化解消极情绪。

（二）完善家庭自我意识教育理念

每一位家长都希望孩子能够健康成长，但许多家长对健康的理解仅仅停留在孩子身体健康的层面上。事实上，健康绝不仅仅是身体健康，还包括心理健康，具有社会适应能力。大学生作为社会的个体，只有身体健康、心理健康、社会适应能力和谐发展，才能更好地在这个社会上生存。尤其是随着社会的发展，各种各样的心理问题层出不穷，家长的教育理念更要随着时代的发展而不断更新，在注重大学生身体健康的同时，更加关注大学生的心理健康，即树立全新的教育理念。

1. 家长提高知识的储备

作为家长应该多看一些哲学、心理学、社会学等方面的书籍，或在网络上多看一些文章，关注与大学生相关的新闻和政策，多储备这方面的知识，才能更好地与大学生进行沟通，才能拉近与孩子的距离，科学合理地对大学生的规划进行指导，帮助大学生提升自我意识的水平。

家庭教育在对大学生成长成才的过程中所起的作用不同于其他教育方式，家庭教育更多的是家人之间相互交流中的潜移默化、相互浸染，这种方式对人的影响更为深刻。

到了大学阶段，因为家长和大学生子女之间的交流受到时空方面的条件限制，这就决定了家长在和大学生交流的过程中，质量是很重要的。家长必须首先对心理方面的知识有一定的了解和储备，才能保证交流的质量，做到有的放矢，及时帮助大学生解决心理上的各种困惑、问题，从而使大学生的自我意识不断地得到完善。

家长可以通过多种渠道进行心理知识的学习，比如通过看书、上网等方式，自学心理知识；参加心理知识学习班，接受系统的培训；参与社会、社区举办的心理实践活动，提高理论联系实际的能力等。

2. 发挥榜样的示范作用

榜样的力量是无穷的。家长为人处世时应该注意自身的观念和方法，处处以身作则，给子女做出榜样，使他们在潜移默化中受到乐观、积极情绪的熏陶。这样大学生在遇到问题的时候，才会自觉地将自己的行为与家长相对照，从而帮助他们在自己的生活中学会如何处理人际关系、如何面对成功和失败、如何调节情绪。

此外，还可以从以下几个方面来完善教育理念：一是在注重大学生学习成绩的同时，加强对大学生其他方面能力的培养，包括良好的心理素质、人际关系协调能力等；二是家长在积极营造温馨、和睦、民主的家庭育人氛围的同时，要摒弃遇事批评、否定的教育方式，以宽容的态度处理大学生遇到的种种问题，做到张弛有度；三是不要试图面面俱到地控制孩子的言行，应该给孩子提供足够的个人成长空间。良好的教养方式有益于大学生自我意识朝积极的方向发展，从而为大学生形成良好的人格、成长成才、全面健康发展奠定坚实的基础。

二、自我教育是关键

发挥自我能动性是自我教育的本质要求。自我教育是主体自我按照社会要求和社会规范对客体自我自觉实施的教育，是自我意识发展的高级阶段，是大学生自我意识不断发展和完善的重要途径，对大学生树立良好的自我意识起着关键性的作用。通过自我教育可以对大学生的人格特质进行有效的疏导，也可以帮助大学生找寻正确的归因方式，合理评价自我，提高自信。对于当代大学生来说，可以从以下四个方面来完善和发展。

（一）引导大学生正确认识自我

自我认知是自我意识的首要成分，是自我体验的前提，也是自我调控的基础。正确而全面地认识自我是大学生自我意识发展的前提和基础。大学生可以通过以下四种途径全面地认识自我。

首先，通过自我反省认识自我。大学生可以通过自我反思和自我观察的方式，来提高对自我的认识。无论是学习方面、工作方面，还是人际交往方面，大学生都要经常对发生在自己身上的事情进行观察和思考，自我剖析、自我检查，看看在这些事情上自己哪些方面做得好，哪些方面做得不够好或者做得不对，然后总结经验教训，形成正确的自我认识。

其次，通过别人的评价来认识自我。大学生在认识自我的过程中，往往受到自身的经验和阅历的限制，对自己的认识不够深刻、不够全面，不能真正了解自己的长处和优势、缺点和不足。这就要求大学生学会通过别人对自己的评价来修正自我认识，比如别人对自己的态度、对自己的期望等。有研究表明，周围人的评价尤其是师长、朋友的看法对大学生自我认识的发展有很大影响。大学生在认真接受他人的评价的同时，也要注意辨别他人的评价是否合理，既不能全盘接受，也不能全盘否定。另外，不要过分依赖他人的评价，要保持自身的判断能力和认识能力。

再次，通过与他人比较认识自我。通过与身边优秀的人比较，大学生可以发现自己的不足，从而激发大学生锐意进取、不断进步；通过与身边后进的人相比，大学生可以发现自身的优点和长处，增强自信心，对自我予以肯定。这种对比的结果虽然带有一定的主观性，但却是大学生认识自己较为有效的办法。

最后，通过在实践活动中取得的成果来认识自我。大学生在参加社会实践活动时取得的成果，是对自我价值最好的认证，有助于促进大学生增强自信、肯定自我，从而对自己有正确的认识。

大学生通过对自我的正确认识，继而对自己作出正确而全面的评价。全面地评价自我，就要求大学生树立正确的评价观，从实际出发，结合自身的特点，正确地看待自我。大学生在看待自身的优点和不足的时候，心态要平和，对于自己的优点可以展示，但不炫耀，对于自己的缺点，不忌讳也不自卑；面对成功和失败的时候，要积极乐观，胜不骄，败不馁，不要因为一次失败而灰心丧气，否定自己，也不要因为一次成功而自信满满完全肯定自己。通过客观地评价自我，缩小"理想中的我"和"现实中的我"的差距，促进自我意识不断地完善。

（二）帮助大学生积极接受自我

接受自己是指无条件接受自己的一切，包括优点、缺点。接受自己是自我意识发展调控的核心步骤，也是适应社会发展的前提所在。当然，接受自己存在两个结果：一是积极接受自己，即形成自尊的状态；二是消极接受自己，即形成自卑的状态。帮助大学生积极接受自己，要从以下三方面着手。

1. 理智地看待自己的优缺点

每个人都不可避免地有优点、缺点，但是，要相信自己是长处多、短处少的人，就算有很多短处，那也是有一定限度的。所以，在看待自己的优点、缺点的时候，一定要进行客观的评价，不能有任何夸大或者贬低，这样才是理智地接受自己。大学生在对自我有一个客观的认识和评价的基础上，以一个认可、肯定的态度，面对最真实的自我，并将这个最真实的自我展示给他人。每个人身上都有优点和缺点，大学生要以一个积极肯定的态度去认可自我，恰当地接受自我，正视自己的短处，发扬自己的长处，用发展的眼光看待自己，促进自身不断地努力，使自己的身心朝着积极健康的方向发展，培养自信、自立、自强、自主的心理品质和良好的自我意识。

2. 正确地对待自己的短处

从科学的角度出发，短处可以分为两种情况：一种是通过努力可以改进的，比如人在生活、学习中的不良习惯；另一种是先天的、无法改进的，比如天生的身材矮小等。对于可以改进的缺点，我们要勇敢、积极地改正，通过不懈努力减少自己的缺点。而对于无法改进的缺点，则要勇敢地面对、包容与接受，这样才是正确地对待自己的短处。自身存在的不足可以通过后天的努力来弥补，只要有决心有毅力，就能克服自身的不足而取得成功。

3. 勇敢面对失败

每个人在成长过程中都会有成功，但必然也会有失败。部分学生在成功时不可抑制地欣喜，在失败时却如跌落了谷底，一味地贬低自己，从此丧失自信，成为自卑的人。但是，我们一定要清楚地认识到，一时的成功不代表永远成功，失败亦是如此。大学生在生活、学习过程中，碰到任何失败的情况，都应该永远面对、坚强度过。

（三）鼓励大学生有效控制自我

自我控制是完善大学生自我意识的又一有效的途径。自我控制就是大学生以主动的姿态，对自己进行约束和改变，包括改变自己的心理品质、行为方式、思想理念等，通过不断地改变来完善"现实中的我"，使其越来越接近"理想中的我"。大学生可以从以下几个方面进行自我控制。

1. 合理定位"理想中的我"

"理想中的我"的确立为"现实中的我"的发展和努力指明了方向。因此，大学生在确立"理想中的我"的时候，要从实际出发，结合自身的智商、知识水平、学习能力、生活经验等各方面的条件，确立一个适合自己的奋斗目标，合理定位"理想中的我"。目标定得太高，容易产生挫折、失败、不自信之类的消极情绪；目标定得过低，轻而易举地实现，不能很好地体现自己的人生价值。只有合理的目标，才能促进大学生坚持不懈地努力实现。

2. 培养大学生健全的意志品质

大学生在确立了合理的"理想中的我"之后就要通过不懈的奋斗去努力实现。在奋斗的过程中，会有各种各样的干扰因素，既包括自身的需要，也包括外界的各种诱惑。这就要求大学生必须要有坚强的意志品质，抵制住各种诱惑，控制自己的行为，克服懒惰等不良习惯，坚持不懈，才能走向成功。大学生可以通过参加实践活动来提高自己的意志力，比如参加体育竞赛、参加野外生存训练等，增强自身的毅力；还可以通过榜样的力量来激发意志；参加专门的团体训练培养自制力。

大学生通过培养自己的意志力，克服不良的品性和习惯，完善自己的意志品质，能够有效地克服实现目标过程中遇到的各种困难，从而不断地减小"理想中的我"与"现实中的我"之间的差距。

（四）帮助大学生不断完善自我

按照马克思的自我意识理论，要在实践中发挥能动性。完善自我是在认识自己、接受自己、控制自己的基础之上，积极主动地通过各种方式不断改进自己的行为。关键在于确立良好的自我意识，具体的步骤是主动地制定目标、自觉地调整自我行为、积极地改造自我，以此来不断适应社会的要求。而自我教育是完善自己过程中的核心步骤。自我教育，要求大学生从点滴小事出发，在任何事情的思考、处理上都有自省的步骤。自我教育要求学生不仅要重视自己的个人发展，还要主动地奉献社会，敢于承担中华民族复兴的伟大历史使命，在为国家、为民族、为社会贡献的过程中实现自己的人生价值，同时也使自己在这个过程中不断得到完善，成为一个更加健康、更加全面、更加强大的自己。

自我意识的成长与完善是在一个变化的进程中实现的，它培养人的修养性，同时又受个体修养水平的限制。加强自身修养是培养健康自我意识最直接和最有效的途径。我们可以从"自查、自省、自警"等方面来谈谈通过加强自身修养来培养自我意识的问题。

自查就是自我检查，通过自我检查来综合认识自我，具体来说就是认识生理自我、社会自我和心理自我的状态及其相互关系。从当代大学生的年龄段和所处的社会状况来看，生理上的健康状态和功能上的协调基本没有问题，加上大学生自我意识的内隐性特征决定大学生关注的重点不是在自身健康上，而是在社会自我和心理自我上。他们关注社会状态对其自身发展的影响，关注自身心理品质及道德水平是否适应社会发展需要。通过一系列的综合评估检查，大学生会更加客观地认识自我。客观而又正确地认清自我是重塑完美自我的前提。因此，自查会培养大学生良好的自我概念，使得自我意识水平大大提高。

反省，是自我意识的重要特征，自省就是通过自我意识的反省来培养自我意识的主动性和积极性。通过自我反省，重新回头认识自己做过的事、走过的路，既是在吸取教训总结经验，又是在合理借鉴开拓创新。

自警就是自我警告、自我鞭策。在正确认识自我的基础上，大学生应该清晰地认识到自己的弱点和不足，当客观环境或者生活事件刺激了这些弱点和不足的时候，个体能够控制自己的情绪，能够及时警告自己不要有冲动行为，让自己的言谈举止控制在正常范围内，这就是自我意识中自我控制环节的意志力量的魅力所在。

通过自我检查正确认识自我，通过自我反省回顾自我，通过自我警告鞭策自我，这些环节的长期坚持，反复锻炼，必然能够大力提升大学生的自我意识，必然能够从内心深处培养出健康的大学生自我意识。

三、学校教育是核心

学校教育是完善大学生自我意识的核心。大学生作为大学教育的主要对象，对其教育质量水平的高低，反映并决定着大学教育质量的高低。大学生在大学里学到的不仅是专业知识，更重要的还有道德素质、心理素质、社会适应、社会实践等，大学阶段是大学生世界观、人生观、价值观培育的重要阶段。所以说大学阶段的学校教育对大学生的身心健康和自我意识的完善以及社会适应的提升具有核心作用。

（一）注重大学生自我意识的培养和引导

大学生个体的社会化过程受到大学环境和社会环境的共同作用，校园环境占主导地位。大学生自我发展离不开校园环境的作用，如何认识自己，在与他人的关系中处于什么样的地位和作用，都是大学生在学校所要面对的问题。大学生需要在个体与学校的共同作用下，形成完善的自我，进而解决"理想中的我"与"现实中的我"的矛盾，这些矛盾冲突的处理直接关系到大学生自我未来发展的状况，高校管理者应利用好学校教育的引导作用。

1. 有目的地培养和完善大学生的自我认识

高校应关注大学生自我意识的培养，在校园活动设置中，应多开展一些关于"认识我自己"的自省活动，如"寻找真实的我""别人眼中的我"等演讲和座谈等活动。开展大学生自我规划、职业规划等课程和活动，让大学生学会认识自我，设计自我发展的路径，实现理想和现实的有效结合和转化，完善大学生的自我认识。发挥学校教育的导向性，积极关注大学生的成长。

2. 发挥学校教师的主导作用，引导大学生接受真实的自我

在日常的教学活动或生活中，教师应该加强对大学生的引导作用，帮助学生正确认识自己的优缺点，在实践生活中正视失败，并进行正确的归因处理，提高大学生自我意识的主动性，形成积极肯定自己，辩证否定自己的良好判断，做到客观评价自己，引导大学生接受"真实中的我"。

3. 对大学生进行科学合理的评价，提升他们自我意识的发展

应着重培养大学生的综合能力。高校在重视对大学生专业教育的同时，必须引导他们全面发展，特别是在对大学生的评价上，不能仅以成绩好坏来评价学生，而应该从专业学习、思想品德、社会实践、社会工作、科技活动、文体活动等多方面进行评价，有目的地引导大学生自我接纳，发挥每个大学生的优点和潜力，使其形成良好的心理自我、社会自我，提升大学生的自我价值感，进而促进大学生自我意识的发展。

4. 鼓励大学生自身积极完善自我意识

根据马克思主义的自我意识理论，学生自我意识的发展还需要大学生自身发挥主动性，要鼓励大学生从点滴做起，注重行动，知行统一，塑造和完善自

我，给大学生提供良好的平台，多开展社会调研和社会实践活动，特别是志愿服务活动。这不仅能够让大学生提高对自己的认识，而且会促使更加积极主动地服务社会，从而解决主体自我与社会自我的矛盾问题，让大学生敢于担当社会责任，通过实现社会价值来实现自我价值，使自我意识在实践活动中不断得到完善。

（二）多渠道、多途径地建设校园环境

1. 为大学生提供良好的校园物质环境

校园物质环境属于校园的硬件环境，是学校办学的基础，也是大学生感受校园氛围最直接的部分。大学生来到大学的第一感官就是校园的绿化环境、教室环境、宿舍环境、食堂就餐环境等基础设施的情况，特别是图书馆、体育场等与学生的学习生活息息相关的设施。美好的校园环境会对学生产生长久和潜移默化的积极影响，改变其审美观点，从而使大学生的认同感和归属感增强，使大学生的自我体验良好，进而提高大学生的自律性。

2. 为大学生创造良好的校园人际环境

学校教育主要是育人的教育，在校园中人与人的主要关系体现在师生关系上。校园人际环境在促进大学生自我同一性的发展上，主要体现为教书育人、教育育人和管理育人。这就要求教师在教学、管理和服务方面表现出良好的品德，用真善美去感染大学生，起到示范作用，让大学生在学习文化知识的同时能够学会做人，形成良好的品德，提高整体素质，营造平等、融洽、和谐的人际环境。

3. 多渠道为大学生打造和谐的校园文化环境

校园文化环境是为大学生成长成才服务的，要采取多渠道、多方面的手段提高校园文化环境对大学生自我意识发展的积极影响。

第一，要把校园文化建设当成大学生自我教育的重要内容。道德品质是人的素质的灵魂，渗透于人的其他素质之中，是人们从事社会活动所必需的内在的基本条件和基本品质，起着精神支柱的作用。没有良好的道德观念，大学生就会迷失方向、失去动力。校园文化引导大学生进行先进理论学习，坚持以科学的理论武装人，以正确的舆论引导人，以高尚的精神塑造人，以优秀的作品鼓舞人，充分发挥对大学生政治思想和道德品质的教育作用，采取多种教育形

式，大力促进大学生思想政治素质、道德素质的提高。

第二，要把校园文化建设看成发掘审美育人功能的具体表现。校园里的各种高雅的活动会使大学生获得自我表现的良好机会，使他们在学习、生活中所承受的各种压力和困惑得以放松、淡化，摆脱心理困境，从而促使潜能、创造性、个性得到充分的开掘与发展。

第三，要把校园文化建设看成一个系统工程。它既是德育、美育工作的主战场又是素质教育的有效载体，更是培养大学生实践能力的有效基地。而校园文化活动正是大学生展现青春风采、挖掘自身潜力的舞台。大学生通过参加丰富多彩的校园文化活动，置身于浓郁的校园文化氛围，动手实践、接触实际，把所学的科学文化知识创造性地运用其中，既能培养大学生的兴趣特长，在探索中激发其学习兴趣，锻炼独立性和创造精神，又能在具体的实践中发现自己知识和能力的不足，为今后走向社会打下坚实的基础。

4. 为大学生建设好校园制度环境

制度建设是大学形成良好校风的保证，也是大学精神的重要体现，虽然大学的各项规章制度对大学生是一种约束，但是这种规则教育可以更好地培养大学生的行为习惯，能让大学生有效地进行自我调控以适应社会的需要。随着"90后""00后"大学生自我意识的不断发展，当今校园的制度文化建设还需不断地完善才能适合新时代大学生的全面发展。

第一，要改变过去死板的宣传手段，更多地利用班课、主题活动、校园广播、校报、校园网络媒体等宣传渠道，提高大学生对校园制度文化的认知。

第二，校园制度文化建设要与时俱进，把一些不适应学生成长和学校发展的政策、制度进行修改完善。让大学生也参与到制度修订征求意见中，特别是涉及大学生切身利益的制度，比如奖励和惩罚的相关政策制定，一定要引导大学生广泛参与，让大学生加强自我管理的意识，从而使大学生自觉地进行自我控制，形成良好的习惯。

第三，提高校园制度的执行力。其实高校许多校园制度很全面，但在执行过程中力度不够，使大学生的判断力出现偏差，形成负面影响；使大学生履行责任的能力下降，甚至会影响到大学生社会责任感的建立。

（三）强化高校的哲学教育

哲学的社会功能在于哲学教育。今天各高校尽管开设了一些马克思主义哲学的公共课，提升了大学生的思想道德素质，但这远远不够，不能从本质上提升大学生的自我意识。要通过对东西方哲学家对自我意识的观点的探讨和研究，揭示出自我意识对当代大学生的方法论、世界观意义。因此，强化哲学教育是培育大学生良好自我意识和人格的重要手段。

1. 普及哲学教育的相关课程

在现有的马克思主义哲学课的基础上，强化哲学知识的普及度。特别是结合笛卡尔、康德、马克思等哲学家的理论基础来提升大学生对世界观、人生观、价值观的认识水平，激发大学生的想象力、创造力和批判力，冲击大学生的思维惰性、保守性和凝固性，推进大学生的主体意识、反思态度和创造精神的发展，提升大学生的人生境界。

2. 要重点培育大学生的社会责任感

随着社会多元化的发展，大学生多元的价值观念和价值判断的标准容易出现一些偏差。结合马克思的自我意识观，作为高校教育者来说，应该通过哲学教育有所导向，要让大学生处理好个人、集体、国家利益的关系，引导大学生追求崇高的道德价值目标。这就需要正确引导大学生，使其明白肩负的社会责任，自身价值只有与社会价值融合才有意义。从加强大学生价值观教育入手，引导大学生学会承担社会责任，只有通过承担社会责任才能有自我价值实现的可能。由于大学生对社会整体利益的实现会促进每个人价值的实现这一事实的认识尚不充分，这就需要学校教育者对大学生有针对性地开展这方面的教育。

3. 侧重道德品质教育，提高大学生的修养

可以依托高校的党建工作，在对大学生中积极分子进行培训中，塑造大学生的道德责任意识。一般在党校培训、党支部活动，以及对党员、积极分子的要求中都涵盖了道德品质的要求，大学生在对党员的监督中也能够认识到道德品质的要求，这样的积极教育能够在不同程度上提高大学生的道德品质。另外还应该开设一些国学的课程。让大学生了解传统的伦理道德，受到优秀传统文化的熏陶，提升大学生的道德品质修养。让大学生了解中国的悠久历史，树立大学生的民族自豪感、自尊心和自信心，进而促进大学生自我意识的不断完善和发展。

（三）关注大学生的成长

学校教育的目标就是全方位育人，关注大学生的成长是大学生心理健康教

育工作的落脚点。从大学生的自我意识的发展规律入手，教育大学生形成正确的人生观、价值观，引导大学生形成良好的自我意识导向并提高对自我意识的调控。

1. 发挥学校教育的导向性，积极关注大学生的成长

大学生受到教育后会对一些价值观念、道德规范等问题有选择地接受，并使这些观念不断得到强化，形成个体的思想品质和行为习惯，最后表现为道德行为，从而提升大学生自我意识。我们在大学生成长中，注重对大学生的引导教育，帮助他们提升社会适应能力。根据马克思主义自我意识观的理论，自我意识第一本质的特征就在于它的实践性，通过实践发挥自我意识的主体性。通过讲座、班会、团体活动等活动载体，对大学生的世界观、人生观、价值观进行引导和教育，利用微博和微信等新媒体手段，实时开展教育活动。对大学生特别是新生入学后开展的入学教育和养成教育非常重要，通过这种灌输式的引导，让大学生逐渐明白什么是对，什么是错，该做什么，不该做什么，有利于大学生在自我意识发展中更好地进行自我认知，提高自我意识水平。

2. 发挥大学生的自我教育的作用，促进大学生成长

大学生的管理主要依靠辅导员，但辅导员客观上的数量少导致不可能照顾到所有学生。根据马克思自我意识本质论，自我意识具有能动性的特征，因此大学生的自我教育也是由他律向自律转化，自我的行为约束向自觉行动转化。在班级和各学生组织中都设有学生干部，可通过大学生自我能动的管理模式，培养他们的团结协作精神和自我民主管理能力，同时也对学生干部形成监督。在班集体的各项实践活动中，推进自我意识的强化和成熟。

四、社会环境是保障

根据马克思主义自我观的理论，社会存在决定社会意识，社会意识反映社会存在，所以社会环境对人的全面发展有着重要的影响。社会环境是大学生自我意识发展的外在影响因素，特别是在经济、政治、文化等方面构成了复杂的社会环境，随着改革开放和社会多元化发展，现在社会的不良思潮和非主流的意识形态在很大程度上影响着大学生的价值判断和自我意识发展。因此构建健康积极的社会环境，是大学生自我意识健康发展的保障。

（一）发挥社会主义核心价值观主流思想的引导作用

自改革开放以来，中国的社会多元化发展迅速，正处在社会转型期。市场经济体制下产生了功利主义、拜金主义等不良的意识形态，对大学生的自我意识发展产生了消极的影响。党的十八大提出，要倡导富强、民主、文明、和谐，倡导自由、平等、公正、法治，倡导爱国、敬业、诚信、友善，积极培育和践行社会主义核心价值观。富强、民主、文明、和谐是国家层面的价值目标，自由、平等、公正、法治是社会层面的价值取向，爱国、敬业、诚信、友善是公民个人层面的价值准则。因此我们要紧紧把握住社会主义核心价值观的主流意识形态，坚持理想信念教育、坚持爱国主义教育、坚持社会道德教育、坚持大学生全面发展，形成良好的社会育人环境，促进大学生和谐健康发展。

（二）发挥新媒体和社会舆论的导向作用

当今社会，新媒体发展空前迅速，除了广播、电视、报纸之外，网络现在已成为与大学生最密切的媒体传播渠道。现在智能手机已成为大学生必备品，晒微博、聊微信已成为相当多的大学生每天的行为之一。社会舆论是社会公众关于某一件事或现象的议论和意见，包含对事件或现象是非曲直的评价。因此社会舆论对大学生自我意识的发展有重要的教育和导向作用。具体可以从以下几方面着手：

第一，利用新媒体的传播渠道，加强主流意识形态的宣传教育作用。

第二，发挥大众传媒的引领作用，把弘扬中国传统文化和心理健康教育作为宣传重点，提高大学生的思想意识。

第三，把握社会舆论的导向性和教育性，重点弘扬传统美德、树立社会正能量，把社会诚信、道德品质放在首要位置，敢于批判社会的不良思想和网络谣言，营造健康的育人环境，为大学生自我意识健康发展提供正确的引导。社会舆论要充分发挥其舆论引导的宣传教育功能，在全社会弘扬中国传统美德、社会正气、核心价值体系，倡导诚实守信、自立自强的良好社会风尚，批判各种不正确、不道德的思想和行为，为大学生人格的成长、自我意识的完善树立正确的评价标准。

（三）重视社会文化的教育价值

社会文化特别是流行文化如影视剧、娱乐杂志、音乐、网络文学、大众艺术等文化形式对大学生思想观念的影响巨大。大学生往往以书籍、影视剧中所塑造的人物形象为学习的榜样，认同这些人物的思考方式、行为模式及价值观念。在如今的时代背景下，榜样文化的甄别过程为自我意识的产生提供了可能，而榜样文化的创立、发展与被认可的过程也以自我意识为重要支撑。另外，一些影视作品、网络文化、大众艺术等对大学生的思想观念影响很大。所以，要在充分重视社会文化的教育价值的前提下努力创造符合社会主旋律的、健康向上的社会文化，潜移默化地影响和引领青年大学生不断追求高尚的人格目标，促进其自我意识的健康发展。我们要重视社会文化对大学生的影响，引导大学生正确判断中西方文化的背景和差异，去其糟粕，取其精华，积极营造健康的社会文化氛围和社会主旋律，引领大学生确立和形成正确人生目标和价值观。

（四）完善社会保障的机制，提升大学生的责任意识

大学生也是社会的公民，承担着一定的社会责任，但实际上大学生对社会责任付出的很少。社会责任行为并不是靠责任行为的受益人实施的，而是需要社会风尚的引领。大学生这样的高素质群体应该成为良好社会风尚的领导者，为此需要建立完善的社会保障机制。

根据马克思的集体自我意识论观点，自我意识必然具有表达"大我"一面，即集体自我意识普遍性。社会舆论作为风向标，应该把良好地履行社会责任的行为突出宣传和表彰，改变大学生对社会上一些错误的社会伦理道德行为的认识，增加大学生对社会责任行为的认同。调整对大学生的教育思路，健全社会法律法规，完善奖励和赔偿机制等社会保障机制，推动社会风尚良性发展，进而促进大学生社会责任感的提升。

第四章 大学生心理健康教育中的情绪管理问题

大学生情绪管理能力的高低对其学习、人际关系以及身心健康都有着重要的影响。一个健康的心理状态对个人的生活和工作有着至关重要的影响。良好的心理健康可以帮助我们更好地管理情绪，增强抗压能力，提高生活质量。

第一节 大学生情绪管理概述

一、情绪管理

（一）情绪管理的内涵

情绪是每个人都熟悉的一个词，是心理、感受、激情的激动或骚动，任何激烈或兴奋的精神状态。情绪是一种具有动机和知觉的积极力量，用以组织、维持和指导行为。情绪是感觉及其特有的思想、心理和生理状态及行动的倾向性。

情绪作为人重要的心理过程，左右着人的精神状态和行动。随着情绪概念的提出，人们长久以来对于情绪控制和正确引导的渴望变得日益迫切，这就引起了社会学、心理学、管理学等相关领域对于情绪管理研究的热潮。情绪管理最初起源于行为组织学，由美国社会学家阿莉·拉塞尔·霍赫布尔德（Arlie Russell Hochschild）提出。她将有关情绪的三个概念定义为情绪工作、情绪管理和情绪劳动。她认为情绪管理是个人试图改变情绪或感觉的程度或质量而采取的行动，并且情绪是可以根据环境的要求来进行管理的[①]。在心理学领

---

① 参见 Hochschild, Russell A. Emotion Work, Feeling Rules, and Social Structure. American Journal of Sociology, 1979，85（3）：551—575.

域，心理学家丹尼尔·戈尔曼提出的情绪管理概念在他的《情绪智力》（*Emotional intelligence*）一书中有详细的描述：调控自己的情绪，使之适时适地适度，这种能力建立在自我觉知的基础上，包括如何自我安慰，如何有效摆脱焦虑、沮丧、激怒、烦恼等因失败而产生的消极情绪侵袭的能力。情绪管理能力弱的个体容易受到负面情绪的困扰，情绪管理能力强的个体则可以突破情绪的困扰。美国心理学家萨洛维（Salovey）和梅耶（Mayer）在此基础上提出了情绪智力模型的四个维度，分别是情绪感知能力维度、情绪推进能力维度、情绪理解能力维度和情绪管理能力维度。其中，情绪管理能力维度又具体包括：对待积极和消极情绪保持良好心态的能力；通过对信息的判断和甄别，熟练控制或远离某种情绪的能力；掌握把控自我情绪和读懂他人情绪的能力；了解真实信息，管理好自我情绪，善于观察和调节他人情绪，学会调节消极情绪促进积极情绪的能力。

国内心理健康教育专家汪海燕则将情绪管理界定为一个人对自身情绪的自我认识、自我控制、自我区分等能力和对他人情绪认识和适度的反应能力。师曙光认为情绪管理是通过有效的方法，合理控制自己的情绪，使自己总是处于一种积极的状态。杨维东对此的看法是：情绪管理是个人对于现实事件感知、评估和情绪体验而形成的新的情绪策略和表达的过程，是一个囊括了对自我情绪认知、监控和驱动及对周围环境的识别与适度反应的过程[1]。

情绪管理不仅是组织行为学、心理学、认知科学的重要研究内容，也是当前思想政治教育的重要范畴。从理论角度上来看，思想政治教育不仅仅是一种针对政治知识的认知活动，其根本目的是通过理想信念建设、价值观引导、认知方式的改变、情绪的疏导使大学生树立远大的理想和积极的人生态度，并为他们以后走向社会打下良好的心智基础。从现实角度看，情绪管理也是思政政治教育者在实际工作中需要面对的问题。大学生处于人生的转折期和快速成长期，情绪的特点具有波动性和两极性。当面临现实与理想差距、升学与就业迷茫、困难和挫折的打击、功利化价值观念的冲击时，他们随时会产生情绪的波动和起伏。思想政治教育工作者要通过合理有效的思想观念、政治观点、道德规范的引导、实效性的情绪管理教育与实践，化解大学生心理问题。

情绪管理教育就是运用有效的方法和教学实践，让大学生在社会环境下正确认知自我、感知自我和他人的情绪，形成良好的人生观、价值观和世界观的

---

① 参见杨维东：《以情绪管理教育促进大学生健康人格养成》，《中国高等教育》，2016 年第 19 期，第 52～53 页。

教育实践。情绪管理主要涉及两个方面的内容：一是认知自我的情绪。认知是情绪管理的基础，因为认知和分析情绪的来源是情绪管理的基础所在，如果不能正确辨识和认知自身的情绪，情绪管理也就变成了空谈。二是管理自己的情绪，这是情绪管理的最终目标。人们情绪管理的目的不是消灭情绪，而是转化情绪、调动情绪、利用情绪。三是具身认知。认知实践最终的目的还是要在积极情绪状态下提高学生的思想觉悟，利用情绪因素和情感加强思想政治教育实践和体验性，毕竟思想政治不是理论和概念符号的灌输。所以，情绪管理最终目标并非消灭情绪，而是疏导情绪并使之合理化的信念与行为，具身认知理论可以作为一种方法论，运用情绪和情感的具身体验，增强思想政治教育实效性，促进和加强大学生的情感认同、政治认同和思想认同。

通过上述对情绪管理概念的解读，我们可以将其归纳为：情绪管理是一个人对于现实事件能够正确感知自己和他人的情绪，并通过有效的方法合理管理自己的情绪，正确识别他人的情绪并适度引导，具有处理负面情绪困扰和促进积极情绪的能力，使自己始终保持一种健康向上的状态。

（二）情绪管理的分类

1. 情绪管理策略

情绪调节可以发生在情绪产生的五个阶段中的任意阶段：情境选择、情境修正、注意分配、认知改变、反应调整。有五种情绪调节策略分别对应每个阶段，每个阶段都会出现相应的体验、行为和生理反应。前四种统称为前提关注策略，第五种称为反应关注策略。认知重评和表达抑制这两种策略是根据情绪调节模型提出来的。

五种常见的情绪管理策略表现为阶段一（情境选择）：比如在考试的前一天晚上，你选择去和一个经常能够给你带来欢乐的朋友共进晚餐（S1），而不是与一群紧张兮兮的同学一起学习（S2），来缓解自己的紧张情绪。阶段二（情境修正）：一旦情境确定，里面会包含很多具体的子情境（如 S1x，S1y，S1z），对于那些能够引发情绪的情境，需要对其进行修正。例如，饭桌上，好友会询问你考试准备得怎么样，你可以告诉他，你希望换一个话题，将由考试引起的焦虑转移到其他的事情上。因为情绪产生时，相对应的大脑会出现一个较强的兴奋灶，此时如果建立一个或多个兴奋灶，就可削弱或抵消原有兴奋灶的优势地位，从而缓解个体的原有情绪。阶段三（注意分配）：每一个情境包含不同的部分（a1～a5），注意分配决定了个体会关注情境中的哪一部分。诠释该阶段最好的例子就是"关公刮骨疗伤"，他通过下围棋来转移自己对疼痛的关注。当个体的情绪指向某个特定的点时，注意力就会集中于此事，但就忽略了其他的事情。在此阶段如若要调节自己的情绪，就要转移注意力，关注一些有意义的、积极的事件。阶段四（认知改变）：一旦选择关注情境中的某一特定部分，个体就会对该部分中的许多可能意义，进行认知上的改变。例如，如果在饭桌上谈起了即将来临的考试，如果个体告诉自己说"这仅仅是一个考试"，而不是"衡量个人能力的唯一指标"，就会产生不同的效果。个人意义在情境中起着至关重要的作用，因为它决定着个体情绪体验、行为和生理反应的倾向。阶段五（反应修正）：指的是在行为倾向产生之后，试图对其进行影响，既包含增强管理还包括减弱管理。比如在考试成绩公布之后，由于成绩不好，反应修正在行为上的表现可能是努力掩盖自己的尴尬表情，从而来降低自己的情绪体验。

对情绪进行管理时使用的策略称为关注情绪前提策略，指的是在情绪产生阶段，就对其影响因素进行调节管理，进而使情绪体验、行为表现和生理反应发生改变。其中认知重评是关注前提策略里面最常用的一种方式，个体重新评价能够引发情绪的潜在情境，或者事件的意义，从而改变情绪对个体的影响。认知重评主要是改变认知，个体通过改变对诱发情绪的事物的看法和认知，从而改变自己对诱发事件的理解。例如，个体可以自我安慰，或者是进行自我暗示，告诉自己当前面临的事件都是暂时的，或者并没有自己想象的那么严重等。在反应阶段使用的策略被称为反应关注的情绪管理，指的是在情绪产生之后，改变情绪反应倾向的方式，调节和管理外在表现行为和生理反应。最具有代表性的是表达抑制策略，个体需要激活抑制功能，去降低情绪行为的外在表现。表达抑制要求个体对即将出现或者是已经出现的情绪行为进行隐藏，进行自我压制，不使情绪行为表现出来，令外人觉察不到。在不同时间阶段使用的策略，其取得的效果也是不同的。一般来讲，在情绪产生之前，使用策略的效果总体上要好于情绪产生之后。认知重评能够降低个体的情绪行为表现、情绪体验，对于生理反应、记忆、互动的伙伴，都没有消极的影响。表达抑制策略对情绪没有影响，但由于需要激活抑制功能以降低情绪行为，需要消耗认知资源，因此会损害个体的记忆，同时还会增加当事人与其互动伙伴的生理反应。

2. 情绪效价强度

情绪效价即对情绪属性的自我评估，有消极与积极之分。消极情绪是指在某种具体行为中，由外因或内因影响而产生的不利于个体继续完成工作或者正常思考的情感，其与积极情绪相对。消极情绪包括愤怒、憎恶、悲伤、不安、惊慌、恐惧、委屈、痛苦、不满、嫉妒等。消极情绪的产生是因人因时因事而异的，产生的原因多种多样，如由"应激源"产生的反应，在工作、学习或生活中遭受了挫折，受到了他人的挖苦或讽刺，莫名其妙的情绪低落，等等。消极情绪会为个体的生活带来一些影响。消极情绪会影响个体的生理健康。很多实验都证明，身体与心理是互相影响的，而且心理状态会在一定程度上改变身体的平衡，其中免疫系统尤其敏感。心理/情感状态影响免疫系统，而免疫系统又影响身体其他系统，如新陈代谢系统、消化系统、神经系统等，从而影响整个人的生理健康。消极情绪还会影响个体的心理健康，如若个体长期处于消极情绪中，就会导致心理失衡、精神萎靡不振，严重者可能会出现精神障碍方面的问题。同时，消极情绪还会影响个体的人际关系。倘若常在他人面前任由负面情绪发泄，丝毫不加控制，乱发脾气，久而久之，对方就会避免与这样的人相处，其获得的心理和社会支持可能会减少。个体会较多处于孤寂体验中，久而久之，其社会功能会受到一定影响。

积极情绪是一种功能现象，其预示着积极机会的出现、渴望目标的达成，而且会调动心理资源去回应这些情境。其包含一系列愉悦效价的情绪（如开心、自豪、满意等）且伴随着高水平的生理唤醒。一些相关理论将积极情绪定义为一种特定情感-动机系统，即行为激活系统，一种调节积极目标取向的行为。由此可见，积极情绪的功能包括预期将获得的愉悦和体验后获得的愉悦。积极情绪与神经生物学和生理的改变具有密切的关系，如增加前额叶皮层新陈代谢，增加中脑边缘多巴胺通路系统的神经传递，降低惊跳反射，提高心脏迷走神经的紧张度。弗雷德里克森（Fredrickson）认为，随着时间的推移，积极的情绪有助于个体"拓宽-建构"个人和社会资源，从而增强其功能性和幸福感[①]。幸福感是一个囊括各种心理和生理健康因素和生活满意度的概念，其与积极情绪紧密相关。

任何过度的情绪冲击，都会抑制大脑皮层的高级心智活动，打破大脑皮层的兴奋和抑制之间的平衡，使人的意识范围变得狭窄，正常的判断力、自制力被削弱，甚至有可能使人精神错乱、神志不清、行为失常。许多反应性精神病就是这样引发的。持久性的消极情绪常常会使人的大脑机能严重失调，从而导致各种神经症和精神病的出现，例如焦虑症、抑郁症、强迫症、神经衰弱等。

---

① 参见 Fredrickson B L. The role of positive emotions in positive psychology: the broaden—and—build theory of positive emotions. American Psychologist，2001，56（3），218—226.

过度的积极情绪也会带来一些不良的后果，相关案例如范进中举后的反应。因此，在日常生活中，对于非正常强度的唤醒度情绪的调节就显得尤为重要。

在情绪管理的过程中，积极情绪和消极情绪之间存在着复杂的关系。消极情绪也可能存在积极的一面，如短暂的消极情绪会使个体有一些挫折感，这时更能够激发努力的动力，从而更有利于目标的达成。另外，消极情绪和积极情绪并非泾渭分明的，二者之间有时可以相互影响。如存在强烈的消极情绪（焦虑、恐惧）会抑制个体对积极刺激的知觉。关注消极情绪信息，是直接降低积极情绪的一种方式（如个体会认为自己没有资格获得积极的结果）；反之，提高积极情绪，同时也降低了消极情绪（重新认知或发现事件的积极一面）。因此，关注积极情绪在一定程度上降低了消极情绪（如悲伤），该结果在抑郁患者中得到了证实。一些特定的策略与积极情绪管理有关，例如尽情享受/仔细品味，即在人内心深处仔细思考过去、现在、将来的积极部分，这成为保持或提升积极情绪的一种策略；充分利用，即个体利用一系列行为策略（如分享、庆祝等）去提高积极情绪；抑制，即个体降低积极情绪所使用的一种认知策略，能够使个体关注其消极的想法（如他没有资格去获得这份荣誉等）。

（三）情绪管理的作用

1. 保持身心健康

积极管理个人情绪，能够让自己保持稳定、良好的情绪状态。而良好的情绪又有利于身体健康，促进身体各个机能的发挥。医学实验证明，人在发脾气的时候，身体会产生化学反应，而该化学反应的合成物足以让小白鼠在短时间内毙命。个人情绪的管理能够减少身体产生不良的化学反应，从而保持更好的身体状态和精神状态。

2. 促进人际关系的和谐

管理好个人的情绪能够让自己比较理性地处理问题。良好的情绪状态能够让人感受到愉悦，有利于加深人与人的沟通，增进友谊。一个善于管理情绪的人总能够让自己处于一个和谐的人际关系圈中，相反不善于管理情绪的人很多时候都会让自己处于不利的位置。

3. 有利于和谐社会的形成

情绪管理的重要目标就是实现"和谐管理"，形成管理中各事物协调地生存与发展的状态，满足人的情感需要，突出情绪的健康表达。情绪管理能够促进人与人和谐、人与群体和谐、人与自然和谐，从而形成全面和谐的局面。

（四）情绪管理的方法

1. 自身情绪管理

首先，了解自己，要对自己进行情绪管理，就需要对自己情绪的特点、自身的性格等做一个全面的了解。只有了解自己，在遇到情绪波动的时候才能进行正确的处理。所以，了解自己是情绪管理的基础。

其次，正面对待，冷静处理。每个人都肯定会有情绪，遇到情绪波动的时候应该正确面对，承认自己的情绪状况。当自己处于负面情绪控制下时，需要冷静地思考，从第三者的角度来审视自己的情绪现状，并根据自身的特点，理性地去对待，寻找到合适的方法进行调整。

最后，合理地运用方法。同一个人处于不同情绪状况时，就需要运用不同的方法；不同的人处于相同的一种情绪状况时，也可能运用不同的情绪调节方法。因此，要达到情绪管理的效果，选择合理的方法是关键。一般可以选择的个人情绪方法有转移法、运动法、理性思维法、森田疗法、音乐疗法等。

2. 应对他人进行情绪管理

首先，正确判断他人的情绪。要对他人的情绪进行管理，就需要对他人的情绪进行正确的判断，清楚对方的情绪状况。只有清楚管理对象是处于悲伤、愤怒或者是惊吓等具体的情绪状态下，才能够选择合适的管理方法；否则，错误的判断可能会导致错误的对策，使得管理对象的情绪状况更糟糕。

其次，合理应对他人的情绪。他人的情绪反应可能会导致自身情绪发生变化，在应对他人情绪的时候需要保持理性，不让别人的情绪对自身施加太多影响，需要在保持良好情绪的基础上，应对他人的情绪，使他人的情绪往好的方向发展，达到情绪管理的目的。他人情绪管理方法一般有宽慰、劝说、安抚等。

二、大学生情绪管理

（一）大学生情绪管理的内涵

美国心理学家马斯洛在他的相关文章中阐述"自我实现者"的情绪特点

时，提出了健康情绪包括六个特征：第一，平和、稳定、愉悦和接纳自己；第二，有清醒的理智；第三，有适度的欲望；第四，对人类有深刻的、诚挚的感情；第五，具备富有哲理的、善意的幽默感；第六，有丰富而深刻的自我情感体验[①]。

　　大学生正处在青春期，他们的情绪以及心理健康正处于一个由不成熟走向成熟的重要时期，处于较快发展的时期。在大学生的情绪成熟和认知成熟这两个方面，情绪的成熟阶段比认知的成熟阶段发展要慢一些，大学生情绪的基本特征是其具有两极性以及矛盾性。所谓两极性是指，情绪的动力性、激动性、强度、紧张度上存在着对立的状态。所谓矛盾性是指，大学生的生理需求与心理需求的矛盾、个人需求与社会满足程度之间的矛盾、理想与现实之间的矛盾、"理想中的我"与"现实中的我"的矛盾等。这些矛盾冲突都会反映在情绪上。由于情绪的两极性、矛盾性，大学生的情绪呈现出情绪体验丰富多彩、情绪波动较大、情绪体验强烈并易冲动的特点。大学生正处于青春期，刚刚离开父母、教师的照料和手把手意义上的指导与呵护，开始独立面对学习、生活、交友、求职等问题，因此，大学生的情绪体验是非常丰富的，大学生的情绪两极性相当突出，不仅有快乐、活泼、拼搏以及向上的积极方面，同时，也具有悲观、低沉、沉沦以及颓废的消极方面。高校学生正好处于重要的关键时期，身体的成熟让他们精力更加充沛，以极大的热情去追求人生中的幸福以及理想。但同时由于高校学生缺乏社会经验以及社会阅历，失败和挫折是难以避免的，高校学生在遇到困难和打击的时候，又容易表现出意志消沉的状态。并且，大学生的自制力较弱，情绪一旦失控，其爆发性和冲动性就会造成比较严重的后果。年轻人是在情感以及理智的相互交织中不断发展的，是在从自我控制能力较弱到自我控制能力较强的过程中成长的。因此，高校学生的情绪状态不是很稳定，容易受到环境以及他人的影响。这种可能强化积极情绪，促进有利于社会的积极行为，而且也可能强化消极情绪，给社会带来偏激的行为，甚至产生破坏性的行为。情绪管理是个体或群体对情绪进行科学的调节和管理的过程，情绪教育是对大学生进行情绪管理的理论和技巧的教育[②]。大学生能否有效地管理自己的情绪，对大学学习、人际关系以及身心发展都有着重要意义，因此，培养和提高大学生的情绪管理能力非常重要，尤其要重视大学生情绪认知能力、情绪表达能力、情绪疏导与宣泄能力的培养。

---

　　① 参见李雪平：《对心理健康标准的解析》，《西华师范大学学报（哲学社会科学版）》，2004年第5期，第104～107页。

　　② 参见许若兰：《论大学生情绪管理和情绪教育》，《成都理工大学学报（社会科学版）》，2003年第4期，第116～118页。

（二）大学生情绪管理的特征

1. 大学生情绪管理总体趋于积极

大学生能够较好地觉察到自己和他人的情绪变化，也能够通过适当的方式进行表达，但是在对情绪的理解调控方面还是相对偏弱，易对情绪含义产生曲解，从而出现一些过激行为。

2. 大学生情绪管理群体间差异显著

第一，年级差异。大一学生由于刚踏入大学校园，对一切都感到陌生又新奇，所以处处会表现出较好的一面，以此建立良好的社会人际关系，适应大学生活环境，因此大一学生对情绪管理相对高年级而言会更好一些。在情绪表达维度各年级呈现出逐渐降低的趋势，即年级越高，大学生越不善于表达。大一年级因刚进校园，需要通过言语及非言语的信息来进行积极的自我表达，建立良好的校园关系，也能够更好地认可他人的表达，而随着年龄的增长和年级的升高，大学生会逐渐成熟，越来越沉稳，其独立自主性增强，更愿意将事情放在自己心里，所以大学生的情绪表达愿望便随之降低，因此可能会影响未来人际关系的发展。情绪调控维度表现为大一与大三学生显著高于大四学生。在控制消极发泄能力上，大四学生相对于低年级的学生面临更多的现实问题，比如就业与毕业双重压力问题、情感问题等，这使得他们较为容易产生焦虑情绪，所以在遇到问题时不能很好地进行调节以控制自己的情绪。

第二，学科类型差异。医学学科与理工学科的学生平时以医院、企业等单位的实习和实验课为主，通过实习让大学生提前进入社会环境加以锻炼，做实验与处理数据让他们在生活当中也表现出更为细心、耐心的特点，因此医学生和理工学生表现出较高的情绪觉察和情绪理解能力。同时所学专业也让他们更为理性、逻辑性强且做事严谨，因此在情绪上更为稳定。而人文学科的学生情绪管理能力相对偏弱，主要是因为感性因素占据较高比重，情绪相对不够稳定，需要适当加强社会实践和相关思维训练，对其思维进行合理引导。

第三，是否独生子女差异。大部分"00后"大学生是独生子女，这部分大学生由于没有兄弟姐妹，受到父母和其他亲人的多重照顾，社会支持系统强大，因此在面对许多事情时更倾向于发泄而不会注重调控情绪，而非独生子女相对独生子女而言受到父母和其他亲人的关照较少，甚至还需要更多地照顾自己的兄弟姐妹，所以在面对许多事情时会更倾向于合理的调控。

　　第四，户籍差异。户籍所在地的不同对大学生的情绪管理有一定的影响，表现为来自农村家庭的大学生其情绪管理能力显著高于来自城市家庭的大学生，此研究结果与胡晴的研究结论刚好相反，可能是被试样本为西部和东部地区差异的原因。[①] 通过访谈发现来自农村家庭大学生的情绪调控能力显著高于来自城市家庭的大学生，主要原因是由于来自农村家庭的许多大学生从小便干农活、做家务等，培养了他们的自主独立性，且来自农村家庭大学生的父母因文化水平有限，对于他们的正确引导较少，干涉也相对较少，从而在出现许多事情时，来自农村家庭的大学生更多地以进行自我调控为主。

　　第五，是否担任学生干部差异。学生干部与非学生干部之间的情绪管理存在显著性差异，表现为学生干部的情绪管理能力显著高于非学生干部的大学生。在高校学生干部的选拔大多是以民主方式进行表决，因此在大学生中人际关系较好、工作能力较强的同学比较容易入选，也会更容易得到老师及同学的支持，因而学生干部的情绪管理能力相对于非学生干部的大学生会好一些。在情绪觉察和情绪表达维度，学生干部与非学生干部呈现出显著性差异，说明学生干部在与老师和同学的交流、交往中也不断得到锻炼，能够较好地觉察他人的情绪变化，并进行适当的情绪表达，从而更好地服务于同学。在情绪理解和情绪调控维度尽管并无显著性差异，但从研究结果来看，学生干部的情绪管理能力依然较非学生干部能力强，说明学生干部经历对于大学生情绪管理能力的培养发挥着重要的作用。

第二节　大学生的情绪管理困境

一、大学生情绪管理存在的问题

（一）大学生情绪管理教育层面存在的问题

1. 缺乏具身教育理念

在当前的大学生心理健康教育中缺乏具身的情绪管理能力培养理念。具身

---

　　① 参见胡晴：《大学生情绪管理能力与主观幸福感关系的研究》，西华师范大学，2016年，第17页。

教育要求将身心的和谐统一真正置于大学生心理健康教育中。注重培养大学生形成良好的情绪智力，力求以新的大学生心理健康教育理论指导学生的身心发展。这不仅仅要求高校大学生心理健康教育工作者在思想层面重视加强情绪管理培养，更应该体现在实际工作中，由大学生心理健康教育工作者亲身参与情绪智力培养，用自己的实际行动表明对培养教育理念的肯定。具身教育理念体现在教育过程中便是教育内容与方法中的亲身参与，通过亲身参与教育教学活动，充分调动大学生的主动性与积极性，提升大学生的学习兴趣，帮助大学生了解并改善自身情绪状况，从而实现大学生心理健康教育有效性的发挥。

2. 忽视情绪智力培养

大学生心理健康的内容缺少情绪管理教育和情绪智力培养。当前情绪管理的障碍是大学生对情绪管理的内涵和意义认识模糊，但绝大部分大学生希望学校采用合适的方式让他们了解和学习情绪管理方面的知识，改善自己的情绪状态。目前，高校情绪教育现状调查显示，存在学校对大学生的教育管理中忽视情绪管理、辅导员对大学生情绪缺乏人文关怀和有效引导，大学生在遭遇受挫感到沮丧时很少求助于心理咨询老师，对其缺乏信任感等问题。当前高校对大学生的情绪管理局限在辅导员教育、心理咨询、校园活动等三个方面，而且这三个方面也存在诸多弊端，远远不能满足大学生的情绪需求，尤其是辅导员在大学生情绪管理中应有的作用未得到充分发挥。

3. 实践环节的薄弱性

情绪管理教育中的身体缺场，"身体回归"的实践环节具有薄弱性。身体是教育实践活动组织与运作的纽结、个体自我构建的本源所在，在于身体是"活的"，而不是手术台上的肉体。当今教育实践以及研究中只有年龄段的、概念性的身体，没有具体化的个体的身体；只有自然的身体，没有社会情境中的身体，只有与心理发展相伴的身体，没有自身构成问题域的身体。传统的情绪管理教育实践是一种灌输的书本教育，缺少在具身的情绪中"身体"的参与，导致情绪的认知、理解和体验环节中身体的缺场。情绪管理的教育需要将身体从"隐性"变为"显性"，在身体参与的实践活动中加强情绪管理能力。

4. 缺乏情境良性互动

大学生心理健康教育的环境营造应注重与其教育主体、客体及介体之间的交流，否则会造成客观上的身心分离，使身体在认知过程中不能有效发挥其作用，影响个体知识的获得，从而影响大学生心理健康教育有效性的发挥。研究表明：当大学生处于良好的情绪状态时对大学生进行心理健康教育的效果就会更好，积极情绪情境能在大学生心理健康教育过程中增强他们的政治认同、情感认同、思想认同。但在参照具身认知的情境性基础上，我们发现当前高校仍存在教育者孤身奋战的教育现状。首先，在大学生心理健康教育过程中没有有效发挥情绪、情感等非理性因素的积极作用。大学生心理健康教育不是思想、符号和概念的灌输，而是通过身体的参与、情境的引导，达到思想的内化与认同。在这一过程中，要让大学生形成良好的情绪状态，在积极的情绪的良性互动下，将大学生心理健康教育理论内化为大学生对心理健康教育的认识。其次，只依靠学校单方面的努力不利于大学生心理健康教育的开展，也影响了大学生情绪智力的塑造。大学生心理健康教育的良性互动需要家庭、学校、社会三者的合力。为了使大学生能处于积极的家庭、学校、社会的情绪体验环境中，情绪管理教育情境性构建在当前社会环境和文化背景下尤为迫切。教育者不仅要从外在环境、文化背景、家庭环境等多方面出发，也要通过学校、家庭和社会发挥合力作用，树立情绪管理教育的系统观，在教育理念、教育方式、教育内容上做到优化。

（二）大学生的情绪管理意识缺乏

大学生群体是心理疾患的高发人群。近年来，随着高校的扩招，大学生数量急剧增加，这个数以千万计的大学生群体，是未来社会发展的中坚力量。但也因为他们正处于身体和心理快速变化、由学校到社会的转折期，心理发展尚未完全成熟，在面对学业、感情、交友、就业等问题时往往比较敏感，情绪波动较大，容易出现焦虑、易怒等负面情绪，严重影响他们的身心健康。而他们的心理健康问题，无论是对他们个人、家庭还是社会的稳定与发展而言，都是不容忽视的重大问题。

通过深入研究我们发现，在心理疾患人群中，有70%以上的患病因素与情绪有关。因此，有效的情绪管理是预防各种心理疾患的基础，也是预防各种犯罪事件的源头。鉴于此，情绪管理就应该引起教育工作者及社会工作者的高度重视，尤其是年轻的大学生群体，因为他们没有意识到情绪管理能力欠缺会导致以下问题：

第一，缺乏必要的情绪管理意识，容易导致极端心态与极端行为。在访谈中我们发现很多大学生对现实生活中的情绪困扰有比较明确的认识，但是对自己情绪需要加以管理的意识却不明确。必要的情绪管理意识缺失，使大学生情绪长期处于较大的波动状态，这种较大幅度的波动状态会造成身体器官及生理组织的超负荷运行，进而成为诱发各种心理、生理性疾病的重要因素。

第二，缺乏积极的情绪管理意识，影响大学生树立正确的世界观、人生观、价值观。每个人的生命历程难免会遇到一些坎坷挫折，难免出现负面情绪。大学生虽然还没有走出校门进入社会，但也有情感、学业和就业等方面的压力，也容易产生焦虑、伤感等负面情绪，如果不能以积极的心态及时地调整自己的情绪，冷静面对成长路上可能出现的障碍，不仅会出现厌学、自闭等心理亚健康问题，还会出现世界观、人生观、价值观的偏差，而这种偏差不仅会影响学生个人的发展，严重者还会给国家民族造成不良的后果。

第三，情绪管理不主动，不利于大学生学业的完成与发展。许多大学生有调整与管理自我情绪的意识，但也有部分大学生缺乏管理自己情绪的主动性，面对大学管理体制中留给学生自主学习、自我思考和自我管理的空间，管不住自己的懒惰情绪，一味散漫、沉迷网络、频繁逃课，导致出现学业不达标的结果，进而造成焦虑恐慌等不良情绪，由此产生厌学、退学等问题。

第四，情绪管理能力不强，不利于大学生的人际交往。大学生虽未走进社会，但也具有社会人的属性，具有社交的需求，渴望被认可、被尊重、被理解，渴望在人际交往中获得社会归属感。而情绪管理能力不佳，就会导致他们在人际交往和沟通中不能及时调控自己的情绪，缺乏包容性、忍耐性与融合性，不仅很难获得他人的尊重和帮助，也很难培养自己的团队协作精神，不能为自己的学业和职业发展奠定良好的基础。

（三）大学生群体所处成长阶段存在的问题

大学生群体处于青少年向成年转变的过渡时期，也是人格成长与发展的关键时期，该时期个体的自我认知水平及理性调控能力都处于逐步发展和完善阶段，在这样相对较短的时期内发生如此复杂、急剧的变化，难免会造成大学生在各个方面的不协调和不平衡，从而容易引发大学生群体的情绪波动、情感矛盾和冲突，该时期也自然就成了大学生群体产生情绪情感问题较多的时期。刚刚入校的大一新生面对新环境需要适应、新的人际关系需要处理以及崭新的课业内容需要学习，其情绪一定程度上会处于波动幅度较大的状态，在处理学习、生活中的细节及复杂社会问题时，难免会引发一定的内心挣扎及矛盾冲突，如自我意识增强与认识发展不成熟的矛盾、强烈的人际交往意愿与社交方式或能力欠缺的矛盾等；即将毕业的大四学生面对毕业与就业的压力、人生选择的难题，很可能会产生理想情感丰富与难以平衡现实落差感的矛盾、勇于追求梦想却无法承受屡屡受挫的矛盾等。正是上述种种矛盾的存在，加之大学生群体自身缺乏理智地、科学地进行自我认知、自我控制与协调平衡的能力，一定程度上就导致了该群体的情绪情感问题更加多样而复杂。大学生常见的情绪问题主要有情绪易激动、易烦躁、易冲动、稳定性弱、寂寞、空虚、消沉等，严重的情绪情感问题甚至还有可能会导致产生焦虑症或抑郁症。

二、大学生情绪管理出现问题的原因分析

根据世界卫生组织（WHO）数据统计，20～39 岁人群精神疾病负担最重，心理疾病的风险正在全球快速上升，其中最常见的抑郁、焦虑正困扰着全球约 1.2 亿人。身体和心理发生快速变化的大学生群体，无疑也是上述统计数据中的高危人群。有关研究表明，心理疾患的产生大多与情绪管理不善有关，而大学生情绪管理不善的原因主要有以下几个方面。

（一）每个大学生的情绪状态有所差异

情绪的产生是主观与客观的结合，其能够引起个体身体上的变化、内在情绪感受的变化以及行为方式上的变化，由内到外对个体产生深刻的影响，结合情绪具有的稳定性与不稳定性、意识性与非意识性、长时性与短时性、内隐性与外显性、阶段性与层次性、丰富性与掩饰性等特征，可知情绪的复杂性造成情绪引发的原因、表达意向与行为同样具有复杂性。

每个人都是独立的个体，情绪状态因人而异。情绪测量可以测量出某一个时间段内大部分人的情绪稳定状态，但其不能避免少部分人出现情绪不稳定甚至更糟的状况，这是由情绪的特殊性决定的。具体而言，情绪受环境的影响，外部刺激会引起人不同的情绪，环境状况良好时，人的情绪可能会更倾向积极变化，当环境很糟糕时，人的情绪可能会朝着消极方向转变。同时，情绪的主观性强，和人的认知、性格、喜好等关系密切，人在遇到外部环境的刺激后，再经过主观内化才形成情绪，这一秒的情绪和下一秒的情绪都可能是不一样的，一段时间内人可以拥有多种情绪，长时间内也可能存在只有一种情绪或者几种情绪。由于认知水平不一样，同样一件事情，在有的人身上，他的情绪是积极的，但在另一个人身上，它所带来的却是消极的情绪。人是社会关系的集合体，人与人之间本身就存在着各种各样的区别，所以情绪也不可避免地会有复杂性、灵活性和多变性。

情绪调节受情绪本身的影响，在访谈过程中有同学提到在学习生活中会偶

尔出现某一时刻无缘无故地悲伤难过，无缘无故地开心快乐。同时也存在这样的现象，当自己这一段时间在悲伤难过时，突然有一个好消息传来，自己的悲伤情绪就减少了很多，进而取代的是快乐情绪；当开心快乐时，突然一个悲伤的消息传来，自己也会很快陷入悲伤当中。同时，自己后面的行为方式也会受到情绪的影响。开心快乐时，做事或者学习都会变得积极；悲伤难过时，做什么都不带劲，会比较消极。

处于大学阶段的学生身体在生理上迅速发育，但他们的心理发展却相对缓慢，还要经历一个不断发现、吸收、修正和调整的过程。生理与心理发展的不平衡使他们常常处于心理冲突与矛盾中，如他们自觉自己已经长大，什么事都能做，对现实充满了无限的理想与憧憬，但在严酷的现实面前又常常碰壁。于是，理想与现实的差距、自负和自卑的交织、沟通与封闭的选择、独立与依赖的更替等一系列心理冲突便随之而来。这一系列心理冲突又导致了情绪上的两极性，即情绪中的肯定与否定、积极与消极、紧张与轻松、活泼与平静，而且两极性均表现为强烈与快速转换，具体表现为爱动感情，容易冲动而又很快转化为泄气、灰心，或欢快忽然变得沉闷，热情很快转化为冷漠，自卑突然变为自信，忧愁忽而转为喜悦，等等。因此，大学时期既是生长发育的高峰期，又是心理矛盾冲突与情绪容易波动的特殊时期。大学生虽然已成年，但仍然会有以上生理与心理的双重困扰，仍然会有情绪不稳甚至情绪体验强烈的特征。

（二）家庭关系的变化导致的心理与情绪失衡

大学时期是孩子首次离开家庭，尝试独立自主的转折期。他们与家庭的关系发生了变化，由过去与家人朝夕相处变为与同学、师长的相伴相随。但家庭是每个人成长不可或缺的摇篮，上大学之前父母及家人的教育方式直接影响着孩子的心理品质。家庭教育对大学阶段学生们的情绪管理能力有非常重要的影响。这些影响主要表现在以下几个方面：

首先是父母的教育方式，对孩子一生影响甚深。如果家庭教育是溺爱型，娇生惯养，就会养成孩子以自我为中心；如果是放任型，放任自流，就会让孩子自由散漫；如果是粗暴型，棍棒相加，要么让孩子紧张胆小，要么让孩子也有暴力倾向。这些极端的教育方式都会使孩子不能合理宣泄和表达自己的情绪，从而造成情绪管理上的困扰，甚至导致产生不良的习惯和人格。

其次是家庭结构的完整性。父母的婚姻状况也是影响孩子情绪与个性的重要因素，单亲家庭或父母感情不好往往会让孩子养成以偏激的方式对待冲突和缓解相关情绪的习惯。有研究发现，如果孩子长期处于家庭氛围紧张压抑的环境中，即使父母有时候发怒的原因与孩子无关，也会对孩子的未来发展产生很大的影响，同时伴随出现较多的情绪问题。

最后是受家庭成员构成因素的影响。有研究表明与独生子女家庭相比，多子女家庭的孩子拥有更好的情绪掌控能力。因为孩子每天遵守着共同的家庭规则，并拥有特殊的情感关系，孩子在和兄弟姐妹的交往中学习到社会认知技巧，其中就包括如何换位思考、解决冲突、提供情感支持、情绪调节等①。但目前的大学生多为独生子女，父母给了他们太多生活的关爱与学业的监督，使孩子长期处在被关注被监督，导致处于紧张、焦虑的心理状态中，对他们心理素质及"情绪智力"的培养则较为忽略。

大学生带着各种各样的家庭烙印和性格特征走进了校园。随着他们进入大学校园，与家庭的关系发生了变化，心理也发生了变化。他们既希望摆脱家庭的约束，又对这种突然失去的家庭庇护关系转换不适应。尤其是那些生活在衣来伸手、饭来张口的家庭环境中的独生子女，有的在家庭中就养成了唯我独尊的强势个性；有的思维活跃，却不肯实干；有的胆小怕事，自卑怯弱。这些心智尚未成熟、独立人格尚未完全形成的大学生，既有较强的家庭依赖性，又希望摆脱父母的约束；既希望得到社会家庭的指导帮助，又有很强的自尊意识。一部分人一旦脱离家庭依赖，走进大学校园，很难融入集体生活及学习环境中，在大学中稍遇挫折就表现得十分脆弱。部分大学生可能会因为生活和学习中的一个小问题，或因同学、老师的一句微不足道的话语陷入沮丧、失落的情绪中无法自拔。诸如此类的消极情绪，如果没有理性的调控或及时向家人、朋友、心理辅导老师倾诉及寻求帮助，而是任由其蔓延与发展，就会成为导致极端情绪及心理疾患的隐忧。

（三）学校环境的变化导致的适应障碍及情绪问题

众所周知，大学校园的学习环境是宽松自由的。因为多年来的应试教育，许多中学的教师采用灌输式教学法，学生一直处于被动且紧张的学习状态中。进入大学后，学习方式与中学迥异，以个人自主学习为主，教师引导为辅，这就要求大学生首先要学会自己妥善安排学习时间。这种学习方式的转变在一定程度上会造成大学生适应障碍，带来一些情绪上的问题。如一些中学成绩较好的学生在大学里因无法适应新环境与新方式而变得成绩平平，他们往往会承受

---

① 参见 Kennedy D E，Kramer L. Improving emotion regulation and sibling relationship quality：the more fun with sisters and brothers program. Family Relations，2008，57（5）：567－578.

不了这种强烈的落差，心里着急，进而制定高目标，严格要求自己。但由于学习方法及学习环境的改变，预期的目标及愿望有时很难达到，又导致他们经常处在紧张、焦虑甚至否定自我的情绪中，长此以往难免产生抑郁情绪；还有一些学生由于大学学习环境宽松自由，便放松了对学习的要求，尤其是个别男生，将宝贵的时间沉迷于网络游戏，完全忘了自己学生的本分，一旦期末考试挂科，也同样难逃焦虑、自卑的情绪。除了入学适应的障碍，还有各种考试的紧张与不安、毕业向社会过渡的焦灼与躁动，再加上生理心理上的困扰，种种负面的情绪都会造成大学生的情绪困扰。在大学阶段大学生被负面情绪困扰的状态应当引起教育者足够的重视。

（四）社会因素导致的精神压力

大学是一个优秀群体聚集的地方，也是一个全面提升学生素质的殿堂。但调查表明大学生理智调控情绪的能力却随着年级升高，得分呈下降趋势。深究其原因，主要有以下几方面：

一是随着大学年级的升高，学生压力交替叠加。中学生的生活目标单纯而明确，那就是努力考上大学。而大学生则要完成人生中重要的社会化转换，先从懵懂的高中生变得独立自主，再到读书期间自己安排生活和学习，最后毕业进入社会体悟千滋百味的生活。在此社会化转变的关键时期，大学生各有各的情况，各有各的焦虑。遭遇学业挫折的大学生，担心不能顺利完成学业而惴惴不安；学业完成顺畅的学生有考研、留学和择业的需求，面对多重的人生选择和对未知的不安也会引发焦虑。还有普遍存在的学业压力、考证压力、就业压力、升学压力、人际关系处理、感情问题处理等问题交替叠加，学生们难免情绪波动，情急之下处理问题更容易受到负面情绪的左右，如不能理性调控，肆意发泄就在所难免。

二是社会需求标准日益提高，有就业挫折的学生难免情绪低落。不管哪个层次的大学，学生最终都要走向社会，肩负为社会效力的历史使命。踌躇满志的大学生一方面怀有对社会的各种期望，极力想展现自己的力量，展示自己的才华；另一方面，他们对社会的复杂性又认识不足，对自身行为的合理性与可能性思考不深入，加上人生的价值观尚未稳定建立，他们的愿望与现实可能并不一致。当今用人单位对毕业生的要求也越来越高，有些用人单位在择人标准上还颇有偏见，如非"985""211"大学的学生不要，非男生不要，等等。这就给一般院校成绩优异、技能突出的学生设置了门槛。面试内容所涉甚广，不仅考核学生的专业技能，还要测试他们的心理素质与团队协作精神。用人单位日益提高的考核标准，对专业技能强心理素质高且准备充分的学生而言是优势，但对成绩平平又缺乏充分准备的学生而言，就是反复的面试、反复的受挫。毕业生求职的过程中，被用人单位淘汰本是正常现象，但被拒绝会使人自尊心受挫，也会引起大学生的失落情绪。他们会认为自己的学习经验没有价值和回报，自己曾经的期待是错误的，自己在社会中的价值也需重新评估。如果这种被拒绝后的失落情绪扩大，大学生的自尊心和自信心就会受到严重打击，严重的还会使人陷入过度不良情绪而自我否定。有学者指出，被拒绝可以造成四种不同的情绪创伤，分别是挥之不去的内心疼痛、愤怒和攻击性冲动、对自尊的伤害、对归属感的伤害。由此可见，这种被拒绝的尴尬，对学生心理影响很大，如果没有及时的心理调整与情绪管理，任由自己一味陷入被伤害的情绪中，就会失去进取心，乃至失去对生活的自信心。

三是复杂多变的社会信息也会使大学生情绪焦灼不安。互联网时代人们足不出户，只需通过网络就能获取全世界的信息。互联网给人们带来便利的同时，也带来了一系列的负面信息。各大媒介的网络竞争日趋白热化，为了获取更多的受众和流量，部分媒介不惜采取博人眼球、刺激用户情绪的手段来达到目的。有的媒体时常散播贩卖焦虑情绪制造恐慌，有的自媒体用亦真亦假的写作方式制造一些幻觉、放大社会焦虑、煽动社会情绪。有时有人还会制造一些假象，好像处处是通往成功的路，每个人离成功都只有一步之遥。在这种网络媒体的渲染下，大学生的情绪很容易受到这些非正面信息的影响，进而带来情绪管理的不稳定性。

综上所述，大学生出现情绪管理不善既有主观因素，也有客观因素；既有个人因素，也有家庭、学校、社会等因素。找到了情绪管理不善的原因，教育者才能有的放矢，对大学生情绪管理问题引起足够重视并积极培养他们的情绪管理能力。

第三节 大学生的情绪管理途径

一、大学生情绪管理能力的培养

如何正确引导大学生在学习生涯中健康发展，完成校园生活与社会的衔接，涉及教育的方方面面，需要结合大学生发展的特点进行具体分析。

（一）开展情绪情感教育

情绪与情感有着密切的联系，情绪作为情感的外在表现能够反映情感的变化，而情感则是更深层次的情绪的本质内容。个体一般都是在一定情境中产生不稳定的情绪，之后逐渐产生相对稳定的情感和体验。为了提高大学生情绪管理的能力，应该从塑造稳定的情感入手，用相对持久稳定的、更深层次的情感态度影响情绪，培养积极情绪，有效处理消极情绪，因此要把二者统一起来，开展情绪情感教育。

情绪情感教育是指教师在教育教学过程中，创造有利于学生和谐融洽的教育教学环境，着力发挥情绪情感因素的积极作用，主要是指通过师生之间、学生群体之间的正面情绪情感交流，让学生体验积极的情绪，同时注重培养学生有效地调控自己的情绪，学会自我认可、自我接纳，从而促使学生在情绪情感教育的培育中不断完善健全独立的个性和优秀的人格特征的实践活动。情绪情感教育贯穿于德育、智育、体育、美育和劳育之中，对于发展个体道德感、理智感、美感等社会性情感有着重要作用。在高校教育中开展情绪情感教育，能够提高和完善大学生的情绪管理能力。

根据大学生的身心发展特征和所处学段的发展任务，在大学阶段开展情绪情感教育可以从以下几方面入手。

1. 在日常教学中发挥情感因素，促进大学生积极的情绪体验

在教学过程中，应该注意教育的愉悦性，营造快乐的教学氛围，帮助学生舒缓相对紧张的学习压力和焦虑等不良情绪。在教育过程中多鼓励多赏识，注重激发和塑造学生的自尊心和自信心。在教学中善于创设有利的情境，深入挖掘教学中所蕴含的积极情感因素，引导学生形成理智感和道德意识，增强学生积极正面的情绪体验。帮助他们进一步发展自己的道德感，可以就一些有争议的问题进行讨论或辩论，以促进道德态度与科学精神的结合；进一步培养他们深刻的学习体验，从对学习结果的体验发展到对学习目的的体验；防止他们产生一些庸俗的美感，用高尚的作品和丰富多彩的文艺活动熏陶他们。

2. 发挥教师的示范引领作用，指导大学生在实践中提高情绪管理能力

教师必须树立"以人为本"的教育理念，从每个学生的个性发展出发，尊重学生、理解学生、热爱学生。构建和谐民主的师生关系，教师首先要增强自身素质，提高自身德育方面的教育水平，学习情绪管理的相关知识，提高情

情感的感染力。在教育过程中，教师自身的情绪时刻影响着学生，因此教师要具有平和的心态，在教育教学中学会正确地管理自身的情绪，做到有效地识别自身和学生情绪，合理地表达自身情绪，准确理解学生表达的情绪，并科学地调控自身情绪；同时也要注重修炼自己的学科专业知识和技能，培养优秀的道德素养和品质，这样才能借助"言传"和"身教"持续地感染学生。

最近发展区理论的相关观点认为，合作对话的程度应该根据学生的最近发展区来确定，对比学生能独自达到的水平和在更为娴熟的参与者的指导和鼓励下能达到的认知水平之间的差距，通过帮助鼓励等合作对话形式，让学生内化问题解决技巧，从而上升到独立掌握的新水平，促进认知的发展。教师应该在学生参与实践活动中发挥指导性作用，当好学生人生路上的引路人，给予学生正面支持。创设情绪问题情境，根据学生在学习情境中的行为做出相应的指导，帮助学生不断肯定自我、发展自我、完善自我，从而逐步提高学生对情绪问题的理解和情绪管理的能力。

3. 开设情绪情感教育课程，系统培养学生情绪管理能力

学校和教师可以借助班会、主题活动日等开展情绪教育课程的系统学习，开发一些符合学生心理特点的趣味课程资源，结合学校的实际情况实施案例教学、活动教学、情景化教学等。专项教学也不必拘泥于教室等特定环境，一方面可以在生动有趣的课程中做到向学生传授一些情绪管理的基础知识和理论；另一方面在学生初步认识和理解情绪管理知识的基础上，可以借助丰富多彩的活动调动学生积极性，感受自己情绪的变化。教师可以通过各类节假日，如元旦、国庆、清明节、父亲节、母亲节、教师节等，对学生开展情绪情感教育。例如，在父亲节、母亲节的时候，要求学生为父亲或母亲制作一个小礼物、小贺卡，写上发自内心的祝福。

此外实施系统的情绪情感教育课程，还要注意针对不同年级、不同年龄段学生的特点，重点开展特色养成教育。不定期开展学生情绪管理能力摸排调查，根据实际情况和学生认知规律，跟踪学生情绪动态变化。通过形式多样的情绪情感教育，让学生在实践体验中产生自己的态度体验，真正做到理论教学和情感体验的结合。

（二）重视家庭情感教育

父母是子女人生道路上的第一任导师，原生家庭是学生接触的第一个社会空间，家庭环境在学生情绪管理能力的形成和发展过程中发挥了重要作用。大

学生正处于青春期阶段，情绪上容易出现波动，相较于教师，学生个人情绪上的问题更倾向于寻求家长的帮助，因此我们要看到家庭环境、家庭教育对大学生情绪管理方面的重要影响。家庭整体环境和父母的言传身教对学生的影响非常大，父母只有让孩子知道自己的感受和情绪，并且让子女看到他们是如何表达以及调控自己的各类情绪的，才能让孩子与自己进行双向的沟通。

1. 营造民主和谐的家庭氛围，让孩子敢于表达自身的情绪

大学生相对中学阶段已经有了独立意识，容易将个人情绪进行隐瞒，父母作为子女最亲近的家人，应该为子女创造一个轻松和谐的家庭氛围，给子女创造一个愿意表达内心情绪的机会。父母作为整个家庭的核心力量，首先应该做到相亲相爱，相互尊重，为子女做出情感表率，学生在父母的影响下也更容易产生积极的情绪体验，从而提高自己的交往能力和情绪管理能力。其次父母应该增加与子女的情感交流，关心子女学习和生活的方方面面，了解他们的学习和成长状态，这样更能及时发现子女情绪的异常波动，以便及时进行沟通交流，帮助子女顺利调控情绪。

2. 提高父母的文化素养，做好子女情绪道路上的引路人

父母是子女成长路上的第一任导师，也是他们成长过程中时刻比照的一面镜子。父母的一言一行、思想态度会时刻影响子女的性格和品质，提高父母的文化素质，就是为学生树立更优秀的人生榜样，在他们的成长过程中起着正面示范引领作用。父母可以通过多种途径学习相关的教育知识，例如，广泛阅读教育类书籍，听取相关教育类讲座，借助公众号、短视频等社交工具及时更新教育理念、学习教育技巧等，从而真正了解子女，走进子女的内心。

在与子女的相处过程中，父母应特别注意以下几点：首先父母要注意自己在家庭教育中的角色和位置，不能采取一副高高在上的姿态教育子女，而应该选择和子女进行平等对话，让子女感受到充分的尊重和关心，这样学生才会更信赖父母，愿意与父母沟通交流，父母也能够有更多的机会倾听子女的心声。其次是父母要注意家庭教育的方式方法，当子女学习或生活中犯了错误，出现问题的时候，用耐心细致的对话代替严厉的批评甚至打骂；用温情让子女感受到家庭的真心关怀，同时分析原因、讲明道理；帮助子女冷静客观地直面问题，顺利解决。最后父母还应该不断加强各方面的学习，不仅学习家庭教育的理论知识和技巧，也结合个人情况发展自身的能力和素养，潜移默化地熏陶子女，让子女感受到父母也在不断学习、不断成长，从而对父母产生由衷的尊敬

和敬佩，认可父母是值得信赖和陪伴的人生伙伴。

3. 重视子女综合能力的提升，避免重成绩轻心理发展

在应试教育的大环境下，家庭、学校和社会都十分关注学生的学习成绩，从小学直至中学阶段的任务和目标让他们对成绩、个人发展看得特别重要，整个家庭教育的重心也多关注分数和学习成绩的排名。进入大学阶段，部分家庭过度地关注孩子在考研、深造等方面的情况、参与孩子对未来职业的规划，难免会增加孩子的心理压力，造成孩子迷茫、沮丧、焦虑等负面情绪，与此同时，忽略孩子内心情绪的变化会让他们的负面情绪状况加重。因此家长应该转变观念，孩子未来不论是就业还是继续深造，父母都可以适当提供建议参考，但更应该注意培养的是孩子对学习的兴趣和积极向上的心态，帮助孩子在成长过程中树立正确的人生观和价值观。

父母应该时常与孩子沟通，帮助他们调节压力和情绪，让孩子感受到父母真正的关心，杜绝使用简单粗暴的语言和方式，否则会让孩子拉大与父母的距离，甚至产生逆反心理。现代社会对人才的要求是全方位的，健全的人格和高素质的道德修养更为重要。父母虽然不直接教授孩子在学校中所学的知识，但可以通过耐心细致的分析，让孩子找到自己在学习方面的优缺点，从而直面学习，有的放矢地解决自己的困扰，逐步建立自信。

父母还要了解孩子真正的兴趣爱好，学习阶段的孩子可以通过自己的兴趣爱好缓解压力，正确地调适情绪，因此对孩子学习以外的兴趣爱好，家长要和孩子一起进行筛选甄别，有所扬弃和有所坚持，不能"一刀切"式地反对。鼓励孩子发展健康的兴趣爱好，可以是唱歌、跳舞、写字、绘画、运动等，健康适度的游戏也应是被允许的，只要父母作为"知心人"帮助他们把好关，调控好学习和爱好的比重，就能让孩子拥有一个可以放空自己的休闲领域。

4. 关注和信任每个孩子，重视多子女间情感资源的分配

作为家长不仅要为孩子创造良好的物质条件，更要全身心地关注孩子。时常和孩子聊聊天、谈谈心，孩子才会更乐意对父母敞开心扉，父母才能真正了解到孩子内心的真实想法。特别是在多子女家庭中，父母更要注意照顾到每个孩子的感受，给予他们充分的关爱。

大学阶段的学生，心理上已逐渐成熟，也有足够的能力帮父母分担家庭责任，他们也渴望在家庭中得到认可和发挥作用。父母可以放心大胆地信任他们，借助分担家庭责任锻炼他们，更重要的是此时可以适当放手，鼓励孩子自

己面对生活中的问题，寻求合理的解决方式，不断提高他们的责任感和抗挫折能力，促进他们情绪管理能力的提升。

（三）发挥社会力量

大学生情绪管理能力的发展也和社会大环境有着密切的联系。大学生在与社会环境相互作用的过程中，一方面外部社会环境会影响他们世界观、人生观、价值观的形成和个性的塑造；另一方面大学生也在逐渐调适自身，融入环境。随着社会环境的逐渐开放，大学生有各种不同的途径去感知社会环境的状况，但由于他们此时心智发展并未完全成熟，缺乏理性的分析判断，因此没有能力去判断外部社会环境影响的好坏。大学生本身就有强烈的好奇心、求知欲，面对外部环境如果不加甄别，也不利于大学生健康的情绪管理能力的形成。

1. 完善大教育资源的优化配置，增强大学生的学业自信

社会的进步和发展促进了大学生情绪管理能力的发展，社会大环境的风向影响了大学生情绪管理能力的发展趋势，和谐稳定的社会环境氛围能够为大学生形成健康稳定的情绪管理能力提供优质的外在支援。社会对高校教育的重视和支持会影响大学生对自身学业的定位，帮助缓解大学生学习和就业等方面的自卑和焦虑，以更加主动上进的态度看待自身，促进个体积极地解决情绪管理方面的问题。

2. 打造健康的现实和虚拟社会环境，丰富大学生正面积极的情绪体验

随着社会大众文化和互联网传媒的发展，大学生的生活也不断被复杂多样的社会文化所影响，进而不自觉地接受社会文化所传达的各种理念和意义，自身的情绪变化和表达调控等能力也都受其影响，因此我们应营造积极健康的社会环境，对大学生进行积极的社会引导。

此外，互联网在大学生认知的形成过程发挥了重要作用，不少大学生的情绪认知和体验都"寄情"线上，虚拟世界打造的社会环境不容忽视。大学生在校期间，与社会的接触主要是通过网络渠道，很多观点认识可能来源于抖音、快手等小视频，还有个别大学生喜欢甚至沉迷手机游戏。社会文化环境会影响大学生的身心健康和思维发展，网络资源的极大丰富为大学生提供了丰富的情绪体验，成为他们生活中不可或缺的一部分，但休闲娱乐等社会大众文化具有商业性和盲目性，在经济利益的驱使下，有时会产生一些相对低俗、不健康的

文化产品，危害大学生的身心健康发展。

我们必须正确认识虚拟世界带来的影响，一方面要减少网络世界对大学生的消极影响，加强对虚拟世界的监管，特别要警惕低俗暴力等内容的管理，净化网络资源，家庭和学校也要注重加强对大学生网络社交娱乐的管理，及时恰当地对沉迷网络的大学生进行疏导。另一方面更要注重加强对大学生的网络教育，堵不如疏，要积极引导大学生正确认识网络世界并合理运用，借助学习强国等优秀线上资源，帮助大学生正确地了解社会、认识世界，社会整体文化导向的调整和改变促使个体不断调整自身以适应社会发展和自身成长成才的需要。同时也要积极提供更加丰富多彩的线下文体活动，丰富大学生的课余生活。例如，鼓励大学生阅读一些课外书籍、加入各类社团组织等，可以结合大学生专长、学校地区特色等，在学校、社会各个领域举办一些类似"中国诗词大会"、微电影短视频比赛、机器人大赛等活动，帮助大学生发展网络游戏、追剧以外的兴趣爱好，鼓励他们走出去，感受真实的线下社会，实现精神世界的充实。

3. 发挥社区教育的作用，创造培育学生情绪管理的第三空间

大学生的日常活动范围，除了家庭和学校，也离不开周边的生活环境，特别是自己所属的社区空间，也在无形地影响着大学生日常的情绪体验。国家大力提倡建立全民终身学习的制度环境，加快建设学习型社会，加快发展城乡社区教育。社区教育是以社区全体成员为对象，在一定区域的社区范围内，充分整合利用各种教育资源，从而提高社区成员整体素质和生活质量，促进社区发展和人的全面发展的一种教育活动。大学生作为社会的一分子，加强社区教育也能够促进其个人的全面发展。社区教育相对学校教育和家庭教育而言，形式更加灵活多样。以社区活动的形式对大学生开展假期教育，鼓励他们发挥专业特长，开展社会工作体验活动，例如，学前教育专业、护理专业的大学生可以参与社区儿童、老人等特殊人群的爱心照顾活动，计算机、电子等专业的大学生可以为社区软硬件网络进行维护，人文艺术类专业的大学生可以积极参与社区文娱活动，真正让大学生学有所用，在社区活动中实现自我价值。

（四）培养大学生理性分析自己的情绪

理性的个人归因应被用来分析自己的情绪。当出现情绪问题时，把问题归结为他人或者外界环境是不正确的。所有外部因素对自身的影响必须通过自己的内化发挥作用。因此，自己才是自身情绪的真正根源。况且，在前面已经讨

论过，情绪产生的原因并不直接是诱发事件导致，而是经由人的解释而产生的。所以大学生在觉知到自身情绪之后，对其进行分析时应学会从自己身上寻找原因，看看究竟是什么样的观念影响了自己对于事件的评价从而导致了该情绪的产生。

1. 培养大学生认识自我的能力

首先，对自己进行情绪管理，就需要正确地认识自我，正确地认识自我不仅包括对自己外表的认知，更多的是指对自己能力状态的认知和对自己个性、情绪方面的认知。正确地认识自我有利于在情绪波动时冷静处理。所以，全面了解和认识自我是情绪管理的基础。其次，遇事需要正面对待以及冷静处理。每个人都会有不同的情绪状态，遇到情绪波动的时候需要正确面对，认清自己的情绪状态。当自己的情绪状态处于负面的时候，需要自身冷静地思考，从旁观者的角度来审视自己的情绪状态；同时，根据自身的特点，理性地去对待，寻找到恰当的方式进行调控。最后，合理地运用情绪管理方式、方法。相同的一个人处于不同情绪状态时，就需运用不同的方式、方法；不同的人处于相同的情绪状态时，也可能需要运用不同的情绪调节方法。因此，要达到情绪管理的效果，选择恰当的方式、方法是关键。一般情况可以选择个人情绪方法，即转移法、运动法、理性思维法、森田疗法、音乐疗法等。因此，大学生的情绪管理首先要让他们能正确地认识自己、正确地评价自己。

2. 培养大学生的情绪调控能力

良好的情绪可以提高人的工作效率，培养和谐的人际关系。但生活在社会中的人，难免会出现情绪不佳的时候。适时地调控情绪，避免不佳情绪影响到日常的学习和工作是培养大学生情绪调控能力的目的所在。

二、提升教师的情绪管理教学能力

教师是课堂的主导者，打造优质课程，提高大学生情绪调节能力，需要灵魂工程师的引导。因此，心理健康教育课程的教师起着关键作用，其地位的显著性决定着对教师的高要求。

（一）加强理论修养，提升科研能力

从事大学生心理健康教育的教师要提高学术水平。我国的心理健康教育研

究起步比很多发达国家晚一些，在理论知识上还有待丰富与发展，根据不同的
国情，面对中国的实际，在借鉴优秀成果之时要适当落地生根，立足中国大学
教育国情对理论知识进行创新发展。大学生心理健康教育课程是一门研究性课
程，理论水平决定课程深度，要求教师要具有一定程度的学术修养，在大学生
遇到心理问题或者向他们传授心理健康教育知识时，能够引导他们学会情绪调
节；同时，拥有丰富的学识，能够用理论知识解释现实心理问题以提升大学生
对情绪的认知。此外，教师要关注心理健康教育的最新学术动态，积极参加相
关学术论坛、学术讲座，抓住每一次与专家学者交流的机会，通过专家学者的
建议与提点，深入思考问题、分析问题、解决问题，不断给自己补充学术营
养，提升自身学术水平。同时，利用进修学习的机会，加强理论知识的学习，
钻研学术领域，在学术上提高学术魅力，在生活上提高人格魅力，为其在教学
中展示教学魅力奠定基础。

　　（二）提高教学水平，提升专业能力

　　从事大学生心理健康教育的教师不仅仅需要丰富的理论知识，还需要把知
识传授给大学生，这就要求教师拥有较高的教书育人技能。每一位教师入职前
都应经过专业的教育培训，要求教师努力学习，提升课程教师各方面的能力，
以应对职业发展的要求。在平时的生活中，教师需要时刻注意自己的言谈举
止，学为人师，行为示范，用自己的实际行动去感染学生、指导学生。由于大
学生心理健康教育课程的特殊性，教师要学会运用多种教学方式，比如，运用
体验式教学、团体辅导、角色扮演、讲授与讨论等教学方式，让大学生更多地
去体验、去感受、去调节，去提升积极心理品质。还有，要提升对学生进行心
理辅导的能力，在学生有情绪时能够运用自己的调节能力去调节学生情绪，掌
握课程的主动权，引导学生时刻注意提高自己的情绪调节能力。同时，掌握教
学内容，明确教学目标，注重教学反思与评价。教师与教师之间多交流学习，
相互听课与评课，在教学实践中不断提升自我，抓住机会多参与心理教育课程
微课比赛等与提高教师水平相关的活动，以赛促教，在活动中感受与成长，以
此提高教师教育教学能力。

　　（三）关注学生心理，加强教师合作

　　大学生是社会关系的集合体，有共同的心理发展问题，在调节大学生心理
情绪问题时可根据共同的心理发展规律进行疏导与调节。但大学生也是独立存
在的个体，生活环境或多或少存在着区别，针对不同学生的情绪状况，应具体

问题具体分析。人的情绪变化性较大，有时候稍纵即逝，有时候却是持久深远的，所以对待情绪教师要有即时性、紧迫性。情绪调节运用得好它就是生活的催化剂，运用得不好可能就会带给人们无尽的悲伤与痛苦。在大学生的学习生活中，教师要深入学生内部了解和观察学生，向辅导员和其他科任教师了解学生心理情况，以及利用一切了解学生情绪动态的资源，掌握他们最新情绪心理信息，向大学生提供可靠的咨询渠道与辅导服务，利用课程调节大学生在学习生活中遇到的心理困惑。同时，科任教师还可以与教授大学生心理健康教育的任课教师合作，适当在其他课程中对大学生心理健康教育知识进行渗透，让心理健康教育在高校得到广泛传播，提高大学生学习心理健康知识的积极性，促进大学生保持情绪健康、身心健康发展。

三、要求大学生认真学习心理知识

唯物辩证法认为，事物的发展是内外因共同作用的结果，外因是根据，内因才是事物发展的决定性因素，所以在大学生心理健康教育课程中提升大学生的情绪调节能力，最根本、最离不开的因素，就是大学生本身的配合与努力。

（一）努力学习理论，提高认知水平

首先，要端正学习态度。学习态度决定学习质量，大学生在课程中应配合学校和教师的教育教学活动，包括学校鼓励参与的心理活动、社会实践以及教师为学生开辟的第二课堂，做到有所收获与启发，深刻理解上课不是单单为了拿到学分，而是要明白课程给自己带来的作用与福利，从而解决生活学习中遇到的心理问题，促进自己的完善与成长，以应对自身发展乃至未来社会发展的挑战。其次，充分利用学习机会。大学生在课堂里能够学习的知识是较为有限的，需要他们在课外补充大量的知识，才能进一步提高自身理论修养。在平时的学习生活中，应多珍惜每一次学习的机会，不断补充知识完善自己。人有七情六欲，情绪本身是人类自然发展的产物，先天因素没法改变，但是可以通过学习，让情绪积极向上，最终服务于人类自身。大学生应该具有此类情绪意识，不断加强理论知识的学习，发挥情绪调节带给自身的积极作用。

（二）关注情绪发展，调节自身行为

学习实际上是一个内化于心外化于行的过程。大学生在课程学习中应充分发挥主观能动性，关注自身情绪变化，明白情绪的由来、调节与发展，知道如

何控制情绪、调节情绪、运用情绪和升华情绪，在努力学习情绪理论知识的同时，应加强理论与实践的结合，结合自身的特殊性，有效借鉴他人情绪调节方法，具体问题具体分析，根据形式需要、自身需要去改变与调节，找到最合适自己调节情绪的方法。同时，利用所学知识指导生活与学习中遇到的情绪事件，让情绪调节成为自身学习生活中的催化剂，以及未来生活的努力方向。调节自身情绪，规范自身行为，这是情绪教育对大学生的基本要求。在平时的学习生活中，大学生应时刻意识到理性解决情绪问题的重要性，充分掌握情绪调节的行为方式，明白哪些情绪行为可取，哪些情绪行为不可取，以及在未来的学习生活中思考应如何努力去改变自身不良的情绪行为，以促进自身综合能力的全面发展。只有努力调节自身的行为，才能更好地控制情绪，让情绪发挥自身积极力量，从而使大学生更好地追求美好生活，感受幸福快乐的人生。

四、完善大学生情绪管理评估机制

学科知识、实践能力、终身发展是构成大学生心理健康教育的全部内容，也代表着该门课程的基本属性。情绪管理评估标准以及方法的选择必须围绕这三方面的内容进行建构，才能达到对大学生学习成效全面评价和测量的目的。同时还要把情绪管理理论依据中的马克思主义关于人的全面发展理论、构建主义的主动构建知识学习理论以及人本主义情感和认知统一学习理论作为构建评估方法的原则。可以通过以下三个方法进行评估。

（一）宏观评估和微观评估相结合

一方面，以一个国家、地区或者集体作为评估对象，测评心理健康教育过程中情绪管理的全部领域，即对整体效应做出评价和估量；另一方面，以特定的个体、某一特性或者一定教育活动为对象，测评其接受教育的程度及产生的作用。通过上述两方面的结合，不但能获得思想政治理论课课程中情绪管理的整体的认识，还能获得关于情绪管理效果的具体认识。

（二）动态评估和静态评估相结合

一方面，对大学生心理健康教育中情绪管理的发展过程以及受教育者思想的变化状态进行检测和评价，以此判断两者发展的动向和趋势；另一方面，对大学生心理健康教育中的情商教育已取得的成效和受教育者已经达到的认知水平进行测评，判断两者取得的结果。通过两者的结合可以随时了解情绪管理的成效以及对情绪管理活动方式做好随时的调控工作。

（三）分析性评估和总结性评估相结合

在查找问题、分析原因、吸取教训的同时肯定成果、总结规律和经验，分析性评估和总结性评估两者相结合可以促进情绪管理良性发展。在课堂教学实践当中，教师对学生的评价要符合以下几点：第一，评价要相对客观真实。教师对学生的评价一定要与事实相吻合，不可胡乱判定。客观真实的评价有助于教师增强自己的可信度，同时提高学生认知水平，促进情感交流。第二，评价要明确、适当。对于学生的疑问或对事件的看法要给予明确、适当的答复。过迟答复或含糊其词均不利于学生价值观的形成。当学生观点正确时应予以及时称赞，观点不对时也要及时指点并予以纠正，切忌一味夸赞。第三，评价要讲究方式方法。大学生自尊心较强，强烈渴望他人对自己的认可。教师在评价时要讲究方式方法，要照顾学生的感受，用委婉的语气引导学生接受教师的观点，而不是强硬地灌输性地教学。此外，在大学生心理健康教育中情绪管理还要注意不要搞形式化，一味地追求上课方式的创新和教学方式的多样化，彻底脱离课本知识；也不能过分地强调学生的自由和思维的发散，而忽视了课堂纪律的维护和学生行为的管理。

（四）建立完善大学生情绪管理评估体系

大学生情绪管理评估体系是按照促进大学生全面发展的目标要求，制定完善大学生情绪管理的具体标准，综合运用定性评估与定量评估方法对大学生情绪管理状况予以评价和考核。情绪管理评估体系涉及多个方面：一是大学生心理健康素质评估。学生情绪管理的效果直接体现在其对大学生心理健康素质的提升上，学生的思想素质、道德素质、政治素养和法纪观念等综合素质，是大学生心理健康教育实效性的反映，也是其个人情绪管理效果的直接体现。二是专业知识素养评估。大学生个人情绪管理的成效不仅反映在大学生心理健康课程学习中，也直接体现在专业学习之中。学生对专业课程的掌握程度可以从一个侧面反映其情绪管理状况。三是创新精神与实践能力考核。包括大学生分析问题解决问题的能力、理论联系实际的能力，以及社会实践能力等，这是个人情绪管理在实践中的直接运用。四是大学生身心素质评估。主要是考查学生身体和心理健康状况、社会适应能力、心理承受能力等素养。通过对大学生个人情绪管理的综合评估，既可以及时了解大学生心理健康教育课程的育人效果，也可以有效促进大学生日常心理健康教育的规范化与科学化，促进大学生日常心理健康教育管理与自我教育管理的完整统一，实现大学生的全面发展。

　　大学生情绪管理评估的重点在于评估体系的系统性、科学性与可操作性，评估的基础在于评估的公平性和客观性，个人情绪管理评估的难度在于情绪管理测评的量化性。因此，有几点必须注意：一是量化考核指标设计要从实际出发，具体详细，操作性强；二是数据收集整理要认真细致，一丝不苟，考评小组要高度负责，把评估工作落到实处；三是用评估指标引导学生继续努力，规范大学生日常学习与生活行为，激发学生奋发向上的意志。

第五章　大学生心理健康教育中的就业观

如何应对大学生的就业心理健康问题已成为当今社会严峻的就业形势下高校应该直面的重要课题。高校教师队伍在大学生工作的第一线起着重要的作用，高校教师应该引导大学生树立正确的就业观、择业观，妥善疏导大学生在就业压力下的心理不适，引导大学生不断充实完善自我，为日后的职业发展奠定良好的基础。

第一节　大学生就业观概述

一、就业观

就业观是人对于就业问题的根本观点和看法，决定了人们的就业行为、就业目标、就业方向及就业价值取向等。就业观不是凭空产生的，就业观的形成受到一些客观因素的制约，在潜移默化中逐渐形成，比如政治环境、经济发展、传统文化、受教育程度及家庭因素等客观外部条件，深刻影响着人的行为举止与方向选择。

就业观是对于就业问题所形成的较为稳定的根本观点，决定人们就业目标、就业道路的选择和对待就业的价值取向。就业观作为观念的一种，本质上属于人的思想意识层面的内容，是一种主观的存在。正因为如此，就业观不是人天生就有、亘古不变的，而是人们在不断的实践过程中慢慢形成的，并随着社会政治、经济、文化等因素变化而发生改变，是一定社会历史条件的产物。身处于复杂多变的社会经济环境中，人们在就业时必然结合各种主客观条件进行思考和筛选，就业是个体在职业世界的自我对象化，人们求职过程中寻找另一个自我，就业观是这一对象化过程的观念先导，在职业世界中塑造另一个自我。人们在就业过程中必然会因为就业认知、期望、标准、评价、态度、心理倾向等不同而做出选择，而这些因素本质上也是个人世界观、人生观、价值观在就业过程中的深层次的、综合性的体现。现有研究一般把就业观界定为关于就业的基本认知、根本看法和总体态度。如，就业观是对就业目的、意义、方式、空间等方面的根本看法和态度；是对所选单位或企业的性质、所在地、社会知名度、经济状况及自身工资福利待遇、发展前景等方面的认识和综合评价；是对各种不同职业的评价、意向以及对就业所持有的的态度。综合前人研究成果，就业观的概念可以理解为，它是人们关于为什么就业、就什么业、怎么就业的根本看法和总体认知，包括就业形势政策认知、就业目标规划、就业价值取向、就业道德规范等。

与就业观相关联的还有职业观、择业观，在一般情况下，人们未对三者进行严格区分，甚至还会混用。但是细究起来，就业观与职业观、择业观是存在差异的，这种区别对于开展研究具有一定价值和意义。职业观指一个人关于职业方面的根本看法，是人生目标和人生态度在职业方面的具体表现。职业观是一种具有明确的目的性、自觉性和坚定性的职业选择的态度和行为，对个人职业目标和择业动机起着决定性的作用，"人各有志""三百六十行，行行出状元"都体现了差异化的职业观。择业观是个体选择职业的期望或选择职业的标准，是关于职业发展可能性、职业报酬、职业声望和求职代价的比较稳定的根本观点与看法；是对选择某种社会职业所持的比较稳定的认识、评价、态度、方法、价值倾向和指导思想；是关于择业理想、择业动机、择业标准、择业意义的比较稳定的根本看法和态度的体现；是个体结合自身职业理想与现实就业情况，从社会各种职业中挑选适合自身能力且切合自身发展需要的职业的过程。基于整个就业过程来看，职业观更多体现的是对职业的静态认知，职业观会影响就业观，但不等于就业观；就业观更为丰富、更具动态性，就业观包含了职业观。择业观特指在就业活动中的择业环节，个人对职业的初步认知和权衡选择，是一种阶段性的认知；就业观则涵盖整个就业过程，认知也更为全面、完整，是对择业观的延伸。总体而言，职业观、择业观都是就业观的基础，就业观是对职业观、择业观的延伸和发展，职业观、择业观的正确与否直接影响着就业动机和就业目的，职业观、择业观的变化与发展必将促使就业观随之变化，三者之间相互依存、互为影响。

二、大学生就业观

大学生就业观是大学生对就业相关问题的总看法、总态度、总目标，包括就业定位、动机、目标、选择、方式等多个方面，对就业行为具有导向作用。大学生就业观是大学生选择职业的思想前提，也是其采取就业行动的基础，是大学生就业质量的关键因素。

（一）大学生就业观的内涵

大学生就业观体现了他们对就业的期待、向往和憧憬，既源于就业现实，又源于个体对就业的理解，进而构成了每个人的就业理想。大学生就业观是大学生对"为什么就业""就什么业""怎么就业"等有关就业认知、就业价值、就业实践诸方面的根本看法和态度，是大学生世界观、人生观和价值观在就业问题上的重要组成部分和集中体现，决定了大学生就业实践的目标、就业道路的方向和对待就业的态度。

第一，基于认知层面的就业感性认知和理性认知，回答"关于就业我已经了解什么"的问题。认知是实践的起点，既包括对事物表象、构成、外部联系的感性所"认"，又包括对事物本质、内部联系、规律的理性所"知"，是人脑接受外界输入的信息，进行去粗取精、由此及彼、由表及里的加工处理和转换，进而支配人的行为的过程。就业认知是对就业及在这一过程中对就业现实、就业政策、自身条件等相关事务的认知，包括"生动的直观"和"抽象的思维"，是人进行知识获取、信息加工、知识应用的心理过程。就业认知直接影响就业行为，认知的不同自然会产生不同的行为选择和价值判断。大学生就业认知作为就业观的重要内容，是就业观形成的基础，也是就业实践的起点。

第二，基于价值层面的就业动机和价值取向，回答"对于就业我有什么样的期待"的问题。就业实际上是一种劳动力资源的使用和配置活动，是人实现生产的途径和手段，其目的就是通过从事有意义的活动实现自身价值。大学生就业观是其在学习、生活和社会实践过程中慢慢形成的，其中既有理性人的共性，也有不同主体特有的个性，每一个体所持有的就业动机和价值选择各具特点。社会主义市场经济在迸发前所未有的活力、促进社会全方位发展的同时，也深刻影响着大学生的思想观念、价值取向和行为选择，若不及时教育引导，就易形成急功近利的功利主义就业观念。例如，有人视就业为单纯的谋生"出路"，一味追求好的物质待遇和福利保障；有人视就业为个人的谋利"机会"，希望借此谋求钱财荣誉；有人视就业为人生的谋名"平台"，渴求在大城市、国有企事业单位获得职位权力。总而言之，大学生就业动机和价值选择是就业观的核心内容，对就业观起决定性作用。动机不同，就会有大相径庭的就业目标，从而产生不同的认知，追求不同的价值标准，选择不同的就业途径。

第三，基于实践层面的价值规范和就业道德，回答"面对就业我应该如何行动"的问题。当今，人们不仅仅生活在日新月异的现实生活当中，而且生活在信息化、网络化的虚拟世界当中，社会交往出现了社会责任、诚信意识、职业道德等一系列问题。就业观作为主体的内在思想意识，既要主体适度作为、行为得体合度，又要主体适度把握、选择合理匹配，让就业成为一种出于自身意愿的、体现个人价值的、匹配个人能力的、追求个人愿景的、确定的选择行为。

（二）大学生就业观与"三观"

世界观、人生观、价值观统称为"三观"，是人们对生活于其中的整个世界及人生价值的根本观点、总的看法，影响着人们的道德品质和道德行为，决定着人们一生的价值目标和生活道路。就业观是人们对社会职业、职业选择、职业心态的根本看法和根本观点，是人们就业行为发生的认识论根源。对于两者的关系，现有研究文献一般认为，就业观与个体切身利益和价值实现息息相关，是世界观、人生观、价值观的有机组成部分和有力支撑；是人生目标和人生态度在职业选择方面的具体表现，对就业目标的实现具有导向作用，对就业实践具有动力作用；是个体人生观、价值观在就业选择上的综合反映；是"三观"在就业方面的具体应用和集中表现，为就业观提供指导思想。首先，就业观与"三观"呈现出部分与整体的关系，"三观"是人们对整个世界、人生意义和价值判断的总的看法和根本观点，其中必然涉及和涵盖就业问题。就业观是一个人的"三观"在就业问题上的综合反映和直观表达，成为"三观"的重要组成部分和具体体现。其次，就业观不等同于"三观"，二者虽有交叉，但各有侧重、各具内涵，不能相互替代。一般而言，大学生就业观作为"三观"的组成部分，必然受到"三观"深刻影响，不能脱离"三观"而独立存在。大学生就业观是在"三观"指导和影响下逐步形成的有关就业问题的观点、方法、态度，每一个体以什么样的方式观察世界、社会和人生，也就会以相应的方式来对待就业。当然，就业观与"三观"并不是完全一一对应的，趋同的就业观可能源于截然不同的"三观"，而"三观"高度一致的个体也可能拥有大相径庭的就业观。最后，就业观直接影响"三观"的形成和发展，二者交互生成、互为影响。大学生就业观是社会就业观念的折射与现实态度的反映，个体正是通过对就业现实这一实际问题的思考开始了对世界、人生、价值的认知，在对人与自然、人与人、人与社会的不断探索中，个体就业观深刻影响"三观"的形成和发展。

三、大学生就业观的核心要义

新时代大学生就业观是新时代背景下的大学生就业观，是在国家要求、社会需求、学校希求和个人追求相互作用下的观念集合。根据观念的类属，本书将新时代大学生就业观细分为时代观、择业观、事业观和创业观，不同观念之间相互影响、相互作用，共同构成了新时代大学生就业观的核心要义。其中，时代观是新时代大学生就业观区别于传统就业观的核心，是择业观、事业观和创业观的基础；择业观和事业观是新时代对大学生不同就业阶段的期待要求，择业观侧重就业选择阶段，事业观侧重职业发展阶段，创业观是新时代对大学生职业发展全过程的期待要求。

（一）以民族复兴为核心的时代观

时代观既是新时代大学生就业观的时代背景，也是新时代大学生就业观的重要内容。每一代大学生都有自己的际遇和机缘，要在自己所处的时代条件下谋划人生和创造历史。当代大学生所处时代，既是近代以来中华民族发展的最好时代，也是实现中华民族伟大复兴的关键时代，当代大学生既拥有广阔发展空间，也承载着伟大时代使命。实现中华民族伟大复兴是新时代大学生的历史使命，规定了新时代大学生就业选择的奋斗方向。

（二）以扎根基层为核心的择业观

基层是大学生就业选择的主渠道，是发挥作用的大舞台，是成长历练的大考场。基层发展需要人才支撑，大学生树立面向基层的择业观，扎根基层、服务基层、奉献基层，打通基层治理"最后一公里"，为全面建设社会主义现代化国家贡献力量。

（三）以奋斗务实为核心的事业观

新时代是奋斗者的时代，大学生从实际出发选择职业和工作岗位，踏踏实实走稳每一步，是新时代大学生就业的重要遵循。幸福都是奋斗出来的，新时代大学生秉持踏实作风，永葆昂扬向上、积极进取的奋斗精神，为理想信仰奋斗，为崇高使命奋斗，为美好生活奋斗，争做新时代的奋斗者。

（四）以创新创造为核心的创业观

创新是民族进步的灵魂，是国家兴旺发达的不竭源泉。从历史上看，创新是中华民族最深沉的民族禀赋，从现实来看，当今世界正在经历百年未有之大变局，新一轮科技革命和产业变革迅猛发展。青年在创新创造方面具有先天优势，新时代大学生要勇于创新创造，"做先锋"不做"过客、看客"，扎根中国大地，了解国情民情，找准专业优势和社会发展的结合点，找准先进知识与我国实际的结合点，使创新创造落地生根、开花结果。

四、大学生就业观的特征

对照传统大学生就业观，新时代大学生就业观在就业意向、就业标准、就业态度、就业信念和就业理想五个维度有不同侧重，集中表现出以下显著特征。

（一）由单一到多元

与传统大学生就业意向相对集中相比，新时代大学生就业意向更加多元，主要表现为多形式就业和多渠道就业。

大学生就业意向多元化的基础是样态多元。社会存在决定社会意识。就业意向是关于就业倾向的社会意识，受就业存在的影响。在"统包统分"时期，大学生就业的方式比较单一，大学生就业意向也相对集中。随着我国经济社会的快速发展，大学生就业形式更丰富，就业渠道更多元，大学生就业意向出现多元化态势。以新就业形态为例，新就业形态是指伴随着互联网技术进步与大众消费升级出现的去雇主化、平台化的就业模式。从党的十八届五中全会首次提及"新就业"的概念，到党的二十大报告要求"加强灵活就业和新就业形态劳动者权益保障"[1]，在习近平总书记的关怀下，对新就业形态劳动者的关爱越来越具体而微[2]。2021年7月，人力资源社会保障部、国家发展改革委等8部门印发《关于维护新就业形态劳动者劳动保障权益的指导意见》，以国家文件的形式支持和规范发展新就业形态。2017年，教育部印发通知首次提出促

---

[1]　习近平：《高举中国特色社会主义伟大旗帜　为全面建设社会主义现代化国家而团结奋斗——在中国共产党第二十次全国代表大会上的报告》，人民出版社，2022年，第48页。

[2]　参见中华人民共和国人力资源社会保障部：《加强灵活就业和新就业形态劳动者权益保障》，http://www.mohrss.gov.cn/Wap/xwen/rsxw/202305/t20230510_499779.html。

进毕业生到新兴领域就业创业，在平台经济、现代供应链、人力资本服务等领域扩展就业新空间，在实体经济与人工智能、大数据、智能网联等新技术密切融合中挖掘新就业机会。此外，新时代大学生就业更具国际视野，就业渠道从国内拓展到国外。2017 年，教育部印发关于促进高校毕业生到国际组织实习任职的专项通知，推出了高校毕业生到国际组织实习任职信息服务平台，作为多元化就业的新空间，大力推动高校毕业生到国际组织实习任职。

大学生就业意向多元化的导向是基层一线。基层一线是高校毕业生接触社会、了解民情、熟悉行业的最适场域，也是青年快速成长的孵化平台。随着经济体制改革的深化和经济结构的战略性调整，广大基层特别是西部地区、艰苦边远地区和艰苦行业以及广大农村还存在人才匮乏的状况。2005 年，中共中央办公厅、国务院办公厅出台《关于引导和鼓励高校毕业生面向基层就业的意见》，标志高校毕业生基层就业进入新阶段，"西部计划""三支一扶""特岗计划""大学生村干部"基层就业专项计划陆续出台。国家高度重视引导高校毕业生到基层一线建功立业。2016 年，中共中央办公厅、国务院办公厅继 2005 年出台基层就业意见后，结合新时代基层就业的新形势、新要求，印发《关于进一步引导和鼓励高校毕业生到基层工作的意见》，对新时代大学生基层就业指明了方向。2017 年，教育部印发《关于贯彻落实中央文件精神进一步引导和鼓励高校毕业生到基层工作的通知》，鼓励毕业生到城乡社区从事教育文化、医疗卫生、健康养老等工作，到农村投身扶贫开发、技术推广、电子商务等事业，引导毕业生到中西部地区、东北地区和艰苦边远地区工作，激励毕业生自觉把个人的理想追求融入国家和民族的事业中，帮助毕业生调整就业预期，积极主动赴基层就业创业。

大学生就业意向多元化的渠道是重点领域。学校强化就业服务意识，通过线上线下的方式，为毕业生提供精准就业指导，提供就业岗位，拓宽就业渠道。学校加强与地方重要工业园区、重点行业和企业对接，着力推进毕业生在本地重点领域就业[①]。高校毕业生是宝贵的人才资源，是国家建设的有用之才、栋梁之材，积极到国家重点领域就业是新时代对高校毕业生就业的时代召唤。面对基层一线和重点领域的人才需求，高校要从人才培养端加强就业引导，围绕国家战略积极扩展就业市场和渠道，重点向"一带一路"建设、雄安新区建设、长江经济带发展、粤港澳大湾区建设、海南自贸试验区建设等人力

---

① 参见中华人民共和国教育部：《聚焦区域战略　抓好两个维度　引导毕业生到重点领域就业》，http//：www. moe. gov. cn/jyb＿xwfb/moe＿2082/2021/2021＿zl72/202111/t20211126＿582523. html。

定向输送毕业生，引导毕业生到上述重点领域及基层一线就业创业。

（二）由生存到发展

新时代大学生就业标准由更关注薪酬福利、工作环境等生存性因素扩展为更关注个人成长、工作前景等发展性因素，具体包括个人成长、工作前景、工作环境、工作地点、能力匹配和兴趣匹配等。

人民群众日益增长的美好生活需要是新时代主要矛盾的一方，大学生都有对美好生活的向往，就业是大学生美好生活的重要组成部分，具体而言，大学生不仅希望"能就业"，更希望"就好业"。新时代大学生对"就好业"的标准发生了重大变化，主要表现为在保障基本生活条件的基础上更加关注个人成长。首先，从大学生就业市场体系看，我国已经建立了完善的大学生就业市场体系，用人单位在提供充足岗位的同时，更加关注人岗适配性和大学生入职后的成长，在校园招聘时能够提供完善的就业保障体系。其次，从大学生家庭经济状况看，家庭经济状况较好的大学生更关注的是工作环境和自我实现。随着我国居民生活水平的提高，个人成长已成为影响大学生就业选择的首要标准。最后，从大学生就业指导成效看，我国已经建立比较完善的就业指导体系，重点强化了就业标准的指导，教育引导大学生从职业生涯发展角度树立正确的就业标准观。

（三）由自发到自觉

新时代大学生就业态度由被动行动到主动探索，主要表现为专注的、理性的、积极的、开放的就业态度。

就业形势需要大学生更加自觉。"十四五"时期，劳动力市场也面临需求侧和供给侧的重大转型，这对大学生综合素质提出了更明确要求，高等教育人才培养不适应经济转型的情况进一步加剧，很多地方"求职难"与"招人难"现象并存，供需双方同时表示招不到人和找不到工作，结构性矛盾在高校毕业生就业中越来越明显。整体而言，高校毕业生就业形势持续复杂严峻。从高校毕业生数量看，高校毕业生人数持续增加，2022年首次突破1000万人，未来毕业生人数预计还会持续增加；从就业市场看，就业岗位增速慢于高校毕业生增速，公务员、事业单位等政策性岗位增量空间有限，民营企业岗位受经济发展水平影响明显，很多行业用人需求下降；从就业结构看，人工智能等智能化技术加速应用，就业替代效应逐步显现。高校毕业生就业竞争更加激烈，需要大学生更加积极主动做好求职准备，在就业过程中更加专注和认真，用理性和开放的态度面对就业。

"慢就业"现象需要大学生更加自觉。伴随经济社会的发展和居民生活水平的提升，部分高校毕业生群体就业紧迫程度随之降低，出现了"慢就业""懒就业"现象。一般认为，"慢就业"是指毕业生不急于在离校前落实去向的现象，"懒就业"是指毕业生没有明确就业目标、没有就业意愿、不积极就业的现象。"慢就业""懒就业"是较为复杂的社会现象，虽然还未成为主流，但会造成人力资源的浪费，影响高校毕业生通过就业实现社会化的进程。新时代呼唤大学生具备奋斗精神，体现在就业上就是要积极行动、不怕困难、拒绝"躺平"，避免成为"懒就业""啃老族"，将奋斗精神融入职业生涯发展全过程。

（四）由优先到平等

新时代大学生更尊重劳动，主要表现为全面的、平等的和发展的就业信念。实现中华民族伟大复兴需要全社会各个行业、职业、岗位共同努力。在实现"两个一百年"奋斗目标的进程中，任何职业都有存在的价值，每个职业都发挥重要作用，不存在高低贵贱之分。每个职业都是平等的，都有人生出彩的机会。高校毕业生已经成为我国城镇新增劳动力的主体，新时代大学生要认清就业形势，正视劳动价值，摒弃"天子骄子"光环，不挑不拣，树立平等、发展、全面的就业观念。

（五）由小我到大我

新时代大学生就业理想由实现自我价值发展到在实现国家需要中实现自我价值，主要表现为满足国家和社会的需要、在实现个人价值的同时实现社会价值。

新时代大学生在就业选择时要将小我融入大我，在实现国家需要中实现自我价值。大学生既是实现民族伟大复兴的追梦者，也是圆梦人。在就业选择时，心怀家国情怀，对标民族复兴梦，主动参与到社会主义现代化强国建设大军中，勇于担当时代赋予的历史责任。一是满足国家社会的需要。新时代大学生要将个人理想同国家发展、社会需要、人民期待密切结合，不能单纯从自己需要出发，要综合各方进行就业选择。二是价值实现。在新时代背景下，人人渴望成才、人人努力成才、人人皆可成才、人人尽展其才，价值实现是人最高的需求，既是新时代大学生就业的奋斗目标，也是就业的不竭动力。

第二节　大学生的就业心理困境

随着社会主义市场经济体制改革的深化、产业结构的转型升级、相关政策的调整，我国大学生的就业问题愈发严峻。本书作者根据国家统计局、麦可思研究院发布的数据对当前我国大学生就业形势进行分析，从大学生主体的角度探寻我国大学生就业问题的主要表现。与此同时，大学生就业问题受主客观因素共同影响，若想彻底解决这一难题需要从就业市场、政策、用人单位、高校及大学生角度等进行原因归纳，从而为接下来探寻解决途径奠定基础。

一、大学生就业问题的主要表现

（一）大学生就业选择存在区域差异

21世纪以来，随着大学毕业生数量的增多，就业压力愈发增大，大学生的就业形势呈现出一定的规律，尤其是在就业区域的选择上。一方面，"重城市，轻农村"的思想观念根深蒂固；另一方面，沿海地带、发达城市成为大学生就业的首选。高考往往被视为寒门学子改变命运的一种方式，他们中的绝大多数人想通过高考实现"鲤鱼跳龙门"，过上好日子，最终能够在城市有一席立足之地，扎根城市毫无疑问是他们的目标。也就是说，当他们刚走进大学校园的时候，"重城市，轻农村"的就业观念就已经在心中深埋，这必然会影响他们今后就业时在区域方面的选择。大学生就业选择集中在经济较为发达的东部地区，而这些地区的就业压力也会随着求职者的增多越来越大，大学生就业区域选择的差距更加凸显。对此，国家出台了一系列政策，如大学生志愿服务西部计划、农村义务教育阶段学校教师特设岗位计划、选聘高校毕业生到村任职工作计划、"三支一扶"计划等，呼吁大学生到国家最需要的地方去工作，虽然取得了一定的成效，但这种就业形势区域差异依然存在。

很多大学生毕业后选择在城市工作，但随着经济的发展，城市与城市间的差距逐渐拉大。我国长期存在的城乡二元经济结构，使城乡经济差异大，而城市与城市之间的经济差距，又造成大学毕业生就业选择具体城市的差异，势必造成大学毕业生在城市就业难，但即使难也不选择农村或西部经济落后地区，致使这些地区人才短缺。

（二）大学生就业观念保守缺乏创新

受计划生育政策的影响，21 世纪以来出生的大学生大部分是独生子女，部分大学生在父母、社会环境的熏陶下，过分追求安逸、社会地位高的体面工作，就业观念保守，缺乏创新意识。

一方面，多年努力只为考公务员、事业编。"寒窗苦读十余载只为求得铁饭碗"是许多毕业生的追求，"铁饭碗"因收入稳定、社会地位高赢得不少年轻人的喜爱。受家庭教育、社会环境等诸多因素的影响，部分年轻人失去了这个年龄段该有的拼搏闯劲，一心想着安逸追求平稳，挤破头也要去端"铁饭碗"。在国家机构改革后，国家公务员考试招录规模相应缩减，竞争力度加大，数千人抢一个岗位的现象屡见不鲜，对于大学生而言，选择国考未必是明智之举。

另一方面，部分大学生缺乏创新意识，不敢尝试自主创业。虽然国家大力提倡"大众创业，万众创新"，但敢于发挥自己所学所专所长尝试创业的仍是少数。大学毕业生选择自主创业的比例逐年下降，对自主创业的积极性不高。创新是一个民族进步的灵魂，是一个国家兴旺发达的不竭动力，中国的发展需要一代代的年轻人注入动力，然而，现如今部分大学生就业观念陈旧且缺乏创新意识，这将阻碍社会进步、经济发展。

（三）大学生盲目追求考研逃避就业

随着时代变迁、经济发展、生活水平提高，许多大学生不再选择毕业立即就业赚钱养家，他们享有更高的选择自由权。大学本科毕业生选择读研的比例涨势明显，由此也引发了近年来的考研热。

考研热逐年升温，引发我们思考。应试教育导致部分学生产生逆反心理，他们的学习受到诸多外在压力影响，从部分大学生考试周"预习"知识应付考试现象不难看出，大学生的确存在学习被动的现象。然而，现如今大学毕业生不着急就业而选择继续深造，或许不完全是由于大学生的学习积极性增长，而与就业竞争激烈环境下，大学生需要通过提高学历争取就业选择权不无关系，同时，还有部分大学生存在盲目考研逃避就业的现象。

与此同时，考研难度越来越大，随着"双一流"的推进，许多名校早早地通过校内保研、校际互推、夏令营等方式确定推免名单，保研率不断提高。但即便如此，仍有大量毕业生选择考研，甚至选择"二战""三战"，其间不找工作专心复习直到考上研究生。

总之，通过考研继续学习、获得知识、提升学历是大学毕业生不错的选择，但并不是所有人都适合这条路，大学生若跟风考研、盲目考研，甚至为逃避就业而选择考研是不可取的，只会使就业问题变得更加复杂。

（四）大学生"慢就业"现象日益凸显

所谓"慢就业"，是指一些大学生毕业后既不打算马上就业也不打算继续读书深造，而是暂时选择游学、支教、在家陪父母或者创业考察，慢慢考虑人生道路的现象[1]。"慢就业"一词是伴随"00后"大学生就业情况应运而生的，与之前的"啃老族""待业青年"等词汇相比，"慢就业"更显中性，更加客观地表述大学生就业状况。越来越多的"00后"大学生呈现"慢就业"状态，他们不着急一毕业就能找到工作，更多的是在观望、思考，甚至是放松身心。

在这些选择"慢就业"的大学毕业生中既有积极的"慢就业"也有消极的"慢就业"。如果大学生在毕业后没有立即选择就业，而是有计划的留学、支教、做公益体验生活，或者是为了创业做市场调研，抑或是思考职业道路、规划未来，这些就业现状属于积极的"慢就业"。然而，倘若大学生毕业后以此为借口逃避现实，迟迟不肯就业则属于消极的"慢就业"，另外，有些大学生面临严峻的就业压力，总是找不到合适的工作导致没有立即就业，这也属于消极的"慢就业"。近几年我国大学生消极的就业情况愈发严重，这将严重阻碍大学生快速步入社会、创造价值，从长远来看，必然会影响我国经济发展。

二、大学生就业问题归因

大学生群体是高人力成本的特殊资源，目前大学生的就业问题主要表现在就业区域差异明显、就业观念保守缺乏创新意识、盲目跟风考研逃避就业、"慢就业"现象严重等方面。透过现象看本质，若想彻底解决大学生就业问题必须剖析问题产生的原因。

（一）就业市场结构性问题突出

目前，我国正处于经济转型的关键时期，经济增长从高速向中高速换挡，增长模式从投资驱动、要素驱动向创新驱动转型。经济的转型将加速我国经济发展，但同时也会产生一些问题，影响我国就业市场。其一，各行各业将面临精简人员的情况，那些技术含量低、操作简单重复的传统基础岗位的需求量下

---

① 参见胡秀丽：《大学生"慢就业"现象研究》，《滁州学院学报》，2018年第20期，第95页。

降，造成大批人员失业；其二，经济转型影响我国产业结构，对高精尖人才的需求量增加，与我国实际情况不符，就业市场结构性问题突出。一方面，我国就业市场劳动力供求矛盾突出。我国是发展中国家，经济发展水平还无法达到发达国家水平，在如此的经济形势下，经济发展对劳动力的需求量远远少于我国的劳动力人口总数，劳动力供求总量矛盾突出，劳动力供应量远远大于需求量。另一方面，我国就业人口产业结构性矛盾依然存在。第一、二产业对劳动力的需求量逐年减少，已趋于饱和，第三产业对劳动力的需求逐年增加且所占比重越来越大。然而，我国是最大的发展中国家，仍处于社会主义初级阶段的基本国情没有变，与发达国家相比经济水平不高、第三产业发展较慢，与第三产业所对应的就业岗位还有待开发，目前无法满足日益增多的劳动力，造成了就业人口产业结构性矛盾突出。

（二）大学生就业政策亟待完善

没有规矩不成方圆，大学生就业既需要多方共同配合，更需要相关的政策来保障大学生就业合法权益不受侵犯。目前，大学生就业政策不健全、大学生就业相关政策有待改进、大学生服务体系不完善等影响到我国大学生解决就业问题。

大学生就业政策不健全。政府出台了一系列促进就业的政策以解决我国大学生就业存在的问题，如面向基层就业、以创业带动就业、就业服务政策等，但事与愿违，部分政策的实际实施效果并不理想，通过分析不难发现，这与相关政策是否健全、是否可行密切相关。比如我国大学生就业存在区域差异，从经济发展水平来看，东部沿海地区远高于西部地区，而收入水平与经济发展水平成正比，因此，大学毕业生大多选择北上广等大城市就业，这样一来，这些地区的就业压力远远高于中西部地区，这些情况的出现恰恰反映出就业政策调节的滞后性，也是就业政策不健全的重要表现。

大学生就业相关政策有待改进。我国已逐步建立起"市场导向、政府调控、学校推荐、学生与用人单位双向选择、竞争上岗"的高校毕业生就业体制，由此可见，解决大学生就业问题，不是单单依靠某一主体的力量便可实现的，而是需要社会各界、各部门的紧密配合，因此，进一步改进大学生就业相关政策迫在眉睫。一方面，户籍制度有待进一步完善。虽然在党和政府的共同努力下，户籍制度改革取得了一定进展，但仍然限制了大学生就业的区域选择，区别对待不同户籍的工作人员、办理暂住证、收取借读费、遣返外来人口等现象屡禁不止，这不利于大学毕业生灵活就业；加之大学生就业形势严峻，部分地区以户籍为由的地方保护主义盛行，严重阻碍大学毕业生跨区域就业。

另一方面，社会保障制度不健全。社会保障制度区域间差距较大，部分经济欠发达地区很难保证工作人员能够享受到完整的社会福利保障。与此同时，大学生在就业过程中缺乏法律保障，我国尚没有一部针对大学生就业的基本法律，即便是《就业促进法》，也并没有专门针对大学生这一特殊群体做出相应的规定，更有非重点高校毕业生学历受歧视、女大学生就业受歧视等现象屡见不鲜，大学生就业相关政策亟待进一步改善。

大学生创业服务体系不完善。政府扩大劳动力市场的重要途径之一是大学生自主创业，大学生创业既需要政府的政策支持，更需要税务、工商、财政等多个部门的积极配合，以解决资金筹措、创业环境、人员配置等多方面的问题。然而，大学生创业服务体系不完善，严重打击了大学生创业积极性，阻碍了大学生创业的进程。在前期的创业政策宣传方面，存在政策宣传力度不够的情况，导致很多大学生不了解具体内容缩手缩脚，甚至打消创业念头。在创业政策落实的过程中，有关部门敷衍了事、一拖再拖，导致大学毕业生在创业实际过程中享受的政策优惠十分有限，创业政策落地效果大打折扣。大学生在创业之后的档案落定问题、住房保障问题、子女教育问题等都没有合理、科学的解决方案。大学生创业服务体系缺少科学规范，有关部门的协调缺乏效率，严重阻碍了创业政策实际作用的发挥。

（三）高校人才培养模式有待改进

高校是劳动力市场的输入源，高校人才培养的质量直接影响劳动力的水平，影响用人单位的发展，长远来看也会对社会发展产生影响。现阶段，高校层面存在诸多问题，阻碍了大学生就业，如部分高校的人才培养质量不高，与就业市场的需求不匹配；高校就业指导缺乏针对性，难以起到应有作用；高校创新创业教育滞后，使大学生缺乏创新思维等。

部分高校的人才培养质量不高。对于高校而言，人才培养是其生命线，但随着社会发展的日新月异，高校人才培养质与量的矛盾愈发显著。有些高校盲目扩大招生规模，招生计划与学校实力不符，培养的人才达不到预期效果；有些高校跟不上社会发展步伐，对专业设置不能进行及时有效的调整，导致学生所学与社会所需脱节；有些高校考核方式存在漏洞，致使部分学生存在侥幸心理，平时上课松散，仅靠考前突击便能取得不错的成绩，实则很难掌握真才实学，拥有一技之长；有些高校人才培养模式僵化，一味地理论灌输，忽略动手实验、寒暑假实习等重要环节，未能为学生提供理论与实践相结合的机会与平台，培养出的人才往往高分低能，不符合社会发展的需要。

高校就业指导缺乏针对性。目前绝大多数高校设有就业指导中心这一机构，主要负责组织校园招聘会，为企业与学生搭建沟通平台，及时公开发布招聘信息，处理毕业生离校等相关工作，但在大学生就业环节中所起到的指导作用不大。与此同时，高校大多开设了大学生职业生涯规划相关课程，旨在为不同学习阶段的学生进行就业规划指导，但实际效果差强人意。一方面，该课程的设置难以引起学生重视。对于低年级学生而言，部分人总认为初入校园毕业期遥远，学习积极性不高，对于高年级同学而言，大都选择考研考公，职业规划课程只是纸上谈兵，形同虚设，很难用心领悟。另一方面，就业指导教师队伍尚不完善，大多由学工部门教师兼职，缺乏就业指导理论的专业性，往往流于形式，未能为学生提供有针对性的专业指导。

高校创新创业教育滞后。高校在创新创业教育方面有所行动，创新创业类活动比赛日益增多，学生创新创业的思维不断被激发。但在具体实施的过程中，高校创新创业教育滞后性凸显，以创新创业类比赛为例，有的高校没有真正领会该类比赛设置的目的，为了参加比赛赢得名次，迫使学生不得不"创新"，往往会产生适得其反的效果，违背了创新创业教育的初衷。虽然这种现象是局部的、个别的，但也是真实存在的，不利于学生创新思维的开拓。有的高校通过创新创业比赛，的确发现了好的创业项目，但对学生缺乏专业指导，也没有相关的孵化基地，使得项目难以落地，不仅使学生前期的努力付诸东流，还打击了学生创新创业的积极性。高校创新创业教育的滞后性破坏了高校创新创业氛围的构建，严重阻碍了大学生创新创业思维的发展。

（四）用人单位聘用制度不尽合理

用人单位的聘用制度对大学毕业生就业选择起着导向作用，用人单位的选人、用人标准在一定程度上决定了大学毕业生的努力方向。然而，用人单位聘用制度不尽合理的问题依旧存在，如用人单位盲目追求高学历、存在就业歧视现象、过度强调工作经验等，阻碍了大学毕业生的就业选择，甚至会影响大学毕业生就业观念。

用人单位盲目追求高学历。随着大学毕业生人数的增多，用人单位的准入门槛越来越高，提高准入学历成为众多用人单位选拔员工的共同方式，使得大学生就业形势更加严峻。虽然我国产业结构取得一定的优化升级，但我国仍是制造业大国的现状并没有改变，这种劳动密集型产业从理论上讲是不需要高学历层次的大学生的，高学历人才从事此类工作无疑是一种人才浪费。因此就业市场上出现了一方面大学生找不到合适工作，另一方面又有很多就业岗位无人问津的尴尬局面。所以，用人单位应根据工作性质招聘相应学历的人，让合适的人做适合的工作才是最正确的选择，而不是一味地追求高学历。

用人单位存在就业歧视现象。现阶段我国明确在大学生就业过程中实行"双向选择"模式，但就业歧视现象却随处可见。有些地区存在地域歧视。如某事业单位招聘简章明确规定本市户口（不包括外省市在此读书迁户口到此的大学生）或户籍在此在外地读书的大学生可报考，也有企业在招聘中标注本地户口者优先，这样的地域保护主义不利于大学生就业公平竞争，长远来看，会造成人才流失，必将阻碍本地经济的发展。有些单位存在性别歧视。加之现在三孩政策的推行，女大学生就业压力更大，这是不得不承认的事实。有些行业存在学校歧视。某些事业单位招聘基本条件中提到，本次招聘仅限"双一流"建设高校毕业生，但每年"双一流"建设高校毕业生数量有限，非重点高校毕业生则是大多数，这一条件的增加，使非重点高校毕业生连报名的资格都没有，加大了他们的就业压力，不利于大学生这一群体的整体就业。

用人单位过度强调工作经验。现如今，越来越多的企业在招聘中会提到有工作经验者优先，可见用人单位十分看重应聘者工作经验，这对应届毕业生求职而言，无疑是不公平的。用人单位看重工作经验是为了企业更好更快地发展，省去不必要的基础培训环节，以便提高效率，创造更大价值，但刚毕业的大学生犹如一张白纸，虽缺乏经验但更具可塑性，其潜力无限，创造性更强，更容易适应新的工作环境，能够更好地将自己融入工作中，为单位注入更加新鲜的活力。用人单位过度强调工作经验，对于刚毕业的大学生而言有失公允，这些企业应及时转变思维，多给刚刚毕业的大学生一些机会，不应该以没有工作经验为由而将他们拒之门外。

（五）大学生自身存在诸多问题

解决大学生就业难题应从大学生这一群体本身探寻原因，只有解决大学生自身存在的诸多问题，才能在根源上找到对策，实现药到病除的功效。目前，部分大学生就业观念存在偏差、受家庭教育影响就业动力不足、思维保守缺乏创新意识等因素影响了他们的就业选择。

第一，大学生就业观念存在偏差。大学生就业之所以存在各种各样的问题，究其根源是就业观念存在偏差。一方面，现如今的大学毕业生大多是独生子女，犹如温室中的花朵，集万千宠爱于一身，部分大学生缺乏吃苦耐劳的精神，难以经受住风吹雨打，因此，在面临就业时，他们往往不甘于平凡，却又眼高手低、怕苦怕累。另一方面，受家庭、社会等诸多因素影响，"不求大富大贵，只求安逸平稳"的传统就业观念根深蒂固，考取公务员、考取事业编早已成为首选，毕竟上述工作是传统意义上的"铁饭碗"，待遇较好、社会地位较高，比较稳定。正是基于这些优点，在家长的催促下，在亲朋好友的鼓励下，越来越多的大学毕业生成为考公大军中的一员。大学生就业观念的偏差严重影响了他们的就业选择，长期来看，也将影响大学生树立正确的世界观、人生观、价值观。

第二，受家庭教育影响，就业动力明显不足。现阶段的大学毕业生或多或少受到填鸭式应试教育的影响，在他们的潜意识中，他们没有选择权，读完小学读中学，最终考上一个父母满意、自己喜欢的大学即完成了人生中的一大目标，部分学生早已习惯了父母的束缚，失去了主观能动性，面对自己未来的就业毫无规划，父母的想法便成了他们的选择。因此，部分大学生在大学阶段的学习中存在缺乏努力、目标模糊、碌碌无为、动力不足等现象，更何谈人生职业规划。其实，高校为了解决这一问题，也采取了相应的措施，比如设立旨在为学生提供就业指导的大学生就业指导部门、从大一开始便开设大学生职业生涯规划课程等，但实际效果与预期差距较大，难以真正让学生入耳入脑入心。

第三，思想保守且缺乏创新意识。在各行各业高速发展的时代，正所谓三百六十行，行行出状元，大学生在就业时，应该打开思路大胆创新，而不是畏手畏脚循规蹈矩。网络支付、电商平台、共享单车无一不是结合时代发展大胆创新的产物。大学生本应该将自己的所学所专所长与时代特点相结合，创造出更多的社会价值，并充分发挥自身的个人价值。然而，在现实生活中，大学生选择创新创业的仍是少数。部分大学毕业生不仅思维保守，难以迈出创新创业这一步，还缺乏迎接挑战、战胜困难的坚韧意志，大学毕业生在提高创新创业意识方面存在很大的进步空间。

第三节　大学生的就业心理调整途径

一、就业观教育的变革创新与实施

（一）积极转变高校传统就业观教育观念

人类开展各项实践活动都是在一定思想观念支配下进行的，是有目的有意识的，观念的创新对所有创新都有指导意义，因此，推进高校就业观教育创新的第一步就是改变高校传统就业观教育的观念。随着我国经济发展进入新常态，之前形成的就业观教育的认识基础已经改变，既有的就业观教育已经不适应新的经济形势与就业现状，这就要求高校就业观教育也要与时俱进，适应新的形势特点进行改变。

目前国内很多高校都开展了一系列课程推进大学生就业观教育，但同时许多高校将就业观教育简单地等同于就业指导，多侧重于提供就业信息，分析就业形势，指导学生制作简历与面试技巧，很少结合学生性格特征、个人兴趣有针对性地指导学生进行职业规划与可持续发展的就业选择，直接导致了很多大学生在择业时，对自身没有清晰认识，不知道自己喜欢什么、适合什么、能做什么，而更多的是人云亦云。比如室友选择考研自己就跟着考研，班级同学都选择跨行做销售自己就去投销售岗简历，从自主择业的成效上来看，严重缺乏积极主动意识与创造性思维，最终即使成功就业，往往在工作一段时间后会发现自己不喜欢这份职业或者自身能力、性格特点与工作要求不符，从而出现频繁跳槽等问题。

目前，我国经济进入新常态发展，经济增速放缓对就业形势带来了很大的挑战，现在许多大学生对未来就业形势持不乐观的态度，使得原有就业观教育的弊端更加明显，需要及时转变，为大学生阐述经济新常态的新特点，让他们明晰现阶段我国就业形势及现状，引导他们设置合理的心理预期与就业期望，直面新常态就业的挑战，抓住新常态时期的就业机遇，积极向大学生灌输自主创业理念、主动奉献观念，倾听大学生对自身能力提升需求的意见，以他们的实际需求为出发点制定就业观教育的实施方案，把对大学生的兴趣爱好、性格特征的探索与个性潜能的认知结合起来，引导大学生树立同时兼顾自身发展与社会需求的职业目标。

抛开学生个体，从高校整体来讲，各个高校如果想要在毕业季取得高质量的就业成果，就应该把"以生为本，促进学生全面发展"的就业观教育作为高校人才培养的出发点和落脚点来指导就业观教育实践，引导大学生树立理想信念，把握新常态下经济发展特点以及就业形势，兼顾短期利益和长远利益，统筹整体利益和个体利益，提升综合能力、职业素养，引导大学生将自身的发展融入国家的建设需求中，从而实现大学生的高质量就业。

（二）推进新常态下就业观教育理论研究

经济新常态背景下，高校就业观教育在新的认知基础上，得出了全新的感性认识，但要使之成为科学理论体系，就必须将感性认识上升为理性认识，唯有这样才能更好地指导高校就业观教育实践的开展。要推进就业观教育理论研究，笔者认为主要可以从以下几个方面开展：第一，明确思想，凝聚共识。人才培养质量是衡量高校工作的第一指标，各高校党政领导班子要在思想上予以高度重视，主动出击，统筹各业务部门联动开展工作。例如教务处推进新常态视角下就业相关教改课题研究，招生就业处推进新常态下就业大数据分析，心理咨询中心和各二级学院认真研究学生就业心理及就业意愿与倾向，将统计数据、现状把握上升为科学规律，推进理论研究。第二，巧妇难为无米之炊，理论研究不是空中楼阁，更不能无中生有，高校要为就业观教育研究提供人力、物力、财力保障与支持，加强相关领域专业人才的引进与在职工作人员的培训，鼓励支持专家学者深入其他高校、企业单位开展调研，借鉴国内外相关研究的宝贵经验。第三，就业观教育理论研究不能仅停留在职业规划与就业指导层面，而应结合国家经济发展、产业结构变化、科学技术进步上升至全学科层面。新常态下"就业难"与"用工荒"这一结构矛盾对于大学生群体来讲，究其根本还是自身能力与用人单位需求不相匹配，许多高校大学生本科培养计划所教授的专业知识已经逐渐脱离用人单位的实际需求。高校培养人才最终要走向社会，这就要求人才培养必须结合社会需要，与时俱进推动学科改革，为国家培养合格建设者与接班人。

（三）明确就业观教育的内容和目标

新常态下，各行各业对于高素质人才的需求越来越多，为保证向社会输送合格的人才，高校必须把握立德树人这一核心，明确就业观教育的内容和目标，具体可分为个体与社会两个层面。

从个体层面来讲，一是要注重引导大学生树立正确的人才观，要坚持以思想道德教育为中心，要引导大学生注重自身统筹发展，统筹知识与能力，既保持知识更新与时俱进，又要做到"学以致用""活学活用"，统筹心理与生理协调发展，因为健全的心理与健康的生理是实现人全面发展的基础保障和必要前提；二是引导大学生树立朴素的劳动观，引导大学生尊重劳动、热爱劳动，树立劳动平等观念，增强创造性劳动意识；三是要培养大学生的学习意识，包括自觉学习意识、终身学习意识以及谦虚好学品质。

从社会层面来讲，一是要引导大学生探索个体发展中重要的社会价值，即探索通过自身就业及职业活动对国家、社会产生的重要影响和贡献，这有利于解决大学生就业观中的功利化问题，在开展就业观指导过程中，要注重引导大学生明确个体价值与社会价值的辩证统一关系；二是引导大学生到基层到祖国需要的地方去，这一点需要大学生对于个体价值与社会价值要有清晰的认知进而理解并认可，才能切实将国家政策宣传并推广下去，努力使大学生树立以基层工作为荣的就业观念。

（四）就业观教育贯穿高校教育教学全员全过程

就业观的影响因素方方面面，不同的问题需要不同身份的教师去解答，单靠就业指导中心的教师肯定不足以完全解决大学生就业观问题，因此必须将就业观教育提升至全员育人层面，统筹思想政治理论课教师、大学生心理健康教育教师、辅导员、专业课教师、心理咨询师协同开展就业观教育，这就要求思想政治理论课教师、大学生心理健康教育教师等提升就业观教育的专业素养，需要一线辅导员发现问题、分析问题并力求解决问题，发挥基层串联作用，要求专业课教师起到答疑解惑与前沿信息传导的作用，要求心理咨询师发挥心理疏导作用。

目前国内的在校大学生，在大学前两年，主要是进行通识基础课程学习，接触专业知识和就业信息相对较少，对未来规划及行业市场前景没有明确概念，这就导致了在大三开始专业课程的学习后，不能明晰专业知识与行业生产实践之间的关系，不清楚专业知识学习的目的，学习和实践没有针对性。对大学生来讲，只有提高自己各个方面的综合素质与能力，培养核心竞争力，才能适应现阶段社会发展对人才能力的需求，而综合素质与能力的培养，不可能一蹴而就，需要长期系统的培养与积累，因此高校开展就业观教育，就要从新生入学开始，贯穿高校教育教学全过程，根据不同阶段、不同年级特点，分层次、有区分地进行，这样才能取得较好效果。笔者认为，较为合理的划分应该是：大一以自我认知探索、价值澄清、外部环境探索为主，大二、大三集中进行专业素质教育、职业道德教育、生涯规划能力和目标决策定位的教育，毕业年级则是聚焦就业实习实践并进行心理调适。

综上所述，经济新常态下高校就业观教育变革创新与实施，要因时而化、因时而进、因势而新，做到就业观教育观念自身改变，鼓励支持就业观教育理论创新，明确就业观教育的目标和内容，贯彻全过程全方位全员参与的就业观教育格局，这样才能由表及里，触及就业观问题的本质，从而解决好大学生就业的"最后一公里"，为新常态下我国社会发展添砖加瓦。

二、就业观教育与社会因素相结合

（一）加强宏观政策调控营造良好的外部环境

经济新常态下，市场由原先在资源配置中发挥基础性作用逐渐转变为发挥决定性作用，但这不意味着政府对经济发展不再干预。恰恰相反，在市场发挥主导作用后，更加需要政府进行宏观调控，维持经济稳定、维护市场秩序、提供公共服务并进行市场监督，两者之间互相补位。推动供给侧改革，实现我国由经济大国到经济强国的跨越，从源头解决大学生就业所面临的总量矛盾，政府将发挥至关重要的作用。新常态下，政府的服务职能更加凸显，发布的各类高校就业宏观调控政策、构建的社会公共就业服务以及对于高校开展就业工作的财政支持，都为高校大学生就业观教育提供了良好的外部环境。充分理解国家宏观政策，合理使用公共服务平台，利用好这些外部环境，可有效地帮助大学生把握新常态下就业形势，促进大学生顺利就业。

（二）完善保障机制引导大学生基层就业

经济新常态下，就业总量压力、经济结构矛盾依然并将长期存在，在当前和今后一段时期内，社会基层，尤其是不发达的中西部地区、偏远艰苦的地区仍将面临对人才的极度需求。美国心理学家弗雷德里克·赫兹伯格认为引起人们工作的动机主要有"激励因素"和"保健因素"，激励因素能提高人们工作的积极性，而保健因素只能消除人们的不满意感。其实很多大学生对基层就业项目是满意的，但满意程度不高。这就需要政府不断完善"保健因素"，加大对基层就业项目的经费投入，提高大学生工作待遇，改善工作环境，完善保障项目，引导大学生树立服务群众的就业观，认识到基层就业的意义。

要使大学生树立服务基层的就业观，有关部门应以务实的政策，通过各种渠道宣传和推广基层就业项目，积极与在校大学生接触，调研在校大学生发展需求与真实想法，通过举办讲座、论坛使大学生能够非常全面地了解基层就业项目。同时不断调整完善相应的就业创业政策，健全和完善社会保障机制。比如落实学费代偿、资金补贴、税费减免等扶持政策，加大对高校毕业人才的引导与支持，以鼓励他们到基层、中西部地区发挥自身能力。对于有志于到基层岗位实现人生理想、价值的大学生，这些政策会减少其对于基层岗位条件的忧虑、陌生感和畏惧感，坚定到基层服务的决心，从而实现大学毕业生向基层流动。

（三）加强社会舆论正向宣传

为了使大学毕业生以正确的观念看待就业问题，其中最重要的环节是营造一个良好、和谐的社会舆论氛围。基于大众传媒具有宣传面广、受众多、影响深远等特点，笔者认为在舆论宣传时还应该强化大众传媒对大学生的舆论引导作用。就目前日益突出的就业问题，虽然社会媒体对大学生顺利实现就业帮助有限，但对于正确引导大学生积极面对就业压力、就业形势有不可替代的作用。社会舆论的正确引导，有助于当下大学生对就业问题和就业压力进行理性分析，有助于大学生树立正确的就业观念，同时舆论的宣传，在一定程度上会使部分浮夸的学生看到当下就业整体形势，有助于其就业观念发生转变以实现顺利就业。

要做好大学生就业的舆论引导工作，大众传媒应多形式、多渠道地正面宣传在新常态下国家实施的就业优先战略的政策法规，对于就业过程中涌现的正面案例，应进行积极深入的报道，帮助、引导大学生树立正确的就业观念；对大学生转变求职观念的典型个案进行持续性、有针对性的宣传报道，引导全社会形成共同关心大学生就业的良好舆论环境。同时社会媒体应注意到当下大学生就业的结构性困难，利用媒体舆论以及专刊专栏对大学生将面临的就业压力给予适当心理疏导，增强就业信心，以帮助大学生以积极、乐观的心态面对所存在的问题。在当前特殊时期，大众传媒应该本着职业道德，在舆论上扮演好"把关人"的角色，对于一些消极的、负面的消息，如"毕业即失业""就业难都是扩招惹的祸""传统工科行业一蹶不振"等敏感话题，社会舆论应有针对性地进行报道并有见解性地挖掘其内在原因，不能简单粗暴地将原因归咎于经济降速、高校扩招，而要帮助大学生理解产业结构优化过程中的阵痛，明晰国家未来发展中对于人才素质提升的需求。

（四）加强与用人单位的产学研全方位合作

高校就业观教育最终落脚点是使大学生顺利就业，而就业从来就不是高校或大学生个人的单方面行为，用人单位在整个就业过程中扮演了极其重要的角色。作为大学生求职目标和双向选择的一方，用人单位在大学生就业观教育上大有可为，高校加强与用人单位的全方位合作，势必将促成高校、用人单位双赢局面。

新常态下，大学生"就业难"和用人单位"用工难"这一矛盾的核心是当下大学生就业所面临的"结构性"问题，具体展开又可分为高校所设专业与传统制造业专业及新兴行业发展所需专业之间的结构性问题和在校大学生综合能力现状与用人单位高质量人才需求之间的结构性问题。这两大结构性问题的解决都需要高校加强与用人单位的合作，通过产学研的全方位合作，一方面高校可以根据社会经济发展和市场需求，调整招生计划及专业结构，为用人单位提供所需专业人才；另一方面用人单位也可以通过为大学生提供工程实践讲座、实习实践让大学生明晰就业所需具备的专业知识及综合能力，提高企业招聘人才的质量；最重要的是，大学生可以通过面对面地与用人单位交流、互动，参加实习实践，了解各行业发展的实际情况、薪资收入及职业晋升通道，有利于在校大学生更加理性科学地规划自己的未来，以实现顺利就业。

三、就业观教育与家庭因素相结合

（一）加强家校沟通与联合培养

家庭是每个大学生成长过程中的第一个课堂，父母是他们的第一任老师，家庭环境对大学生就业观的形成和发展有着重要的影响，家庭的生活条件、物质水平，父母的文化素养、价值观念、教育方法以及对子女的就业期望等因素都会或直接或潜移默化地影响子女的就业观，但家长受自身条件所限，对就业形势、行业发展及子女所需专业的实际特点、子女的个人规划思路往往很难有准确的把握，不能给予子女最正确的引导，这就有可能产生学校就业观教育与家庭就业观教育背道而驰的问题。而为了解决这一问题，就需要家庭和学校之间有一个良好的沟通交流渠道，家校联合共同推动大学生就业观教育。学校方面，应该积极建设家长委员会及寒暑假区域家长会制度，及时将学校动态、学科特点、往届学生就业情况及大学生自身情况反馈给家长，指出其子女就业观中存在的问题；反之家长也应该通过这一沟通渠道，充分表达家庭方面的实际关切，与学校进行深入交流，达成共识，纠正家长自身认识层面的不足，使家庭就业观教育与学校就业观教育同心同力，为大学生顺利就业保驾护航。

（二）家长应树立与时俱进的合理就业观

家长在大学生择业过程中扮演的是职场方向标的角色，近年来大学毕业生父母多为"70后"家长，物质文化基础条件较好，对于毕业生的影响也就更深，反之毕业生的依赖心理也就越重。家长出于对经济形势的研判，以及受传统观念影响，对于子女未来发展的高期望与高要求，导致了现在毕业生群体中出现的"慢就业""留学热"等现象。虽然父母出发点即动机是好的，但是好的动机却并不一定产生好的行为效果，家长期望值过高就会导致子女追求不切实际的就业方向并因此而产生求职挫败感。另外不少家长过分追求职业稳定性，机关事业单位往往成为他们指导子女择业的首选，导致子女择业范围过分狭窄。

为更好地对大学生进行就业观教育，家长应当在思想观念上与时俱进，破除传统、落后观念对于自身及其子女择业观的负面影响；家长应当与时俱进地了解就业市场的供需变化，了解社会发展对于人才的需求，了解国家就业政策。经济新常态下，以互联网为代表的新兴产业快速兴起，以传统制造业为代表的第二产业正深度优化转型，社会资源的重新分配势必导致高质量就业岗位竞争加剧，就业初期工作压力较大等现象。家长需及时更新理念，摆脱"老观念"，尽快抛弃找工作只求稳定、求体面的思想观念，调整对于子女的就业期望值，消除对于各种职业的标签化印象，根据子女自身特长、兴趣、性格特点等来为子女选择适合的专业，鼓励其子女树立起先就业后择业、积极创业创新，树立符合时代发展要求的新型就业观。此外，家长还应当积极参与社会，通过新闻媒体积极了解社会最新发展状况和就业形势，以根据时代发展树立与时俱进的科学就业观。

（三）支持子女自主选择独立判断

就业过程中最重要的责任者和选择者是大学生本人而不是家长。在良好的选择情境下，个体能够做出对他自身最有利的价值选择。每一位大学生都有着自己的特点，都是一个独一无二的个体，对于他们来说，没有最好的职业，只有最适合的职业。家长在子女就业问题上应当尊重孩子的自主选择权利，而不能要求孩子无条件听从自己。孩子可能会走一些弯路，犯一些错误，但是家长对孩子一定要有信心，给予孩子足够的时间和耐心。学会放手，学会把找工作当成是一次锻炼子女的好机会，借此来提高大学生独立选择、独立生活的能力，支持他们自主追寻人生价值。当子女在求职过程中受挫，父母应该理性地帮助他们缓解压力，委婉、客观地帮助其分析自身所存在的问题；当子女过于自责时，父母要对其所作出的努力予以肯定。在日常职业指导工作中，父母应当多听取子女的想法，尊重子女的决定，并教育子女学会独立、学会承担。其过程固然充满艰辛，但每一个成功的职业人士都离不开这样的过程，只有经历了挫折，才能在精神上真正成长，才能有助于大学生更快地适应职场生存，才有利于个人职业发展。

四、就业观教育与大学生自我教育相结合

高校大学生作为就业观教育的客体，同时也是自我教育的主体，如何引导大学生实现大学生的自我认知与澄清、外部世界探索与认识、自我认识与外部世界认知相匹配、规划职业发展短中长期目标设定与实施、规划目标定期修正与反馈，最终实现个人规划顺利就业是高校就业观教育的重要课题之一。这就要为大学生搭建理论学习与实践锻炼相统一的机制与平台。

（一）建构全面理性的认知

构建准确的自我认知，要引导大学生形成理性的身份认知，培养工匠精神，要逐步消除自身不恰当的身份优越感，将自己作为社会主义事业建设中的"螺丝钉"、作为普通劳动者来看待，基于此来正确评估自己身上的优点与缺点，全面客观地评价自己、衡量自己，由此才能够更加容易地找到适合自己的一份职业，缓解结构性就业问题。

建构理性的职业认知，要引导大学生树立"三百六十行，行行出状元"的观念。大学生若要准确地认知职业，就必须要消除先入为主的对于职业优劣的主观品级定性，消除对于职业的等级偏见，对于各种工作都抱着一种一视同仁的客观态度，由此才能够更加客观理性地认识某一职业的本质属性。职业之间并无优劣、等级之分，而只有适合与不适合之别。如果从事自己所适合的职业，大学生能够更大限度地发挥自身的创造力和能动性，这样更有利于实现自身价值；反之，在不适合的职业中，大学生更容易发生职业倦怠感，不利于大学生自身价值的实现。

鼓励大学生积极参加各类职业发展相关的实习实践，直接获取工作经验。在职业认知当中，大学生需要获取更多的关于职业本身的直接经验，而尽量减少虚假、错误信息对于自身职业认知的负面干扰。就拿公务员这一职业来看，不少人对其的认识还存在误区，认为这一职业工资高、权力大、油水多，然而这种认识是一种落后于社会现实的错误认识。因为随着公务员改革的深入开展，公务员这一职业正在逐步回归理性。为此，大学生可以到自己感兴趣的职业当中去实习，或者去和行业之内的人多交流，在实习过程中，通过与岗位的近距离接触，更加了解职业和职业活动本身，这样才能够掌握科学全面的信息从而增进决策的科学性，树立科学合理的就业观。

（二）树立多元化就业观念

理性看待自主创业。经济新常态下，国家"双创"政策的陆续出台给大学生提供了充足的政策保障与价值引导，培育大学生的创新创业意识也是就业观教育的重要目标，但是，对于大学生而言，必须要理性看待自主创业。首先，大学生要树立自主创业的思想观念。大学生创业不仅有着自身年轻、精力足、思维活跃、知识丰富等优势，同时也有着国家的优惠政策支持。因而，创业成为不少大学生在自谋职业之外的另外一种职业选择。不少大学生在读书期间就开始自主创业历程，还有些毕业之后才开始创业。在大学生当中涌现出了不少创业的成功案例，这些都鼓励着大学生的创业精神萌发。因而，大学生可以充分利用自身优势，树立一种不等不靠的积极创业观念，增强自身择业的自主性、独立性与灵活性。其次，大学生要善于将自己的创业观念转化为创业行为。创业观念不仅是一种停留于观念层面的东西，最重要的是要将其转化为现实的创业行动即在创业观上做到"知行合一"。然而，不少大学生可能有着一些创业的点子，也有过创业的想法，但却并没有将其转化为实际的创业行动。再次，大学生要合理评估创业过程中的风险，树立坚定的创业信念。创业之路可谓是风险、挫折颇多，为此大学生就必须正视创业过程中可能会遇到的各种困难、风险和问题。但大学生不能因此就对创业问题退避三舍，而是要提高自己的高压抗挫能力和艰苦奋斗精神，这样才能在创业之路上克服困难不断进取。

勇于到基层就业。党和国家高度重视并积极鼓励大学生到基层就业，我国政府出台了一系列鼓励促进大学生到基层就业的政策措施，较为典型的如"大学生村干部""西部志愿者""三支一扶"等。这些政策一经出台，迅速得到了高校毕业生的热烈响应。每个人都有选择职业的自由，虽然基层起点低，但是并不意味着发展差。"海阔凭鱼跃、天高任鸟飞"，基层为人才的成长、锻炼、发展提供了宽广的舞台，经过基层的磨砺，才能练就一身真本领。作为大学生，应当树立起到基层就业的就业观，树立起基层一线大有可为的观念，通过在基层的努力为自己今后取得更大发展奠定良好的基础。

总而言之，高校就业观教育对学生具有直接的影响，是一项系统长期连续的教育实践活动，由于其影响因素的复杂性，在高校发挥主导性作用的同时，也需要其他教育主体间通力配合。政府要继续推动经济有序健康地发展，采取积极有效的措施营造良好的外部环境，引导社会舆论进行正向宣传；用人单位要为高校学生提供充足的实习实践锻炼机会，特别是新常态背景下，各用人单位对高素质人才有迫切需求，只有学生在实际岗位上得到锻炼，才能及时发现问题，完善自身能力；家庭要充分认识到新常态的就业形势，调整心态与预期，不给学生就业带来不必要的压力；学生自身应该积极主动接受就业观教育，了解新常态下就业现状，探索就业目标，深入分析自身能力不足之处，并不断提升职业素养与综合能力。

（三）学生自身就业观念要与时俱进

作为 21 世纪的大学生，即将开始立足于社会，身上背负着建设社会主义现代化强国的重任，要对自己的将来有一个清晰的认识，想做一个什么样的人，能做一个什么样的人，人生的价值最终是要在职业上体现的。所以，在面对就业时，首先要客观评价自己，既要对未来抱有理想，又要客观面对现实的就业环境，大学生应结合时代需求，稳打基本功，了解各个招聘单位对人员需求的必备素质，随时做好上岗的准备。其次大学生应树立当一名普通劳动者的意识，要知道近些年大学生毕业人数大幅度增长，就业环境愈发严峻，应清楚地认识到几年之后，需求的岗位要求也会发生变化。只要是用自己的劳动换来报酬就是高尚的，怀着一颗普通劳动者的心态和定位去进行就业选择和就业竞争，就能获得就业的机会。

大学生应具备自主创业的意识。各个高校都有大批创业成功的案例。事实证明，只有那些勇于自主创业的人，将来的发展机才会更好，即便是创业失败也只是暂时的。大学生应该多在媒体和周边了解学习那些从校园走出创业的成功者，把他们当作榜样和励志的标杆。众所周知，成功总是伴随着风险，但是风雨后的彩虹才更美。大学生应树立创业信念，加强创业能力培养，结合市场需求和个人专业方向，运用自己的聪明才智自主创业，这样不仅解决了自身就业问题，也能带动周围的亲人朋友一起奋斗致富，最大限度地实现自身价值，很大程度上缓解社会上日趋紧张的就业压力。所以面对日益严峻的就业形势，大学生应该勇于面对竞争，敢于竞争，转变依靠学校和政府安排、依靠亲戚和家长帮忙的依赖、等待的消极思想，充分利用国家为大学生就业提供的有利条件和优惠政策，依靠自身实力，创出一片属于自己的天地，实现人生价值。

第六章　大学生心理健康教育的发展途径

做好大学生心理健康教育工作是培养新型人才的紧迫任务。能够适应社会环境和为建设社会主义现代化国家而奋斗的全面发展的高素质的当代大学生，不仅要有良好的思想道德素质、强劲的科学文化素质和强壮的身体素质，同时也要有过硬的心理素质。下面就大学生心理健康教育提出相应的策略。

第一节　大学生心理健康教育水平的提升途径

一、运用品格优势提升心理健康水平

（一）树立自律自育意识提高自我管理

大学生在满足社会需求的同时，还要不断提升自我，而这首先要做到的就是自律。从目前大学生的现状来看，在日常的生活及学习中，部分大学生的意志力及自律能力薄弱。

大学生要想提高自律能力，首先要靠主观因素。大学生在脱离原生家庭的照顾及高中"填鸭式"的学习方法之后，进入大学生活，在感到身心愉悦的同时，也要重视自身的精神建设。大学生活对于大学生的独立性及自主性要求极高，这就需要大学生学会适应大学生活，有计划、有目的地安排好自己的大学生活。例如，大学生可以通过建立合理的规划表，对每天的行为进行科学合理的规划，这样有助于大学生培养自律意识，同时规划表有一定的约束作用，有利于大学生日常学习生活的规律化、高效化。从客观因素来看，营造一个良好的家庭氛围是养成自律意识的基础，家庭对每个人来说都是很重要的，特别是对于孩子来说，家庭是自己勇往直前的坚强后盾。首先家长要做到自律，然后才可以帮助孩子养成自律意识。同时家庭的和睦也需要孩子的付出，良好的家

庭氛围可以引导孩子树立自律意识。同时，学生在学校中，也会受到学校规章制度的约束。学校的学生管理制度可以帮助并督促学生树立自律意识。

要实现大学生的自律能力，培养大学生的自我意识是十分重要的。一个积极健康的自我意识有助于帮助大学生在进行实践活动时，充分地认识及了解自己，提高大学生的自律意识与能力；同时自律也可以通过外在的行动表现出来，如大学生在校期间，参加课外活动时，通过遵守活动规则、遵守团队纪律体现良好的自律意识。

通过自我教育，大学生身心健康都会得到提升，有利于从少年阶段成功地步入青年阶段。大学生形成自律能力，也会提高大学生的心理健康水平。

（二）树立仁爱品质获得心理健康

想要在社会上获得认同、获得爱，就要学会去认同他人、爱他人。爱是相互的，我们在家庭里和学校里，都要学会去爱他人。在学校，爱同学，爱老师，爱学校，有了同学和老师的爱，才会更好地体验到学校生活的美好，体会到学校的爱，才会更有自豪感并为之努力拼搏。同时，大学生在社会中，也要学会发现爱、付出爱。例如，最简单的公交车上的一个让座行为，就可以体现出对不方便的人士的一种爱。大学生要通过自我管理、自我约束，让自己的行为成为直接的说服力，从而让他人信服。仁爱精神的培养，对大学生形成提高自我情绪管理能力及提升心理健康水平具有一定的积极意义。

从客观因素来看，校园环境建设很重要，教师的示范作用对大学生仁爱精神的培养很重要。教师是大学生日常生活及学习中所能接触的最直接的引导人，教师的言谈举止在学生的眼中都会被放大，所以教师要注意自身的模范作用。同时具有仁爱精神的校园文化也会通过校园举办的文化节、文化知识竞赛等活动体现出来，使大学生在参与的过程中，涵养自身品格。学校里的每一块宣传栏、每一座雕塑、每一句名人名言都会对大学生的精神产生潜在影响，大学生具备仁爱意识、做出仁爱行为，最终通过养成仁爱精神实现自我升华，从而提高自身的心理健康水平。

（三）通过培养积极心理提高心理健康水平

积极乐观的心态是大学生心理健康的外在表现，思想政治理论课和大学生心理健康教育课的学习、各种校园文化活动的熏陶以及各类宣传标语和励志故事，都对大学生心理健康有积极影响，并对其学习及人际交往等方面产生积极作用。例如，在学业上，当遇到不会的知识点，或者想要考取各类资格证书的时候，积极的心态往往会给大学生带来学习的动力；同样的，在生活方面，大学生在日常与老师和同学的交往中，多看到他人友善的一面，会使自己生活得更加轻松，从而更加热爱生活。多读书，开阔自己的视野，是培养大学生积极乐观心态的一种方式。读书，不仅可以开阔大学生的视野，同时，书中带来的正能量也会促使大学生积极乐观心态的形成。所以，要倡导大学生多读书，读好书，积极参加学校组织的阅读活动，促进身心健康。

积极乐观心态的培养对每个人来说都是十分重要的，尤其对处于大学阶段的大学生来说。学生时期是建立自己的世界观、人生观和价值观的关键时期，积极乐观的心态会帮助大学生建立更加健康的"三观"。一个健康"三观"的形成，对大学生日后的成长及发展十分重要。所以，培养大学生积极乐观的心态是十分重要的。

积极"三观"的形成可以帮助大学生获得更开阔的视野、更广阔的胸襟及更坚韧的品质。而这有利于大学生在遇到挫折时进行积极的自我调节，正确地面对挫折，消除大学生因各种压力和挫折所产生的负面情绪。大学生心理健康教育可以帮助他们在面对社会百态和种种挫折及磨砺时，轻松调节自我情绪，获得一个积极的心理健康状态。而积极的健康心理可以帮助大学生实现人生理想，帮助大学生获得更高的生活质量。

二、培养情绪管理能力，提高心理健康水平

（一）认识情绪及强化情绪管理

在认识并了解什么是情绪后，我们就会了解，消极情绪是普遍存在的，而我们要做到的是不被消极情绪左右。首先我们就要了解，什么是情绪，情绪的来历，当情绪来临时，如何面对并应对情绪给我们生理及心理带来的变化。

情绪调节自我效能感是一种有效调节个体自身情绪状态的自信程度，而所谓的自信程度是指一种可以促使个体在面对消极情绪时采取适当的措施来应对这种不良情绪的体验，并最终影响个体的情绪状态。

学生通过学习认识并了解什么是情绪管理，大力培养自身情绪状态的识别能力。在学校，学生可以通过老师、心理社团或心理团体辅导获得帮助。学校相关人员在发现学生长时间伴随消极情绪时，要主动地提出帮助，并且辅导员、心理咨询机构在为自我效能感低的同学提供帮助时，要注意正面引导并做到不断地支持和鼓励学生，使学生可以清晰地认知自己的真情实感，同时也要

在帮助他人的同时了解自身的情绪状态，不断作出调整，使自己处于一个健康积极的状态，这样才可以帮助更多需要帮助的学生。

另外学会怎么进行情绪调节也是十分重要的，要做到有针对性地调节，做到具体问题具体分析。比如当个体处于愤怒的状态时，我们要做的不是去谴责或是追本溯源，而是通过共情了解问题所在，再选择并采取解决问题的策略。情绪管理影响着大学生心理健康，无论是学生自己还是朋友亲人、学校及社会，都要关注情绪对学生的影响，避免消极情绪左右大学生的心理健康。

大学生通过对情绪管理的认识和了解，加强主观能动性，提高自我情绪管理能力，最终实现提升大学生心理健康水平。

（二）利用朋辈进行心理辅导

朋辈辅导指的是大学生在进行人际交往过程中，在遇到心理问题时，得到同辈中获得过培训的非专业人员的心理辅导。朋辈辅导是有助于学生在进行心理调节的过程中，同时进行情绪调节的一种方法。当代大学生在遇到挫折或者困难时，大部分人首先想到的都是向自己的好友寻求帮助或安慰。因为在学生的印象里，家长和亲属都会对我们的挫折感到不理解或是担心更多，并不能为学生提供正确的帮助；学校里的老师对于学生也会站在道德制高点，教育学生，使学生难以敞开心胸。只有同辈的伙伴可以从平等的角度，有更多的感同身受，更加容易理解和沟通，可以提供更加精确的帮助。在朋辈的帮助下，被帮助的个体可以在心理健康方面进行有效调节，所以朋辈辅导是必要的存在。

从高中步入大学校园后，大学生开始远离父母的陪伴，没有了亲人的照顾，没有了以前朝夕相处的同学，朋友和同伴的重要性在这时就体现了出来。大学生通过朋辈辅导实现心理状态由消极向积极的转变，朋辈辅导可以建立起互帮互助的朋辈关系。

学校可以设立朋辈心理帮助热线，当学生遇到心理问题或是有困难和困扰时就可通过匿名拨打热线电话向工作人员寻求帮助，经过沟通和交流，大部分的学生都会或多或少地得到帮助，重整旗鼓，积极乐观地融入校园生活中去。同时工作人员要实行轮班制，并定时接受心理疏导，在帮助他人的同时，自己也要拥有一个健康的心理状态。学校还可以开通网上心理答疑解惑、心理辅导等公众号，通过科普心理健康知识，增强与学生的互动，帮助其解决心理问题。

朋辈辅导的特殊性在于它的主体都是学生或是与学生相同年龄阶段的个体，他们有着相同的年龄阶段、相同的生理发育阶段、相同的教育经历及正在经历相同的心理成长阶段等，这些相同点有助于大学生在进行心理咨询时，缓解消极情绪，对情绪进行有效的调节，进而在相互理解中促使大学生放下心理防线，可以更加有效地对大学生心理问题进行疏导，实现对大学生的心理健康教育。

（三）学习自我情绪管理

大学生在学习自我情绪管理时，应做到以下三点。

首先要做到的就是感知情绪，不但要感受到其他人的情绪的变化，同时也要感觉到自己的情绪变化。在发现消极情绪出现时，可以对自我做出提问。例如，我为什么这么消极？我为什么想哭？我为什么觉得生活无趣？发现问题，寻求方法，解决问题。通过发现自己情绪的变化，了解自己、帮助自己，学会放下重担，自我减压，保持一种积极乐观的情绪，善待世界，你就会发现，世界对你也很友善。在了解什么是情绪，什么会使自我情绪发生转变，以及转变的情绪会给自我带来什么影响后，就会发现，自己可以简单地控制自我情绪，而这也是帮助我们提高自己心理健康水平的一个过程。

其次要学会适当表达自己的情绪。适当地表达自己的情绪，通过外在情绪的表现，让别人了解自己的情绪状态，从而实现人际交往并从中掌握人际关系的技巧。学生通过人际交往，在互动过程中感知和体验各种情绪的变化。交往过程中表达内心真实的感受，可以增强相互的了解并改善增进彼此的关系。正确的情绪表达可以帮助学生获得良好的人际交往，而错误的情绪表达可能会带来更多的误解和防备。所以，学会表达自己的情绪，让他人了解自己的真实态度是十分重要的。

最后大学生要以科学合理的方式去调节消极情绪。当大学生学习压力和生活压力过大时，可以选择适当的方式去消除压力，而不是憋在心里，让它越积越多。可以通过肢体、语言等方式，发泄心中的消极情绪，实现压力的转移。例如，当感到情绪到达一个顶点，我们是需要宣泄的，听听音乐，玩玩游戏，找朋友聊聊天，找个空旷的场所大喊一下，这些都可以帮助人们宣泄心中的苦闷。大学生要尝试选择一种适合自己的方式去释放压力，提高自己控制情绪的能力，从而形成积极、稳定和健康的心理状态。

（四）大学生要善于悦纳自我

"悦纳自我"一词本身就包括人们对自我的积极认知，即能够接纳自己的缺陷，形成自我概念，提升健康心理。学会接纳自己的不完美之处，有助于良好心态的构建与形成。通过对生活中的不同因素进行梳理和正确认知，可形成对自我概念的正确理解。通过合理的自我认知及自我批评，能够实现对心理健康水平的合理促进，起到有效的预测作用。第一，大学生应该对自己形成一个清楚的自我认识，正确地认识自己，再通过身边的人，如老师、同学等，了解他们对自己的评价及态度，对自己进行合理客观的评价，再进行自我反思和自我认知。总结自身的缺点和不足，学会接纳自己的不完美之处，同时，还要注重发掘自己的闪光点，给自己增加自信心，进而形成更加客观全面的自我认识。第二，大学生应当正确地对待自己的不足，以辩证的视角看待缺陷，以发展的眼光推动自己不断地前行。第三，要学会欣赏自我优点，构建起良好的自我愉悦感和自信心，形成健康的心理状态，形成正确的自我评价。

第二节 大学生心理健康教育课程的完善途径

一、扩展高校心理健康教育模式

学校教育是提高大学生心理素质的最直接可靠的方式。大学生每天生活在校园，学校的课程、活动和环境等都会直接影响到大学生心理健康发展。因此，加强和完善高校心理健康教育工作是极其必要的。

（一）精准及时开设心理健康教育课程

针对存在中度或者重度心理健康问题的大学生，学校应当主动发挥其渠道作用，实现大学生心理健康教育课程的有效开设，并将其嵌入现有教学体系和教学管理机制中。每个学生都是独立的个体，发生的心理问题都是不同的，形成的原因也都不会完全相同，因此高校需要了解学生的内心，对学生进行有针对性的心理指导。要建立完整规范的课程体系，建立有效的心理健康教育机制。在大学生心理健康教育的课程中，还要注意以下几点：第一，大学生的心理健康教育需要在理论的基础上进行授课，应多向国外的成功经验学习，引进相关技术设备；第二，构建大学心理健康教育课程，应当以实现大学生心理有效引导，构建起良好的自我认知和社会感知为核心；第三，所提供的心理健康教育课程设置应当具有科学性，符合学生实际。在校大学生的心理活动具有明显的阶段性特征，要依据学生的心理特点和学生的个性特点有针对性地进行教学，并且可以定期组织他们参加心理辅导团的训练。

（二）推进心理健康教育课程改革和教材建设

大学生心理健康教育问题已经在全社会引起了广泛关注。心理健康教育课程的效果直接影响到大学生的心理素质。心理健康教育课程的内容和方式必须与时俱进，不断创新。

学校心理课程是学校心理健康教育体系中最重要的环节，是心理健康教育最主要的工作形式。大学心理健康教育课程不仅能够帮助改善和解决大学生的心理问题，同时学分制和必修制度也能够吸引大学生本身对心理健康教育的关注。但是，现在许多大学所设立的科目大多数是为了考试，而忽略了学生本身心理素质的真正辅导。一堂缺乏针对性、系统性和人文科学的心理课是毫无意义的。必须制定一个以心理健康教育为核心的总纲，其他各个德育学科共同配合、共同进步。学校心理健康教育课程是面向全体师生的发展性教育学科，它以课程的形式向学生传播心理健康知识，锻炼学生的心理素质和心理承受能力，陶冶学生的情操和道德，帮助学生更好地提升和塑造自我，使之具备较高的心理素质。同时，心理课程以个体的发展和完善为出发点，这样可极大地调动学生的积极性、主动性和创造性。与此同时，教材的设置不能千篇一律，应该严密结合大学生心理、个性发展特点，在传播心理卫生知识的同时，解决大学生面临的心理困扰和心理问题，帮助大学生提高心理调节能力和适应社会的能力。要拓宽心理课程的载体和教学手段，促进个体身心健康，使学生掌握生活、学习、适应社会等全方位的技能。

（三）心理健康教育与思想政治教育有机结合

当代大学生的个性特征和思想发展状况以及心理健康教育和思想政治教育的统一性，决定了两者有机结合是可行的。高校德育工作的顺利开展需要二者统一的工作体制和健全的配套设施，二者结合更能促进心理健康教育的内容和模式创新。

首先，应建立由学校各级领导相互配合、相互制约的领导责任制度。高校应制定思想政治教育与心理健康教育相结合的教学目标和教学规划，明确学校各部门的教育职责，统一安排教学过程每个方面和环节，各部门协调一致地向前发展。其次，学校可以定期组织、开展以班级为单位的两个教育相结合的活动，让学生充分认识两个结合的必要性，保障其顺利实施。同时，学校也应建立专业化程度较高的心理服务咨询机制，并把思想政治教育的方法手段融入其中，促进两个教育的有机结合和实效性。再次，为了保证思想政治教育与心理健康教育结合的持续运行，进一步健全保障机制是必不可少的，一定的物质保障是开展学校教育的基础。《中国普通高等学校德育大纲》要求"全年高校大学生思想政治教育专项经费应占国家拨给各项费用的 3%～4%，人数较少的学校比例应该高些"。高校各部门都应该从建设和谐校园角度出发，重视思想政治教育体制下的心理健康教育，利用思想政治教育的长处来改进心理健康教育体系。切实加强两个教育的有机结合，并将其作为当前高校机制体制改革的重要内容，高等院校心理健康教育工作者和专家学者必须强化责任观念，从学生需要出发，重视学生的利益，尊重学生的主体性和以人为本，多与大学生进行沟通和交流，采用科学方法提高心理健康教育工作的有效性和时效性，真正做到以人为本，因材施教。最后，在心理健康教育过程中，应借鉴思想政治教育内容和手段，创新心理健康教育的教学方法和手段，使当代心理健康教育更加符合教育规律，更加遵循德育教育原则。同时，在心理健康教育的过程中，运用恰当的思想政治教育的方式和方法，通过开展知识讲座、榜样示范等实践活动普及和宣传心理健康知识，不断提高大学生的自我认知能力和自我调控能力，全面提升个体的心理健康水平。在教育过程中，要充分利用大学生心理健康教育和思想政治教育的优势，取长补短，更好地为国家培养全面发展的社会主义建设者和接班人。

（四）大力开展心理健康教育校园文化活动

高校大学生长期处在竞争愈发激烈的校园生活中，内心承受的压力越来越大。要加大力度进行校园文化建设，举办丰富多彩的校园文娱活动，充实大学生的生活和培养个体的兴趣爱好，缓解学生的不良情绪，使其能排减积压已久的内外压力。

校园文化活动是由学校携手教师开展的为引导大学生积极面对生活，提升他们心理素质的一种主动向上的课外文体娱乐活动。校园文化活动的积极开展可推动大学精神文明建设，促使大学生身心健康和谐发展。加强校园文化建设，可以通过各种方式手段开展各种课外活动，营造积极、健康、和谐的环境，大学生在这种环境下不由自主地受到潜移默化的影响和感染，能提升他们自身的心理素质。高校应该鼓励学校学生会、心理健康教育机构等社团、组织，开展如演讲、辩论、知识竞赛、体育比赛等能够提高大学生心理素质、社交能力、团队协作意识、语言表达能力的活动。通过广播、校园自制报、宣传海报、博客、心理卫生知识讲座等传播和分享方式，大力宣传、普及心理健康知识，通过这种无时不在、无处不在的心理健康教育模式，促使大学生自觉主动接受心理健康教育，从而间接地提高心理健康水平。实践证明，校园文化活动为大学生心理健康教育提供可靠的发展渠道。一方面，丰富多彩的校园文化活动不仅能够帮助大学生排遣愁苦的情绪，更能够熏陶他们的思想、洗涤他们的心灵。另一方面，多姿多彩的校园文化活动，可以挖掘大学生自身的潜能，培养他们对新鲜事物的适应能力。大学生积极参与校园文化活动可以增长见识，提升自身社交能力，并且缓解心理无处安放的压力。这些多样的校园文化活动，是大学生增强团队协作意识、结交新朋友的重要途径。高校把心理健康教育渗透到大学生的学习、课程和生活中的每个环节，全方位、多角度地对大学生进行心理健康教育。高校教育工作者要重视校园文化活动在大学生心理素质培养过程中的积极作用，提高校园文化活动的参与度和时效性，大力支持并引导校园文化活动朝着更好的方向发展，为大学生营造良好的校园环境，提高大学生的心理素质，促使大学生成为可以为社会主义事业做出贡献的可塑造型高质量人才。

（五）发挥主体作用，建立学生心理健康社团

心理健康教育工作中更加强调的是师生之间的平等与尊重，在心理健康教育的过程中，教师更加重视尊重学生，同时以与学生平等的身份进行教育会更加顺畅方便，更能走进学生的内心，有助于分析学生的性格，以学生为主体进行教育的实施。所以说大学生心理健康教育工作的成败取决于是否发挥了学生的主体性作用。

为了更好地发挥学生的主动性，建立学生心理健康社团来开展工作就是一个很好的方式，是对现有的心理健康课程的有效补充。社团可以对学校的心理健康工作起到补充作用，有的时候还可解决心理健康教育师资不足的问题。在专业教师的带领下，社团向学生做有效的宣传工作，让他们意识到心理健康问题的严重性，增加学生对心理健康课程学习的热情。也可以通过开展相关的活动，让学生之间自由地进行交流，分享有关心理健康方面的经验以及各种看法，这可以很好地推动大学生心理健康教育工作的实施与进行，对大学生心理健康教育的工作也具有重要意义。同时，这些活动还能够不断地扩大心理健康教育在学校和社会上的影响力，使之具有辐射作用。

二、构建大学生网络心理健康教育课程

（一）完善课程结构

完善大学生网络心理健康教育的课程设置，解决网络心理健康教育课程内容较少、课程教学内容安排不全面的问题。在大学生心理健康教育课程实施过程中，课程结构决定了课程内容的呈现与组织形式，是课程设置中不可或缺的一部分。通过对文献的查阅与分析发现，大学生心理健康教育课程的课程结构根据以下结构进行组织，能够更好地利用师资与教学资源，达到事半功倍的效果。

大学生心理健康教育课程在开课形式上主要分为理论课与实践课两种。

理论课可分为入学心理讲座与面授课两类。

入学心理健康讲座可以与入学典礼、入学教育等活动进行对接，根据高校的实际情况，安排校内教师或校外专业心理健康教育工作者开展相应的心理健康主题讲座。新生入学往往是大学生最容易感到迷茫、困惑甚至适应不良的时期，容易产生各种各样适应性问题，影响心理健康水平。除此之外，不同高校的大学生由于生源地、年龄、专业等方面的差异，可能会产生对高校归属感不强的现象，影响日后军训、纪律培养、学业、就业等方面的教育。因此，调查收集并总结高校新生的心理发展特点，根据新生特点开展合适的入学心理健康主题讲座，消除新生疑虑，增强新生对高校的归属感与信心，能够为之后心理健康教育课程的实施打下基础。

入学心理面授课使用的教材都配备了二维码和相应的慕课内容，因此，大学生心理健康教育课程理论课中面授课与网络课程应该有机结合，建立包含线下课程与网络课程的课程体系。面授课与网络课程在实施过程中应该对应职能，充分发挥两种课程形式的优势。从调查结果可知，参与过网络心理健康教育课程的大学生所使用的网络课程教学平台集中在慕课平台上，即网络信息技术 Web 2.0 的阶段，应用 Web 3.0 技术支持的大学生网络心理健康教育课程比较少见，且现有的网络课程在交流反馈、课堂管理等方面存在较大问题。因此，网络课程教学更加适合借助互联网的传播优势与信息密度优势向大学生进行知识传授，若要满足大学生个性化需求应由面授课来承担，教师通过线下面授课来回答学生在参与网络课程教学中所产生的问题，通过及时的反馈来满足互动的需要，教师将主要承担学习方法、方向指引的作用。在利用网络收集教

学材料过程中，教师也能获得更好提升，使得面授课更为形象生动，即便课时较少，但是教学内容更为丰富，教学效果更好，可以解放更多的师资力量来进一步开展选修课并扩展授课年级。

　　实践课可分为心理素质拓展活动与大学生心理健康体验课。活动课程对教师资源、教学资源与教学空间等要素有更高的要求，其开展也更容易受到限制。心理素质拓展活动可以与大学生入学心理健康主题讲座配合进行，成为新生入学教育的重要组成部分。专题讲座能够树立起大学生对高校的归属感，心理素质拓展活动则能够进一步建立大学生的班级归属感，通过邀请专业的素质培养团队来开展团体活动，塑造大学生通过讨论、合作等方式来解决问题的心理素质。教师在心理素质拓展活动中充当观察者的角色，观察整个团体的氛围，或者观察团体中某些出众的成员并进行记录，在活动后进行总结，帮助学生建立信任感与信心，为之后的心理健康教育课程打下良好的心理素质基础。同时，心理素质拓展活动也能使教师更加直观地感受到各个班级的特点并积极关注，更好地设计合适的教学内容。心理健康体验课是体验式教学法在心理健康教育课程中表现出来的形式，所谓体验，就是个体通过亲身经历和实践来认识周围的事物。体验这一概念在心理学的研究视角上也有相应的内涵，即是个体在原有的认知经验和心理结构状态下去感受事物、产生深刻的认知，并对此产生相应的情感，最后在原有认知与心理结构的基础上做出重塑认知行为模式与心理结构的意志行为的过程，是由多种心理因素共同作用的心理活动[①]。体验式课程的有效实施主要体现为让学生经历、感知并良好地体验所要学习的知识，这就需要教师能够合理地创设对应的情境。课程实施过程中，教师通过有效的教学方法引导学生去体验这一情境，让学生在体验的过程中达到建构知识、运用知识、发展能力的效果。通过开设体验式大学生心理健康课程，引导学生通过多种形式的亲身体验活动，充分发挥主观能动性，分享学习过程中的体会和感悟，使得思维在教学内容与学习过程的刺激下受到新的启发，根据传授的专业心理健康知识来构建新认知、获得新的情感体验、习得新的心理调适技能，提高心理调适能力，提升心理素质，实现心理健康认知、技能、情感方面的健全发展。体验式教学模式主要包括情境体验、案例分析、游戏活动、角色扮演和讨论反思五种主要的课堂教学方式，能够使大学生对自身的心理健康水平以及影响因素有更加深刻与清晰的认识。

---

　　① 参见李志洋：《体验式教学在大学生心理健康教育课程中的应用》，《科教文汇（上旬刊）》，2021年第6期，第166~168页。

（二）筛选与优化课程内容

大学生心理健康教育课程内容是根据课程目标决定的。通过对相关资料的研究可知，大学生心理健康教育课程内容已经趋于完善，相关教材和与之对应的慕课呈现的课程内容都贴合大学生心理健康教育课程的目标，只要愿意依照教材进行全面而细致的学习，大学生在各项心理素质方面都能获得全面的了解与提升。但是，参与心理健康教育课程的大学生数量较多，而大学生个体参与心理健康教育课程时都有着自身的侧重点与兴趣点，若机械地安排课程内容与对应的课时，忽视了大学生个体的心理发展特点，一方面难以激发学生的学习兴趣；另一方面可能会因为课程教学进度问题导致教学内容浮于表面，无法满足大学生学习需求情况的发生。因此，对大学生心理健康教育课程的内容安排应进行合理的分配以及细致的教学设计，而不可任务式地对课程内容浅尝辄止。

大学生在大学校园中进行学习与生活，不同的个性会导致大学生个体在面对校园生活中的各种问题时产生不同应对方式，并且会表现出明显的年龄特点。因此，课程内容筛选过程中，要保证课程内容适合当时的大多数大学生。大学生心理健康概述、人际交往、生命教育与心理危机应对、大学生心理咨询等课程内容作为帮助大学生熟悉大学生活、适应校园和人际关系的重要内容，应安排在大学一年级并安排更多课时，教授时应采用更丰富的教学形式以及更多样的教学方法。自我意识培养、人格发展、性与恋爱心理等课程内容则针对大学生会遇到的一系列心理问题，在大学生已经确立了良好的心理素质基础上再对这类课程内容进行教学，使大学生能够表现出更高的学习效率。这部分课程内容更加适合开设为选修课程，并安排在大学生脱离新生身份后，投入大学生活的年级行课，课时的安排也可以进行相应的调整，前提是大学生已经接受了较为完备的基础心理素质教育，拥有良好的心理素质基础。压力管理与挫折应对、大学生职业生涯规划等课程内容是大学生在进行各种资格证考试或者学业考试等时期适合接受的心理健康教育课程内容。各种考试与资格认证是大学生的压力来源之一，却也是每位大学生都要经历的过程。这段时间学生的心理往往表现出紧张、焦虑甚至抑郁。由于大学生在考试期间的心理体验是急促而剧烈的，而且这种心理体验也容易在考试结束后被忽略，有明显的时效性。压力管理与挫折应对的课程内容可以帮助大学生更好地调整心态，提升考试成绩。慕课具有观看方便、信息内容丰富、课程时长较短的特点，更加适合处于考试期间的大学生通过碎片化的时间进行相关课程内容的学习。

　　网络信息技术的发展与成熟使得其在整个社会运行之中承担着重要作用，使人们的生活空间也从基于现实生活的现实空间延伸到了网络空间。因此，人们的生活也受到了来自网络空间的影响，其中包括心理方面的影响。互联网技术使文字、图片、视频等信息能够突破空间距离的限制进行传输，人们可以从网络上获取想要的资讯，但也不可避免地受到无用甚至有害信息的影响。网络在大学生群体中应用广泛，网络趣缘社区的发展与成熟促进了网络人际交往的发展，不少大学生在网络空间有着自己的虚拟身份，与网络中的其他个体进行一对一交流或加入网络趣缘社区进行群体交流。网络趣缘社区能够满足大学生的人际交往需求，但是网络人际交往的匿名性、去抑制性的特点会影响大学生心理健康水平。网络趣缘社区由于规范管理工作相对滞后，社区内部、社区之间可能出现激烈的言语冲突，出现网络失范行为等现象。用户的心理特点，比如对虚拟网络与信息技术的理解、应对心理压力的方式等方面也与网络失范行为的发生有关。针对这些现象，大学生心理健康教育课程应该完善网络心理健康相关的课程内容，指导网络人际交往，减少网络环境对大学生心理健康水平的消极影响。

三、优化大学生网络心理健康教育课程资源

（一）加强对大学生心理健康方面的研究

　　现代课程关注大学生自身身心状况、学生生活和兴趣。因此，从一定意义上来说，学生不仅是心理健康教育的对象或课程实施的对象，其本身也是心理健康教育课程的重要资源。从课程目的来看，大学生心理健康教育的目的就是使大学生具备健康的心理。而要使大学生具备一个健康的心理，就必须了解他们的心理状况。对大学生心理健康状况的了解是最好的课程资源。因此，我们应该加强对大学生的心理健康状况的研究。特别是高校学生，从教育实践中我们发现高校学生与非高校学生存在的心理问题是有所不同的。而现有的有关大学生心理健康教育的课程都只笼统地讲述了大学生的心理问题，对大学生的特殊情况关注不够。因此，加强对高校学生的心理健康状况研究和了解是十分必要的。通过对大学生心理的研究和了解，教师对他们开展心理健康教育会更具针对性。

（二）整合现有的资源

随着我国对大学生心理健康教育的重视，对大学生心理状况的研究成果和心理健康教育方面的成果越来越丰富。这些研究成果为大学生心理健康教育提供了丰富的课程资源。但是，由于大学生的特殊性，并非任何研究成果都可以直接作为心理健康教育的素材，因此，在对待众多心理健康教育素材的时候，我们应该有一个选择、取舍和整合的过程，只有经过加工的素材才更加适合学生的心理特点，使心理健康教育有更强的针对性。

（三）活动的开发与利用

心理健康知识的传授是提高大学生心理健康水平的重要途径。但大学生的许多认知和体验是在生活中形成和发展的，且这些认知和体验对人的影响是深刻的。可以说社会活动对大学生的影响在一定程度上比书本和教师传授的知识影响更为深刻。因此，大学生心理健康教育的重要资源就是大学生活动的开发和利用。心理健康教育实践活动的开发和利用主要指两个方面。其一，开发专门的心理健康教育活动，即针对大学生的心理特点开展相应的心理健康教育活动。其二，把心理健康教育渗透到学校开展的各种活动中。高校在开展各种活动方面有着自己的优势，特别是在社会实践和实习方面。例如在社会实践和实习活动中开展心理健康教育能使大学生学会人际关系处理的技巧，调节好自己的情绪和状态。

第三节　大学生心理健康教育的多元协同途径

心理健康教育并非一个独立的过程，其与各方面都有着密切的关系，因此要加强各方力量助力大学生心理健康教育工作，多元协同，共同促进大学心理健康教育工作的发展。

一、发挥网络平台在大学生心理健康教育中的作用

（一）网络心理健康服务的开展

心理健康服务涉及各个行业和部门。如何将心理健康服务延伸到社会的各

个方面，全方位地为各类人群提供服务，建立健全服务体系至关重要。2004年，教育部启动"教育信息化建设工程"的战略部署，高校的教育信息化进入了快速发展的时代。经过近20年的建设和运行，高校已经完成校园网和自有网站建设，具备了开展网络心理健康教育的条件。充分利用"互联网＋"技术开展大学生心理健康教育，能够克服传统的管理受时空限制、服务对象有限和效能低下的局限性，呼应时代发展的需要，可以实现管理形式的升级。

经过多年建设与发展，高校利用网络平台在心理健康教育活动宣传、心理健康知识文字介绍、心理热线电话和咨询预约等方面，取得了较为普遍的发展。如何进一步发挥网络平台优势，增强心理育人的效果，还需要深入的挖掘和探索。通过高校心理健康教育网络平台建设，带动各类专业机构的积极性，健全各行各业服务网络，搭建基层平台，培育社会心理健康服务机构，加强医疗机构服务水平。

（二）推进网络心理健康服务的重点

1. 加强网络课程建设，促进心理健康知识的普及

依托高校心理健康教育机构，可以带动各部门各行业心理健康服务网络建设。近年来，部分高校结合新媒体网络平台普及心理健康知识，利用本校官网、微博和微信公众号，知名教师的抖音和微信视频号等，开设了公开课、慕课、微课，就大学生普遍关心的心理问题答疑解惑，或者结合当下的网络热点问题发表观点，获得了比较广泛的关注。但是这些课程普遍有着开课平台分散、系统性连贯性不足、科学性专业性不强的缺陷。心理健康教育是一项系统的育人工程，即使借助网络平台开展，也需要切实加强专业支撑和科学管理，引导大学生正确认识义和利、群和己、成和败、得和失。构建一个资源集中、讲授专业、功能完善、持续更新的网络课程平台，才能发挥网络平台知识传播的主渠道作用，为新时代大众的心理健康服务打下扎实的基础。

2. 开展线上培养培训，配齐建强骨干队伍

我国心理健康专业人才培养基础薄弱，要逐步建设一批实践教学基地，并建立实践督导体系，逐步形成心理健康专业人才学历教育、毕业后教育、继续教育相结合的培养制度。高校具有先天的资源优势，心理健康教育教师、心理咨询师、辅导员、班主任等在心理健康教育中发挥主导作用，工作的顺利开展需要一支以专职教师为骨干、兼职教师为补充，相对稳定、素质良好的师资

队伍。

心理健康服务是一项专业性很强的工作，而我国心理健康服务行业刚刚起步，高校的专职心理健康教育教师配备不足，存在兼职人数多于专职人数的情况；教师学科背景除心理学、教育学外，还有不少其他学科背景；主要学历层次为硕士，不少院校缺乏博士学历的心理健康教育教师。从地域分布来看，东部地区高校心理健康教育教师心理学专业背景人数的比例、具有心理健康教育相关资质人数的比例，以及对于教师胜任力的自我评价情况，都远高于或者好于中部和西部地区高校。

3. 推广网络心理筛查，加强心理危机预防干预

当前利用网络平台开展的心理健康服务，存在网站建设技术水平不高、内容质量参差不齐、与整体心理健康工作的协同性较差等问题，特别是心理危机的预防干预工作方面，没有实现"互联网＋"技术对工作的有效推动。已开展心理普测需求的部分高校仍采用纸质心理测验对新生进行心理筛查，在降低教师人力成本、利于数据的收集与整理等方面都有使用网络心理筛查的现实需求。部分高校的新生心理筛查档案仍以纸质形式留档，缺乏系统性共享、科学化分析及精准化研判，一旦发生心理危机事件，相关部门无法协同联动。许多高校的新生心理筛查注重形式，并没有做到对发现的问题持续地追踪和研究，导致筛查的大数据信息失去了整体性参考价值。

上述工作情况与网络信息时代大数据管理的规范化、高效化、科学化要求不相符，应大力推广社会公众心理筛查网络化，建立心理健康服务相关部门的数据共享机制，建立筛查档案，并在心理健康服务网络平台由专人管理，对档案数据进行科学分析，实现心理数据管理的连贯性、动态性、实用性。

（三）网络心理健康服务平台建设的新尝试

1. 建设心理健康教育公共网络资源库

心理健康服务是指运用心理学的理论和方法，预防或减少人们各类心理行为问题，促进心理健康，提高生活质量，主要包括心理健康宣传教育、心理咨询、心理疾病治疗、心理危机干预等。国家卫生健康委、教育部等10部门制定颁布了《全国社会心理服务体系建设试点工作方案》（国卫疾控发〔2018〕44号），进一步明确了社会心理服务体系建设的目标和内容。

2022年3月，国家智慧教育平台正式上线，3月1日至25日，平台累计

浏览总量 7.2 亿次。国家智慧教育平台作为国家教育公共服务的综合集成平台，在服务社会和师生、推动共建共享等方面打造了国家品牌。国家智慧教育平台开设"心理健康"专题，师生可以线上学习心理健康精品课程、心理微课，这对加强心理健康知识的普及和传播发挥了良好的示范作用。公共课可为大学生了解心理健康知识、提升心理健康素养、自主开展心理调适打下坚实基础。开设一门成功的网络心理健康公共课，可以引导大学生掌握心理健康知识和技能，树立自助互助求助意识，学会理性面对挫折和困难。

2. 开展专兼职心理健康教师网络培训

在开展社会公众心理健康服务的过程中，队伍建设起到关键的保障作用。对高校来说，所有教职员工都负有教育引导学生健康成长的责任，应将心理健康教育内容纳入新进教师岗前培训课程体系；辅导员、研究生导师是大学生心理健康教育工作的重要力量，学校每年应为他们组织至少 1 次心理健康教育专题培训；专职心理健康教师每年应接受不低于 40 学时的专业培训，或参加至少两次省级以上主管部门及二级以上心理学专业学术团体召开的学术会议。但这些培训在传统的心理健康教育工作体系下，采用线下形式很难全面开展，培训的实际成效也不明显。

心理健康教育网络平台将优秀的师资资源汇聚起来，通过建设一批融科学性、专业性、权威性于一体的网络资源作为培训的必修内容，开展岗前培训、业务进修、日常培训等，可以充分调动心理健康教育工作者的主动性和积极性。这对于强化心理健康教育的全员参与意识、缩小培养培训资源的区域差异，以及保障专职心理健康教育队伍的发展，有着重要的支撑作用。

3. 推动心理筛查数据的网络管理

加强心理健康服务工作，目前面临诸多挑战。一方面，随着经济社会快速发展，我国心理行为异常和常见精神障碍人数逐年增多，心理健康服务需求巨大；另一方面，因缺乏政策支持和引导，现有心理健康服务体系不健全，服务能力不足，管理能力滞后，政策法规不完善。应建立健全社会公众的筛查预警机制，及早实施精准干预。

推广网络心理筛查的同时，心理健康服务平台还要建立完善的网络数据管理制度，增强专职心理健康服务工作者合理使用数据的制度化建设。在平台的筛查相关工作中，专职工作者全面、准确、及时地记录和处理心理数据，完成登记、建档、统计、查询和反馈流程，建立"一人一策"的心理成长档案，预防、排查、预警和疏导心理健康问题，注重对测评结果的科学分析和合理应用，提高心理健康服务的科学性、预见性。

综上所述，建成一个高质量、高效率，专业化、科学化的心理健康服务平台，宣传心理健康知识，倡导健康生活方式，提高心理保健能力，符合开展心理健康服务的现实需求。

（四）大力提高心理健康教育宣传力度

大学阶段是青年所处的人生发展关键期，高校一直关注学生的健康成长，心理健康教育也是高校新时期工作的切入点之一。高校要大力提高心理健康教育宣传力度，开展心理健康教育，积极引导大学生全面健康发展。

1. 氛围营造

高校应营造一种关注大学生心理健康、重视大学生心理健康的良好氛围，心理健康教育队伍应充分了解大学生的心理特性，针对大学生进行系统性、持续性、科学性的心理健康教育与指导，根据不同阶段大学生的不同心理健康状况，有步骤、有系统地进行心理健康教育。

2. 多媒体传播

除校园内可利用的载体外，高校还可使用微信、微博、QQ、抖音等更便捷、更有吸引力、更有效的新型媒介进行宣传教育，增强心理健康教育的宣传力度，扩大影响范围。

广泛的宣传与普及可以为大学生搭建起锻炼心理素质、提高心理承受能力的平台，引导大学生提高对心理健康的认知和重视程度，有意识地培养他们的自我适应和调适能力，促使其全面发展与健康成长。

二、大学生心理健康教育多元协同

大学是大学生心理健康教育的核心主体，多元主体参与大学生心理健康教育的关键在于整合政府、市场、社会等方面的力量协同开展大学生心理健康教育这一基本公共服务。因此，基于共同认可的大学生心理健康教育的公共利益、公共价值和公共目标，可以分别通过学校与政府部门、学生家庭、企业、社会组织、高校、医院等其他主体的协作，建立与维护相互依赖的关系，对各方教育资源进行共享和整合，以构建大学生心理健康教育的多元协同机制。

（一）与政府部门协同

1. 教育立法

我国目前教育类法规还是比较全面的，但与大学生心理健康教育这一随着社会环境发展不断变化的教育直接相关的立法还是很少。目前，大学生心理健康教育工作存在一系列现实的问题，直接影响着大学生心理健康教育管理的成效。从一个人心理问题产生的根源来看，心理问题大多数是来源于与家庭、社会等相关的所有环境。因此，对于心理健康问题这一日益扩大和普遍的问题，相关立法应该及时跟进，通过立法明确规定学生在人生成长的各个阶段心理问题的归责所属，使有关部门在处理心理异常恶性事件时有法可依，对于心理问题学生的心理档案真实性也应立法跟踪，避免出现欺瞒虚假现象，以保障心理教育工作开展的成效。心理健康教育工作相关的立法可以和整个工作流程相对应，政府也应该立法全面跟踪心理问题人群的整个成长和发展阶段，这样才能保证心理健康教育管理成效的提高。

2. 经费扶持

大学生心理健康教育管理为准公共产品范畴，离不开政府部门的经费支持。我国政府部门每年都会划拨专项经费用于教育投入，大学生心理健康教育管理经费也是其中的一部分，而这些经费需要落实到具体的相关教育活动中才能保证工作的成效。大学生心理健康教育管理随着社会的发展压力越来越大，心理健康问题日趋普遍，要想此工作能够满足当前时代的需求，其经费标准就应该提高，同时要保证这项经费能够专款专用，禁止出现被其他工作挪用的情况发生。相关心理教育经费不仅可以投给学校，还可以划拨给社会上的心理救助机构，让这些机构成为心理健康教育工作的有效补充。有专门的国家经费保障可以大大促进大学生心理健康教育管理的发展，并使其工作成效有保证。

3. 心理健康教育规划

从我国的国情出发，要想建立心理健康服务体系涉及社会方方面面的问题，需要政府部门全盘规划。政府部门应发挥规划导向作用，把心理健康知识普及到各类人群中去，保障有心理救助需求的人能方便快捷地找到相关途径，而对于普遍性的心理问题能够推广到群体进行前期预防。政府行政手段促使心理健康教育的范围扩大会大大减轻大学生心理健康教育管理的负担，也使大学生即使离开校园也可以得到适合自己的心理救助,对他们心理健康教育工作是一个很好的补充。

同时,社会心理工作资源也应在政府统筹规划的范围内。社会心理工作资源包括心理救助机构、社区心理服务工作、社会工作等。这些资源会辐射到人们生活的方方面面,从政府公共服务职能角度来说,只有大力支持这些社会心理工作资源,政府才能在必要时调动这些社会资源,进行统一的规划。目前我国的心理救助机构大多是非营利性的志愿服务机构,这些机构缺乏充足的资金运行,因此,政府在规划中应大力支持和保障社会正规的非营利性心理救助机构的良好运行。政府应全面规划社区心理服务工作,保证每个社区都有心理服务部门并配备专业的工作人员,相关的工作人员能够走进居民生活地切实了解居民的心理诉求,这样才能使有心理救助需求的学生在社区也受到关注。

4. 信息技术现代化服务

随着时代的发展,各行各业的信息化程度都很高,任何一项工作的改进都离不开信息共享,心理健康教育管理工作要想提高成效离不开政府部门为其提供信息共享和新的现代化技术服务。

我国正处于信息和技术高速发展时期,现如今已全面进入互联网信息时代,充分利用互联网的信息平台服务于心理健康教育管理是十分可行的。政府部门应该进行宏观调控,大力支持互联网信息平台的共享与发展,可以利用国外先进的心理测量表把心理个案分析系统信息化,完善网络心理救助、咨询平台,形成完整的个人心理档案等一系列有助于心理健康教育工作开展的现代信息模式。这些现代电子信息化技术的应用会使心理工作的开展不受时间、空间的影响,使心理健康教育工作方式跟上社会发展要求,与时俱进不断更新;促使心理健康教育管理工作的普及化,使心理健康工作成为大众生活中的一种常态,真正服务于大众群体;同时现代化信息技术也更加凸显了心理咨询工作要求实现的时效性,会大大提高大学生心理健康教育管理工作的成效。

5. 政策指导

从现如今的大学生心理健康现状来看,迫切需要政府部门能够运用其职能,顺应当今时代的发展,制定和颁布指引大学生心理健康管理工作的有效性、纲领性、指导性文件,纲领性、指导性文件必须要不断更新,能够做到与时俱进地顺应社会发展,促进大学生心理健康教育管理工作取得成效。在一线城市,其所能使用和支配的资源比较丰富,这也就直接导致一线城市的高等教育发展具有优越性，直接使得不同城市心理健康教育工作在教育资源使用方面存在差异，其工作的发展水平也存在差异。

（二）与学生家庭协同

作为教育的起点和基点，家庭教育不仅对高素质人才的培养具有重要作用，对于学生心理健康发展的意义更是不可估量。家庭和学校一样，对学生的心理健康教育都肩负着十分重要的责任和义务。在大学生心理健康教育工作中，必须要充分认识"家校合作"的价值，努力挖掘"家校合作"的力量。家庭和学校若能联合起来，携手缔造最有利于大学生心理健康发展的家庭环境和学校环境，并用家庭教育的优势来弥补学校教育的不足，实现家庭和学校双方的优势互补，形成合力，必将使大学生心理健康教育发生质的变化和飞跃。家校合作关键在于共同参与、相互促进、实现双赢，家校合作的成效直接关系到大学生心理健康教育工作的成败和水平。在携手合作过程中，要想促进学校心理健康教育的发展，应从以下几个方面着手：其一，家校双方要统一认识。学校和学生家庭要保持一致的教育理念，共同关注学生的心理发展，积极引导学生健康成长，这是"家校合作"的前提和基础。其二，深入挖掘出家校双方的优势。孩子成长过程中的大部分时间都是在家庭中度过的，亲情是最细致贴心的温暖，孩子的言谈举止、心理活动、思想态度都受到父母的熏陶和感染，学校的心理健康教育则是更加专业、系统、科学的教育活动。其三，共同提升双方的合作能力。学校应该主动发挥其在心理健康教育活动中的主体地位和主导作用，强化对家长的引导和服务，通过召开家长会、举办成功家庭教育讲座、发放宣传资料等途径帮助学生家长更新心理健康教育的理念、掌握心理健康教育的知识、了解心理健康教育的方法。其四，多途径强化家校双方的沟通。学校和学生家庭之间要形成双向的、频繁的、坦率的沟通交流机制。同时要紧跟时代的步伐，建立家校互动的学生心理健康教育网络平台和新媒体交流平台，充分利用网络和信息技术来实现家校双方信息的及时、方便、高效、快捷沟通。通过网络，家长可以随时登录学校的信息平台便捷地了解孩子的相关情况，并可与教师在线交流，与其他家长进行在线交流，协同解决孩子的心理健康问题，共同促进孩子的健康成长。

（三）与企业协同

市场的力量是不可估量的，它所能配置的资源更是在不断扩充的。哪个领域有利可图，企业就会往哪个方向拓展。引进企业参与提供服务，将学校与企业双方的优势资源进行整合，实现学校与企业的协同，是学生心理健康教育发展壮大的有效模式。从教育资源有效配置的角度来说，适度引入市场机制，可以促进竞争，增强发展活力；可以进一步保证教育的质量和教育的供给，同时也能实现心理健康教育公共服务的经济效益、社会效益和生态效益的有机统一。现阶段，企业参与学生心理健康教育，至少可以从以下几个方面开展：一是教学设施建设。企业可以通过市场手段或无偿赞助的形式参与建设校园心理健康咨询温馨屋、心理测评实验室、心理治疗实验室、素质拓展基地、心理健康教育信息化平台、心理测评软件等软硬件设施，为学生心理健康教育提供坚实的物质保障。二是课程资源供给。企业可以开发心理健康教育方面的网络课程、图书资料、动画片、微电影等有偿提供给学校使用。尤其是网络课程资源，其是传统课堂教学的有效补充，而且能在一定程度上解决学校心理健康教育师资不足的问题。三是专业服务提供。一些专注于心理健康服务的企业可以采用有偿服务方式为学生开展心理咨询、心理测评、心理疏导、素质拓展训练、心理疾病康复与治疗等，甚至还可以为学校培训师资，这在很大程度上能完善心理健康教育的内容并提升其质量和效率。

（四）与社会组织协同

大学生心理健康教育要获得进一步的发展，还应广泛吸纳和整合社会资源。优质学生心理健康教育资源的整合应该突破教育的固有领域，学校还需要做大量工作去吸引社会团体、基金会、民办非企业单位等社会组织积极广泛地参与其中，实现利益同生和合作共赢。基金会可以为学校开展心理健康教育提供一定的资金支持。关注未成年人心理健康、权益保护或成长教育的社会团体可以将大学生心理健康教育纳入其业务范围，打造出一些既有社会意义又有专业特点的品牌项目。很多民办高校等民办非企业单位也会把心理健康教育作为特色进行发展，并打造出一系列优质品牌，可以将这些品牌资源和特色资源拓展到其他高校。共青团、少先队、关工委、社区居委会等社会组织同样可以把学生心理健康教育列为其工作重点。学校可以与社会组织通过资金投入、项目合作等形式积极拓宽心理健康教育的内容，从而促进学生心理健康教育的发展。比如，学校可与国内知名心理咨询机构合作，由该机构提供专家和技术支持，开通"24小时心理咨询热线"，为学生提供全天候、不间断的心理咨询服务，打造优质的心理咨询服务平台。

（五）与新媒体协同

随着现代社会的发展，新媒体已逐渐融入学校生活当中，与学生的学习和生活息息相关。对于学校来讲，一方面亟须新媒体平台拓展学生的学习途径，与此同时考虑到学生群体的特殊性；另一方面净化新媒体环境也势在必行。因此，学校和媒体共同推动心理健康教育服务工作，既要保证绿色健康的网络环境，又要发挥新媒体广泛性、快捷性的优势。

在学校与媒体共同推进心理健康教育服务工作的过程中要坚持内外兼顾的工作方法。首先，学校可利用新媒体平台制作系列心理健康教育网络课程，师资及设备优良的学校甚至可以推出省级、国家级精品课程。在此过程中，想要利用新媒体平台把内容做新做实，学校心理教育工作者不但要学习和掌握新媒体使用技术，还要适应新媒体的教学方式。其次，学校要利用新媒体传播速度快，可跨时间、空间传播的特点，在学生易于接受、乐于分享的平台上加强心理健康教育的宣传，如微信、抖音、快手等平台。学校心理教育工作者可以录制一些内容简短、观点清晰、方法简明的微视频在这些平台上播放，使受众可以利用碎片化的时间通过观看微视频学习心理健康教育知识。最后，广播电视、新闻出版等管理部门要加大对网络内容的监管力度，坚决打击危害儿童青少年心理健康的网络信息，同时呼吁政府部门出台相应的政策和法规优化绿色网络环境，确保在为学生提供便利学习条件的同时，提供有益于学生身心健康发展的网络环境。

（六）与高校协同

如今许多高校都开设有心理学、教育学、社会学和公共卫生学等专业，在心理健康教育方面做了大量的科学研究，具有强大的专业人才队伍和完善的软硬件设施，具备较高的心理健康教育专业化水平，在开展心理健康教育活动中具有十分突出的人才优势、智力优势和专业优势。同时，高校中有一大批热心公益、精力充沛的大学生和学生社团，对于学生心理健康教育事业的发展而言，他们是一支非常强大的潜在力量。而高校本身又具有社会服务的功能，加强各类学校与高校在心理健康教育方面的合作，特别是学校与高校中的专业院系、心理咨询服务机构、学生组织、学生社团之间的合作，可以实现教育资源的整合和教学优势的互补，形成高等教育与基础教育互利共赢的良好局面。一方面，解决了高校学生参加社会实践和教学实习的问题，学生通过历练，将所学的知识和技能进行系统化、综合化的运用，丰富自身的理论知识和实践经验，有利于提升高校学生的综合素质，促进高校的人才培养；同时还能为高校师生研究学生心理健康教育这一课题搭建平台和提供样本，促进心理学、教育学、社会学、公共卫生学等学科的科学研究和学科建设。另一方面，也能够给各类学校的心理健康教育工作带去科学化的教学理念、专业性的技术指导、优秀的人力资源，缓解学校心理健康教育专业师资紧张和能力有限的矛盾。同时高校还可以帮助各类学校培训心理健康教育师资队伍，打造一支教学、教研、实践相结合的专业师资队伍，提升学校心理健康教育的专业水准，推动学生心理健康教育再上新台阶。

（七）学校与医院协同

学生心理健康教育不仅是一项教育服务，还是一项基本公共卫生服务。因此，医疗卫生服务机构也是开展学生心理健康教育的重要资源和关键力量，实现医教融合、医校协作，对于提升学生心理健康教育质量有着重要的价值和意义。《中华人民共和国精神卫生法（2018 修正）》提到心理咨询人员不得从事心理治疗或精神障碍的诊断及治疗工作，如发现可能患有精神障碍的，应当转介到法定医疗机构由精神科医生或心理治疗师进行诊断和治疗，此法对于学校心理服务工作者的工作范围提出了要求。学校心理服务工作者既要从学生角度尽力为全校师生提供心理咨询服务，守住"学生为本"的底线，同时也要将超出工作范围以外的心理治疗工作转介到医院的精神（心理）门诊，守住工作范围的底线。

学校和医疗机构心理健康服务的联合工作要注意使用分时段、互补充的工作方法。如春季是心理疾病的高发期，此外考试周、毕业季也是学生容易出现心理健康问题的时段，那么学校可以在这些时间节点之前邀请医疗机构的精神科医生或心理治疗师到校进行宣讲，从而对心理疾病的发生起到预防的作用。同时，学校心理工作者可以参与医疗机构的会心团体等组织，与心理咨询师或心理治疗师进行理论与技术的交流和学习，深入探究心理问题发生的成因及有效干预方式，有医学心理学科专业背景的学校也可以输送实习生到医院心理门诊进行实践锻炼。学校和医疗机构相互补充促进的工作方法可以为当地儿童、青少年群体搭建更快捷的心理咨询及转介渠道。

三、健全大学生心理健康教育档案制度

（一）为在校大学生建立个人心理档案

学校应对在校大学生建立心理档案，这是一项很重要的工作，每个人的档案可以为上一级学校提供基础性材料，并记录其个人的成长轨迹。档案的建立可以是纸质的，也可以是电子的，但是随着整个社会的信息化、数据化，更加提倡用电子档案，因为其更加方便存储与查阅。建立档案应严格遵循心理档案管理的相关原则与规定，不可以冒失地、简单粗暴地将其内容外泄。心理健康普查档案是每个大学生在入校的时候，对其进行的普查结果，一般所测试的心理健康量表的选择是比较单一且固定的，能简单明快地反映大学生近期的心理情绪稳定状况与心理健康状况。

（二）学校设立心理预警机制

学校还应该为已发现心理问题的学生建立预警档案，这是针对个别学生的心理档案。这个档案的存在尤为重要，它为各级学校提供了可靠的材料，以及可靠的救治信息。如中学阶段学生遇到的心理问题不一定都能完全解决，如其带着同样的心理问题升入大学，则大学心理健康教育教师可以根据中学时期的心理预警档案，结合学生的发育成长特点，制定适合其心理问题的解决方案。预警心理档案还能帮助学校和家长对其进行严格的掌控，对该学生给予更多的关注，杜绝恶性的由于心理问题而引发的不良案件发生，减少由于心理问题而给家庭及其他同学和社会带来的损失。有了预警档案，在学校和家长双方的管理体制下，就能更为有效地掌控学生的心理发展状态与程度，对于心理测试有严重心理问题的学生，学校要指导家长陪同学生到医疗机构寻求专业帮助。对患有精神障碍的学生，教育部门应当协助家庭和相关部门做好心理服务，建立健全病情稳定患者复学机制。待其病情好转，有了医院的书面证明后，经过校方的再次认定，才可以重新回到学校，继续完成学业，这样做是对这类同学负责，对其家庭负责，更是对其他在校学习的同学负责。

（三）制定心理健康档案的保管制度

心理健康档案的保管对学校来说无疑是一项很繁重的工作。这项工作如果仅靠学校的心理健康教育教师来完成，不仅会增加心理健康教育教师的工作

量，并且也无法保障能顺利地完成每年心理测试结果的评估与测量。因此，不仅需要学校在全校范围内发动有关教师做好阶段性的档案的输入与管理，同时教师对网络和计算机知识的掌握也尤为重要。在集中阶段性的档案录入与管理过程中，对参与心理健康档案的教师首先要进行保密原则的培训与教育。在档案的输入与管理过程中绝不可以把心理有问题的学生的信息在班级里公布出来，也不可以像讲故事那样在社会中进行广泛宣讲与传播。

心理健康档案从建立到保管都有严格的程序，高校应本着为每个学生的心理健康保驾护航的态度来工作，虽然此项工作给教师、学校带来了很大压力，但为了每个学生都能有健康的心理，付出更多的心血也是值得的。教师应致力于为社会、为国家培养出全面发展的、高素质的人才而工作。

参考文献

[1] 包雅玮.论社会主义核心价值观对大学生心理健康教育的引领 [J].盐城工学院学报（社会科学版），2022，35（1）：13－17＋79.

[2] 蔡婉君.积极心理学融入大学生心理健康教育研究 [J].淮南职业技术学院学报，2022，22（4）：106－108.

[3] 曹毛毛.大学生心理健康教育研究的趋势 [J].太原城市职业技术学院学报，2021（12）：153－155.

[4] 陈芳妹，张忠.课程思政对大学生心理健康教育源头管理优化的启示与借鉴 [J].大连大学学报，2022，43（4）：129－134.

[5] 丁佳如.完善大学生心理健康教育的对策研究 [J].中国包装，2022，42（6）：78－80.

[6] 董蕾.浅析大学生心理健康教育整合模式 [J].科学咨询（教育科研），2021（11）：55－57.

[7] 堵翌洁.基于成果导向的大学生心理健康教育教学改革 [J].山西青年，2021（21）：159－160.

[8] 高佳佳.团体心理辅导助力大学生心理健康教育实践探索 [J].山西青年，2021（22）：160－161.

[9] 郭阳."三全育人"视角下大学生心理健康教育的实践研究 [J].现代商贸工业，2021，42（27）：137－138.

[10] 郭兰.大学生心理健康知识教育对策和途径研究——评《大学生心理健康教育》[J].中国学校卫生，2021，42（7）：955.

[11] 胡小媛.新媒体时代大学生心理健康教育实效性研究 [J].山西大同大学学报（自然科学版），2021，37（4）：114－117.

[12] 贾琬朝.互联网环境下大学生心理健康教育的新路径 [J].成才之路，2021（11）：4－5.

[13] 蒋志强.微课"翻转课堂"在大学生心理健康教育中的应用探索 [J].现代职业教育，2022（41）：134－137.

[14] 江建.互联网时代高校大学生心理健康教育研究 [J].太原城市职业技术学院学报,2022 (10):191－193.

[15] 孔鹏.新媒体时代大学生心理健康教育面临的机遇与挑战 [J].记者观察,2021 (29):122－124.

[16] 李乾.社交媒体环境下大学生心理健康教育研究 [J].新闻研究导刊,2021,12 (24):26－28.

[17] 李艾芳,赵宗涛.移动互联网视域下大学生心理健康教育管理问题探究 [J].教育教学论坛,2022 (29):177－180.

[18] 梁圆圆,周惠玉.课程思政视角下大学生心理健康教育研究 [J].教育教学论坛,2021 (44):170－173.

[19] 刘文君.新时代高校大学生心理健康教育路径的优化探析 [J].教育信息化论坛,2022 (5):93－95.

[20] 刘倩婧,李勇,董淑敏.家校联动视阈下大学生心理健康教育工作模式研究 [J].教育信息化论坛,2022 (3):81－83.

[21] 刘维婷.社会主义核心价值观融入大学生心理健康教育研究 [J].淮南职业技术学院学报,2022,22 (1):1－3.

[22] 马少华.供给侧结构性改革视域下高校大学生心理健康教育研究 [J].吕梁学院学报,2022,12 (2):54－57.

[23] 马跃,潘柏权,李雪."互联网＋"背景下大学生心理健康教育工作创新探究 [J].现代商贸工业,2021,42 (S1):164－165.

[24] 努尔娇娃·切克太.关于大学生心理健康教育的保障体系的几点思考 [J].中国多媒体与网络教学学报（上旬刊）,2022 (1):117－120.

[25] 仇妙芹,林仲英.重构:"互联网＋"时代的大学生心理健康教育 [J].教育观察,2021,10 (41):85－87＋113.

[26] 屈子睿.大学生心理健康教育中存在的问题及对策探索 [J].产业与科技论坛,2022,21 (2):78－79.

[27] 任云.基于网络环境的大学生心理健康教育及危机干预模式分析 [J].大学:研究与管理,2021 (10):76－77.

[28] 孙克芝.大学生心理健康教育的必要性与策略探赜 [J].成才之路,2021 (35):142－144.

[29] 田婕,张兰君.大学生心理健康教育与思想政治教育的有效融合 [J].经济师,2022 (8):147－148.

[30] 田文海.构建网络环境下大学生心理健康教育新模式 [J].北京印刷学院

学报，2021，29（12）：138－141.

[31] 王敏.积极心理学与大学生心理健康教育之我见［J］.山西青年，2022
（9）：190－192.

[32] 王翠.大学生心理健康教育与综合实践活动整合模式研究［J］.教育信息
化论坛，2021（3）：83－84.

[33] 谢宗谟.高校大学生心理健康教育与措施分析［J］.现代职业教育，2022
（22）：172－174.

[34] 许淑琴，陈丽华，哈斯其美格.高校大学生心理健康教育的系统化探究
［J］.科教导刊，2022（5）：130－133.

[35] 徐鑫，刘鑫，杨银念.新媒体背景下大学生心理健康教育路径研究［J］.
新闻传播，2021（18）：109－110.

[36] 薛本洁.需求视角下大学生心理健康教育的提升路径探究［J］.滁州职业
技术学院学报，2021，20（3）：43－45＋67.

[37] 严云鹤，郭天梦.学校社会工作介入大学生心理健康教育工作路径探析
［J］.青少年研究与实践，2022，37（2）：76－82.

[38] 杨小东，魏雪梅，张婷婷.自媒体时代大学生心理健康教育面临的机遇、
挑战及优化策略［J］.广东石油化工学院学报，2022，32（2）：63－66.

[39] 杨蕊.人的社会化视域下大学生心理健康教育研究［J］.林区教学，2021
（12）：117－120.

[40] 姚尧.校园文化建设与大学生心理健康教育研究［J］.教育信息化论坛，
2021（11）：84－85.

[41] 益西卓玛.大学生心理健康教育实施路径探析［J］.中国多媒体与网络教
学学报（上旬刊），2022（3）：70－73.

[42] 易晟男.构建网络环境下大学生心理健康教育新模式［J］.创新创业理论
研究与实践，2021，4（22）：124－126.

[43] 张浩，赵航，张澜，等.健康中国背景下高校大学生心理健康教育方法与
路径研究［J］.湖北开放职业学院学报，2022，35（8）：58－59＋62.

[44] 张新峰."大学生心理健康教育服务平台"建设的思考与实践［J］.武夷
学院学报，2022，41（1）：95－98＋104.

[45] 赵芳，张少怡.新媒体环境下大学生心理健康教育改革创新［J］.品位·
经典，2021（19）：122－124＋138.

[46] 张豫.高校辅导员开展大学生心理健康教育的困境与对策［J］.公关世界，
2021（4）：146－147.

［47］张晓宁.高校辅导员对大学生心理健康教育的影响研究［J］.现代职业教育，2021（40）：22－23.

［48］张英琦.社会主义核心价值观融入到大学生心理健康教育的价值及路径［J］.湖北开放职业学院学报，2021，34（20）：124－125.

［49］张蕾.大学生心理健康教育中的问题与解决对策［J］.开封文化艺术职业学院学报，2021，41（10）：155－156.

［50］郑霞.高校大学生心理健康教育优化策略探索［J］.产业与科技论坛，2021，20（22）：123－124.

［51］仲卫，朱风书，颜军.大学生心理健康教育干预方案的实施及有效性研究［J］.西部素质教育，2021，7（24）：22－24.

后　记

　　大学生心理健康教育是一项高度复杂的，非常有必要性、全面性的创新型工程。从某种特殊意义上看，它不仅是过去的应试教育遗留给我们的历史课题，更是当前高效率、快节奏的社会生活给我们提出的更高要求。要不遗余力、刻不容缓地进行大学生心理健康教育的全方位、多维度改革，与时俱进，创新教育模式和理论，为国家培养全面发展型人才。

　　希望本书能为大学生提供一个全面而深入的视角，帮助大学生更好地理解心理健康教育这一重要主题。本书通过对大学生心理健康教育存在的问题进行调查，从学校、家庭、社会、大学生四个方面对问题的原因进行了分析；在此基础上，提出开展大学生心理健康教育的原则与对策，倡导高校不仅要注重大学生心理疾病的预防与治疗，更应该帮助处于正常状态的大学生增加积极的情感体验、激发积极的潜能和优势，使他们更好地适应环境、迎接挑战，提升自我效能感和幸福感。

　　心理健康是每个人整体健康的重要组成部分。一个健康的心理能够帮助我们更好地应对生活中的挑战，提高生活质量，促进个人的全面发展。在快速变化的社会环境中，拥有健康的心理尤为重要。我们鼓励每位学生积极进行自我探索，了解自己的情绪、需求和价值观。通过这样的自我认知，学生可以找到最适合自己的应对策略和成长路径。同时，持续的学习和反思也是实现个人发展的重要手段。

　　心理健康是一个需要持续关注和实践的领域。期待大学生能在未来的学习和生活中，不断深化对自我的认识，学会更好地照顾自己，同时也能为他人提供支持和帮助。开展大学生心理健康教育，理解心理健康的理论是基础，但将所学应用于实际生活中更为关键。我们要鼓励大学生将在课程中学到的知识和技巧付诸实践，无论是自我调节还是帮助他人。真正的知识来源于实践和应用，希望大学生能带着所学的知识和经验，踏上更美好的未来之路。

　　本书的写作参考了同行专家学者的不少研究成果，在此一并表示诚挚的谢意。由于时间仓促，且笔者的水平有限，书中疏漏之处可能不少，敬请同行专家和广大读者批评指正。

刘琦灵

2023 年 10 月于四川师范大学